# 中华人民共和国
# 公共图书馆法

## 导读·阐释·践行

《图书馆》编辑部 编

国家图书馆出版社

图书在版编目（CIP）数据

中华人民共和国公共图书馆法：导读·阐释·践行/《图书馆》编辑部编.--北京：国家图书馆出版社，2018.11

ISBN 978 - 7 - 5013 - 6636 - 1

Ⅰ.①中…　Ⅱ.①图…　Ⅲ.①公共图书馆—图书馆法—研究—中国　Ⅳ.①D922.164

中国版本图书馆 CIP 数据核字（2018）第 268745 号

| 书　　名 | 中华人民共和国公共图书馆法：导读·阐释·践行 |
|---|---|
| 著　　者 | 《图书馆》编辑部　编 |
| 责任编辑 | 邓咏秋　张　颀 |
| 封面设计 | 得铭文化 + 邢毅 |

| 出　　版 | 国家图书馆出版社（100034　北京市西城区文津街 7 号）<br>（原书目文献出版社　北京图书馆出版社） |
|---|---|
| 发　　行 | 010 - 66114536　66126153　66151313　66175620<br>66121706（传真）　66126156（门市部） |
| E-mail | nlcpress@ nlc. cn（邮购） |
| Website | www. nlcpress. com ──→投稿中心 |
| 经　　销 | 新华书店 |
| 印　　装 | 北京鲁汇荣彩印刷有限公司 |
| 版　　次 | 2018 年 11 月第 1 版　2018 年 11 月第 1 次印刷 |

| 开　　本 | 710 毫米 × 1000 毫米　1/16 |
|---|---|
| 印　　张 | 14 |
| 字　　数 | 227 千字 |

| 书　　号 | ISBN 978 - 7 - 5013 - 6636 - 1 |
|---|---|
| 定　　价 | 58. 00 元 |

# 本书编写组

指导专家：李国新

主　　编：贺美华

执行主编：王旭明　王兰伟

编　　辑：刘　芳　张钰梅　芦婷婷　王晓庆　张晓燕

　　　　　廖雯玲　王　彬

# 目　　录

## 参　阅

# 开启新时代图书馆法治研究的新阶段

李国新(北京大学信息管理系)

2017 年 11 月 4 日,注定是载入中国图书馆事业发展史册的一天。十二届全国人大常委会第三十次会议表决通过了《中华人民共和国公共图书馆法》(以下简称《公共图书馆法》)(于 2018 年 1 月 1 日起正式实施)。中国图书馆人历经百年呼唤期盼、近二十年艰苦努力的公共图书馆专门法律终于问世。漫长的立法历程赢得了一个绝佳的出台时机:党的十九大之后首部文化立法归于《公共图书馆法》,彰显了公共图书馆事业在中国特色社会主义文化中的重要地位,体现了公共图书馆在新时代满足人民日益增长的美好生活需要的重要作用,极大地鼓舞了全国图书馆界乃至公共文化工作者的职业自豪与使命担当。《公共图书馆法》的出台成为我国历经百余年的公共图书馆事业跨入新时代的标志。

《公共图书馆法》在总结提炼我国公共图书馆事业发展方针政策和创新实践、借鉴公共图书馆事业发展国际经验的基础上,构筑起了我国公共图书馆管理、运行、服务的基本制度和规范体系。

《公共图书馆法》明确了政府设立和保障公共图书馆的责任。法律规定县以上人民政府应当设立公共图书馆,明确了政府设立公共图书馆的依据和方式,首次提出了设立公共图书馆的法定条件,明确了各级政府保障公共图书馆经费、人员的基本原则和实现路径,鲜明地体现了《公共图书馆法》是政府责任法的特点。

《公共图书馆法》为新时代我国公共图书馆体制机制改革创新提供了法律依据。将县级人民政府因地制宜建设县域公共图书馆总分馆体系写进法律,本质上是新时代公共图书馆组织体系的重构;国家推动公共图书馆建立健全法人治理结构,为新时代公共图书馆内部治理方式和运行机制改革指明了方向;完善公共图书馆服务质量和水平考核评价制度,特别是建立考核评价结果和政府补贴奖励挂钩的机制,形成了激发公共图书馆活力的突破口。

《公共图书馆法》促进公共图书馆建设、管理和服务与现代科技融合发展。法律突出强调了国家在建立标准统一、互联互通的公共图书馆数字服务网络上的责任,突出强调了公共图书馆在数字资源建设、线上线下相结合的服务创新上的责任。适应互联网在公共图书馆服务中的广泛应用,该法建立了公共图书馆读者个人信息保护制度,明确了公共图书馆承担保护义务的读者信息范围以及保护方式,为专门领域个人信息保护树立了样板。

《公共图书馆法》推动社会力量参与公共图书馆建设,促进公共图书馆事业社会化发展。与公共文化服务保障法紧密衔接,法律建立了各级政府向社会力量举办的公共图书馆购买服务的制度,建立了公共图书馆捐赠者冠名的法律制度,实现了政府引导和鼓励社会力量参与公共图书馆建设的制度创新。

《公共图书馆法》建立了公共图书馆提供服务的基本规范。法律明确了政府设立的公共图书馆在系统收集地方文献信息、开展立法决策服务和少年儿童服务方面的特殊责任。一些过去习以为常的服务方式和手段,如免费提供的服务项目、服务公示的内容、公休日和国家法定节假日的开放时间、需求征询与反馈机制的建立,以及公共图书馆服务中的禁止性行为等,如今都提升到法律高度作出了规范,为公共图书馆的依法运行提供了准则。

《公共图书馆法》明确了国家图书馆的职能,完善了具有中国特色的出版物交存制度。立足中国现实、参考国际经验,法律以专条规定了国家图书馆的独特职能,同时又规定国家图书馆具有公共图书馆的功能,实现了我国国家图书馆性质功能的法定化。法律建立了具有中国特色的出版单位出版物交存制度,将出版单位的法定交存义务由国家图书馆扩展到所在地省级公共图书馆,创造了完善文献信息战略保存体系的中国方案,也迈出了我国出版物交存制度回归本原的坚实步伐。

改革开放以来,特别是伴随着 2001 年图书馆立法启动、2008 年公共图书馆立法启动几个重要节点,业界围绕图书馆法治建设的研究持续不断,间有高潮。以往的研究,重点集中在服务和支撑立法工作上,为法律的出台奠定了坚实的思想、理论和学术基础。如今,伴随着《公共图书馆法》的颁布和实施,我国图书馆法治研究也将进入一个新阶段。古人云,天下之事,不难于立法而难于法之必行。相比于法律的制定,法律的落地和实施更为重要,也更为艰难。落地和实施的前提,是对法律的准确理解和掌握,所谓学好法、弄懂法,方能用好法。北京大学信息管理系、北京大学国家现代公共文化研究中心、文化部公共文化研究基地(北京大学)的研究团队长期关注和跟踪我国图书馆立法工作。《公共图书馆法》颁布后,我们立即投入到法律的解读和研究中,重点是针对《公共图书馆法》建立的基本制度、涉及的主要问题,解读法条内涵,揭示形成背景,比较中外异同,探讨落实途径,前瞻完善措施,简单地说,就是开展研究性阐释,探讨针对性对策。2018 年伊始,伴随着《公共图书馆法》的正式实施,我们策划组织的系列研究成果开始在《图书馆》杂志陆续刊发,希望能够开启新时代我国图书馆法治研究的新阶段,推动《公共图书馆法》的贯彻落实,促进我国图书馆法律体系不断走向完善。

原载《图书馆》2018 年 1 期

# 《中华人民共和国公共图书馆法》的历史贡献

李国新(北京大学信息管理系)

制定并实施专门法律,依法保障图书馆事业发展,是中国图书馆人的百年期盼和呼唤。早在 20 世纪初,当近代图书馆在中国刚刚兴起的时候,国内就出现过一次围绕图书馆法制建设的研究和实践[1]。20 世纪 80 年代初,与改革开放同步,当代图书馆法治研究开始兴起。2001 年春,《中华人民共和国图书馆法》的制定工作正式启动,遗憾的是,这次立法工作到 2004 年 6 月陷于停顿。2008 年 10 月,十一届全国人大常委会发布五年立法规划,"图书馆法"被列入二类项目(研究起草、条件成熟时安排审议的法律草案),标志着图书馆立法工作重新启动。根据现实情况与急需程度,重新启动的立法工作组决定先行制定《中华人民共和国公共图书馆法》(以下简称《公共图书馆法》)。经过近十年的艰苦努力,2017 年 11 月 4 日,十二届全国人大常委会第三十次会议表决通过了《公共图书馆法》,并于 2018 年 1 月 1 日起正式施行。在中国特色社会主义跨入新时代的历史时刻,党的十九大之后首部文化立法归于《公共图书馆法》,彰显了公共图书馆事业在中国特色社会主义文化中的重要地位,体现了公共图书馆在新时代满足人民日益增长的美好生活需要的重要作用,《公共图书馆法》历史性地成为我国历经百余年的公共图书馆事业跨入新时代的标志。

## 1　形成有中国特色的公共图书馆法律界定

什么是公共图书馆?自从 150 多年前近代意义的公共图书馆在西方问世以来,从联合国教科文组织到国际图联再到世界各国的公共图书馆立法以及多如牛毛的图书馆学教科书中有许多种解释,较为通行的说法是公共图书馆应具备"三要素":向所有人开放,经费来源于税收,设立和运营有法律依据[2]7-518。我国的公共图书馆法第一次作出了既体现国际一般规律又具有中国特色的法律界定(第二条)。所谓体现国际一般规律,表现在遵从了公共图书馆向所有人开放的原则,规定了公共图书馆的核心任务是收集、整理、保存文献信息并提供查询、借阅服务。所谓具有中国特色,主要标志有:一是明确宣示了"免费开放",体现了对公众基本阅读权益的彻底保障,体现了公共图书馆服务以人民为中心的思想;二是突出强调了"社会教育"功能,拓展了公共图书馆的服务范围,强化了公共图书馆以形式多样的社会教育方式提高公民素质的职能,引导全社会改变公共图书馆只是"借书还书"阵地的传统观念;三是明确了"公共文化设施"的属性,这是与《中华人民共和国公共文化服务保障法》(以下简称《公共文化服务保障法》)的紧密衔接,本质上是规定了政府对公共图书馆的规划、建设、运行、服务、管理、保障承担最终责任;四是没有限定设置主体,政府是公共图书馆的设置主体,同时鼓励公民、法人和其他组织自筹资金设置公共图书馆,国家给予政策扶持,体现了构建现代公共文化服务体系背景下政府、市场、社会共同促进公共图书馆事业发展的新思路。

从总体上看,法律对公共图书馆的界定,明确了基本性质,明确了主要功能,明确了免费开放,为全社会理解和认识公共图书馆,为各级政府设置和保障公共图书馆,提供了基本遵循。

## 2 指引我国公共图书馆事业发展方向

中国特色社会主义进入新时代,意味着中国特色社会主义道路、理论、制度、文化不断发展,意味着统筹推进"五位一体"总体布局和"四个全面"战略布局,意味着更好地推动人的全面发展、社会的全面进步。公共图书馆法开宗明义昭示立法宗旨是传承人类文明、保障公民基本文化权益、提高公民科学文化素质和社会文明程度(第一条);明确了公共图书馆是我国公共文化服务体系的重要组成部分,本质功能是传承发展中华优秀传统文化、弘扬革命文化、发展社会主义先进文化(第三条);将业界在新世纪以来大力倡导的平等、开放、共享的现代图书馆理念提升为公共图书馆服务的法定原则(第三十三条)。什么是公共图书馆事业的中国特色,中国特色公共图书馆事业在新时代朝什么方向前进,坚守什么发展原则和服务理念,承担什么历史重任,法律作出了明确指引。

## 3　呼应新时代社会主要矛盾转化的历史要求

党的十九大作出重大历史判断:中国特色社会主义进入新时代,我国社会主要矛盾已经转化为人民日益增长的美好生活需要和不平衡不充分的发展之间的矛盾。满足人民日益增长的美好生活需要,必须提供丰富的精神文化食粮,必须着力解决好文化需求保障不平衡不充分的问题。《公共图书馆法》从几个层面作出规定,呼应了我国社会主要矛盾转化对公共图书馆事业提出的新要求。在解决发展不平衡方面,法律明确了国家扶持革命老区、民族地区、边疆地区和贫困地区公共图书馆事业发展的基本原则(第七条),明确了促进公共图书馆服务向城乡基层延伸的重点任务(第三十一条),明确了公共图书馆服务强化对未成年人、老年人、残疾人等特殊群体的人文关怀(第三十四条),为解决公共图书馆服务城乡、区域、人群发展不平衡指明了方向。在解决发展不充分方面,《公共图书馆法》把县以上人民政府设立、保障、监管公共图书馆的责任上升为法律责任,要求各级政府加大对公共图书馆事业的投入(第四条),加强固定馆舍和流动服务设施、自助服务设施建设,形成覆盖城乡、便捷实用的公共图书馆服务网络(第十三条),同时鼓励社会力量设立公共图书馆,调动社会力量参与公共图书馆建设和服务(第四条、第四十五条);要求各级公共图书馆践行平等、开放、共享的服务原则,通过免费提供基本服务、建立健全数字化网络化服务体系和配送体系、改善服务条件、建立反馈机制、加强公共图书馆与其他类型图书馆的交流与合作、开展联合服务、支持其他类型图书馆向社会公众开放等措施(第三十三条、第四十条、第四十二条、第四十八条),让人民群众享有更加充分的公共图书馆服务。

## 4　明确政府设立、保障公共图书馆的责任

《公共图书馆法》主要从三个方面明确了政府设立和保障公共图书馆的法律责任。

### 4.1　设施建设

设施是服务的阵地,设施网络是服务体系的基础。《公共图书馆法》规定县级以上人民政府应当设立公共图书馆(第十四条)。法律所说的"应当"就是"必须",这一规定接轨了国际上通行的公共图书馆"必置制"——政府必须设立公共图书馆。政府设立公共图书馆的依据是什么? 法律提出了人口数量、人口分布、环境和交通条件四大主要依据(第十三条),体现了以人为本、以需求为出发点和落脚点的理念,其目的是营造良好的环境条件,增强公众的可及性,让公共图书馆真正发挥作用。该规定针对的是有的公共图书馆建在远离人群密集区、人口聚居区或环境恶劣、交通不便的区域,造成闲置浪费的现象。明确了依据,还有一个怎么建的问题。公共图书馆法规定县级以上人民政府因地制宜,统筹考量,合理确定公共图书馆的数量、规模、结构和分布(第十三条)。数量说的是建多少。一级政府、一个城市建一个公共图书馆,解决不了普遍均等、惠及全民的问题。规模说的是建多大。公共图书馆不是越大越好,当然也不是越小越好,规模要和服务人口、资源存量、可预期的未来发展相适应。结构说的是规模、类型等要素的科学匹配,如规模上大中小型的科学匹配,形态上固定馆舍、流动设施、自助设施的科学匹配,功能上综合性馆与主题性馆的科学匹配等。总之,公共图书馆的结构要合理。布局说的是建在哪儿。选址要真正落实以人口数量和分布为依据的原则,设施网络要具有覆盖区域内所有人口的能力。合理确定数量、规模、结构和分布,必然要求在设施建设方面,固定馆舍、流动设施、自助服务设施相互结合、相辅相成,目标是形成覆盖城乡、便捷实用的公共图书馆设施网络。

明确将流动服务设施、自助服务设施列为公共图书馆设施类型,是《公共图书馆法》的一大亮点。其重要意义在于改变了传统的"设施"观念,如一说设施就是"盖房子",把流动服务设施简单地理解为"买汽车"等,体现了对设施理解和认识的与时俱进,也体现了法律对实践成果的确认和对发展趋势的引导。

### 4.2　法定条件

公共图书馆承担着保障公民基本阅读需求、开展社会教育的功能,必须具备与履行功能相适应的基本条件,这也是公共图书馆发挥效能的基本前提。国际图联/

联合国教科文组织《公共图书馆服务发展指南》(2001年)提出,公共图书馆的馆藏通常以人均1.5—2.5册图书为标准。在总藏量的基础上,还提出了一个资源"采购率"的概念:服务10万人的正规图书馆,中等藏书量应为20万册,年采购率为2万册[3]。日本图书馆协会在20世纪90年代初提出过一个基层公共图书馆馆舍、资源和人员配置标准,要求最低藏书量应达到5万册,5年以内的新书占80%,年更新率不低于总藏量的1/8到1/7,馆舍面积不小于800平方米,工作人员不少于3人[4]。这些都是对公共图书馆履行职能、发挥作用应具备的基本条件的要求。长期以来,我国缺乏对公共图书馆基本条件的明确、系统规定,导致基层出现了一些缺乏基本服务保障条件、无法履行基本服务职能的"空心图书馆"。《公共图书馆法》第一次明确规定了设立公共图书馆应具备的基本条件,这是《公共图书馆法》的一个重要突破。

法律规定设立公共图书馆应具备六大条件:①有章程;②有固定的馆址;③有与其功能相适应的馆舍面积、阅览座席、文献信息和设施设备;④有与其功能、馆藏规模相适应的工作人员;⑤有必要的办馆资金和稳定的运行经费来源;⑥有安全保障设施、制度及应急预案(第十五条)。要求有章程,是与建立健全公共图书馆法人治理结构相适应的,体现的是公共图书馆要建立现代治理结构,实行现代治理方式。这是对新时代公共图书馆的新要求。有关馆址、馆舍面积、阅览座席、文献信息资源、设施设备以及运行经费的要求,法律提出了基本原则,现行有效的《公共图书馆建设用地指标》(建标〔2008〕74号)、《公共图书馆建设标准》(建标108—2008),以及公共图书馆评估定级标准中有具体的量化指标。把"稳定的运行经费来源"列为公共图书馆应具备的基本条件,从根本上说是对各类设置主体设置的公共图书馆持续稳定发展、真正发挥作用作出的要求。正面的经验和反面的教训反复证明,如果没有"稳定的运行经费来源",公共图书馆就没有持续稳定的发展,就难以真正发挥作用。总之,为设立公共图书馆规定明确的基本条件,而且使这些条件法律化,体现了我们对什么样的公共图书馆才能真正发挥作用的理解和认识有了质的飞跃,也与全面建成小康社会、人民群众追求美好生活所需要的公共图书馆建设相适应,必将对我国公共图书馆进一步提高质量、提升品质产生积极的促进作用。

### 4.3　经费和人员

《公共图书馆法》在总则中对政府的经费保障责任作出了原则规定：县级以上人民政府应当加大对政府设立的公共图书馆的投入，将所需经费列入财政预算，并及时、足额拨付（第四条）。"加大""及时""足额"，是法律规范政府经费投入的三个关键词。"加大"的依据和标准是什么？联系《公共文化服务保障法》的有关规定可以理解得更具体。《公共文化服务保障法》规定，各级政府安排公共文化服务所需资金的依据是"事权和支出责任"[5]。事权责任通过制定并公布基本公共文化服务标准或目录实现清单化、公开化、法定化，依据事权责任测算所需经费，就形成了支出责任，这是衡量经费保障是否到位的基本标准。"及时"强调的是预算经费到位的时效性，针对的是基层不时可见的预算经费拨付拖延、影响服务正常开展的现象。"足额"，首先是预算经费项目齐全，覆盖与公共图书馆提供服务相关的各方面、全链条，防止"有了马没有草料"，即防止项目不健全的现象发生；其次是预算经费足额保障，防止出现预算打折扣的现象。

政府对公共图书馆工作人员的保障责任，法律从两个方面作出规定。一是提出了确定工作人员数量的原则依据。政府配备公共图书馆工作人员数量的依据，主要考虑服务功能、馆藏规模、馆舍面积、服务范围、服务人口五要素，为各级政府科学合理地确定工作人员数量提供了指引。目前，我国缺乏约束性较强的公共图书馆工作人员数量指标，可参考的只有作为推荐性国家标准的《公共图书馆服务规范》（GB/T 28220—2011），其中规定公共图书馆工作人员数量为每服务人口10 000—25 000人应配备1名工作人员[6]。二是提出了对工作人员专业性的要求。国际上有"现代图书馆必须在专业职务制度基础上运营"的说法[7]33。《公共图书馆法》规定：公共图书馆的馆长不仅应具备相应的文化水平和管理能力，还应该具备专业知识；一般工作人员应当具备相应的专业知识和技能；同时明确公共图书馆的专业技术人员可以按照国家有关规定评定专业技术职称。《公共图书馆法》在强化工作人员专业性方面，向前推进了一步。

## 5　创新公共图书馆体制机制

创新体制机制，是构建现代公共文化服务体系的重要任务。文化立法与文化体制机制改革重大政策相衔接,让所有重要改革都于法有据,是党中央、国务院的明确要求。《公共图书馆法》紧密结合我国公共图书馆事业改革发展的实际,将建立县域总分馆体系和法人治理结构、完善考核评价机制纳入了法制轨道。

## 5.1　建立县域总分馆体系

建立区域性总分馆体系,是国际范围内较为通行的公共图书馆组织体系。我国的公共图书馆在十多年前就开始了立足中国现实、借鉴国际经验的总分馆建设探索实践。2016年9月发布的《国家"十一五"时期文化发展规划纲要》,第一次明确提出县(市)图书馆逐步实行总分馆制,形成统一采购、统一编目的图书配送体系,充分发挥县图书馆对乡镇、村图书室的辐射作用[8]。2015年初,中共中央办公厅、国务院办公厅印发《关于加快构建现代公共文化服务体系的意见》,进一步要求以县级文化馆、图书馆为中心推进总分馆制建设,实现农村、城市社区公共文化服务资源整合和互联互通[9]。2016年12月,文化部等国务院五部门印发《关于推进县级文化馆图书馆总分馆制建设的指导意见》(文公共发〔2016〕38号),对新时期公共图书馆总分馆制建设提出了新的目标任务[10],同时也标志着我国的总分馆制建设由图书馆辐射到了文化馆。

总分馆制的核心要义是让分散、独立的图书馆形成一个组织体系,从本质上说是图书馆管理体制和运行机制的变革。《公共图书馆法》总结提炼长期实践形成的成功经验、以往政策性文件中行之有效的基本规范,确立了有中国特色的公共图书馆总分馆法律制度(第三十一条)。这一制度的要素是:①公共图书馆总分馆体系的基本地域单元是县域,这是综合考虑我国地域特点、现行行政财政体制、城乡一体化现实要求等因素而作出的选择,不论在理论界还是实践界都有较高程度的共识。②公共图书馆总分馆体系的建设主体是县级人民政府,明确了总分馆建设是政府行为而不是职业行为,彰显了总分馆制是组织体系变革而不是单纯业务问题。③县级图书馆作为总分馆体系中的总馆,其功能主要是加强对分馆和基层服务点的业务指导。这是立足我国当前行政体制、财政体制现状作出的选择。国务院五部门文件中提道,总馆统一管理或参与管理各分馆人财物的模式,目前阶段鼓励有条件的地方探索实践。④乡镇(街道)综合文化站、村(社区)图书室等,是总分馆体系中的分馆或基层服务点。所谓"等",旨在强调分馆或基层服务点不限于文化系统内的乡镇(街道)、村(社区)图书室,同时鼓励具备条件的学校、科研机构、企业等的图书馆(室)、职工书屋、文化室、符合条件且具有资质的上网服务场所,根据自身职能特点、在自愿原则下成为分馆或基层服务点。另外,乡镇(街道)综合文化站或村(社区)图书室既可以作为分馆,也可以作为基层服务点[11],不简单以行政层级决定,而是把具有面向基层群众提供与总馆水平相当服务能力的作为分馆,不具备这种能力的作为基层服务点。法律的这一规定,突破了以往单纯按照行政层级部署分馆和基层服务点的做法。⑤与组织体系变革相适应,法律规定公共图书馆总分馆体系应完善数字化、网络化服务体系,完善资源和服务配送体系,体现了总分馆制鲜明的时代特色。以《公共图书馆法》的规定为标志,因地制宜地建立符合当地特点的县域公共图书馆总分馆体系,成为县级人民政府主导公共图书馆事业发展的一项法定任务,形成了法律化的公共图书馆总分馆制建设的中国方案。

## 5.2　推动建立健全法人治理结构

推动公共图书馆、博物馆、文化馆、科技馆等公共文化机构建立法人治理结构,是党的十八届三中全会提出的深化文化体制机制改革的重点任务。之后,中共中央办公厅、国务院办公厅《关于加快构建现代公共文化服务体系的意见》,以及《公共文化服务保障法》对此都作出了相应规定。《公共图书馆法》承接上述顶层设计,明确规定国家推动公共图书馆建立健全法人治理结构,吸收有关方面代表、专业人士和社会公众参与管理(第二十三条),为推动公共图书馆建立健全法人治理结构提供了法律依据。

法人治理结构是由利益相关方共同参与治理的组织架构和运行机制。公共图书馆为什么要建立健全法人治理结构?党的十八届三中全会提出了全面深化改革的总目标——实现国家治理体系和治理能力的现代化。公共图书馆实行法人治理结构,就是与这一总目标相适应的治理方式和运行机制的深刻变革。对各级政府来说,建立法人治理结构意味着推动政府转变职能,实现政事分开、管办分离;对公共图书馆来说,建立法人治理结构意味着强化法人自主权,激发发展活力;对社会力量来说,建立法人治理结构意味着利益相关方共同参与,形成多元共治格局,推动社会化发展,确保公益目标圆满实现。建立法人治理结构的根本目的,是促进公共图书馆管理水平和服务质量与效能的提高，从而更好地履行公共图书馆的社会职责，更好地满足人民群众对美好生活的新期待。

党的十八届三中全会之后，我国于2014年开展了公共图书馆等公共文化机构法人治理结构建设试点，到2016年第一轮试点结束。试点期间，积累了一些成功的经验，也显现了一些矛盾和问题。2017年9月，经中央全面深化改革领导小组第37次会议通过，中宣部、文化部等七部门联合印发《关于深入推进公共文化机构法人治理结构改革的实施方案》（以下简称《实施方案》），提出了新一轮试点的总体要求、基本原则、主要内容、配套措施和组织实施，政策要点是：①理事会是公共文化机构的决策机构。②理事会由公共文化机构的利益相关方构成，具体包括作为举办单位的政府代表、公共文化机构的代表、服务对象和其他有关方面的代表。为了确保公共文化机构公益目标的实现，理事会实行"外部理事占多数"的构成原则；为了保证理事会决策的专业性和符合发展规律，理事会可以建立专业性、咨询性的决策支持组织。③在法人治理结构下，政府行政管理部门的主要职责是对公共文化机构和理事会建设进行监督指导、绩效考核；理事会的主要职责是决策本单位的发展规划、财务预决算、重大业务、章程拟订和修订等；公共文化机构管理层的主要职责是按照理事会决议，自主履行日常业务管理权、财务资产管理权和一般工作人员管理权。④法人治理结构下加强基层党组织地位和作用的实现方式，主要是建立基层党组织主要成员和理事会主要成员"双向进入、交叉任职"制度；或是理事会重大决策、重要人事任免、重大项目安排、大额资金使用等事项，党组织参与讨论研究，或理事会作出决定前，征得党组织同意。⑤法人治理结构下完善民主管理的制度安排是，涉及全体职工切身利益的重大事项，理事会决策前，职工代表大会先行讨论。⑥重点推动人事管理和收入分配管理两项关联制度改革，以体现政府转变职能、公共文化机构强化法人自主权。人事管理自主权从落实"三自主一推动"做起，即公共文化机构自主决定本单位的内部机构和岗位设置，自主制定公开招聘工作人员方案和竞聘上岗办法，自主组织人员聘用和竞聘上岗工作，推动符合条件的公共文化机构按照职称评审权限自主开展职称评审。收入分配自主权落实"四大着力点"：自主决定内部绩效工资分配办法；开展优惠服务取得的收入，可以用于设施维护、管理和事业发展；文化创意产品开发取得的各类收入，可用于对符合规定人员的绩效奖励；给予公共文化机构一定的资金统筹配置权。总体上看，中央七部门的《实施方案》提炼、总结、固化了此前试点的基本经验，回应了试点过程中来自基层的普遍关切，提出了明确的、可操作的指导意见，是下一步落实公共图书馆法、依法建立健全法人治理结构的施工蓝图和行动指南。

### 5.3　完善考核评价机制

政府促进公共图书馆发展的重要手段之一，是加强对公共图书馆管理、运行和服务的考核评价。长期以来，我国各级政府对公共图书馆的考核评价，更多的是体制内自上而下的行政性考核评价，或是兄弟单位之间的"友情评价"，同时，考核评价结果与激励机制的关联性不大，因此，考核评价的引领、激励、鞭策作用发挥不够充分。《公共图书馆法》针对存在问题，进一步改革和完善了考核评价机制，主要体现在以下四个方面（第四十七条）。一是明确国务院文化主管部门和省级人民政府制订公共图书馆服务规范，形成国家和省域相对统一的考核评价公共图书馆服务质量和水平的基本依据，体现政府依法行政、依规考核的思路。二是考核评价吸收社会公众参与，打破了传统的考核评价只是在体制内循环的格局，落实了《公共文化服务保障法》确立的公众参与公共文化服务考核评价的制度，体现了公共文化服务以人民为中心、以百姓的需求为出发点和落脚点的思想。三是考核评价的结果向社会公开。结果公开，一方面有利于对公共图书馆的激励和鞭策，另一方面有利于社会公众对公共图书馆服务的了解和监督，同时也是社会公众对政府实施考核评价过程、结果的监督，体现了《公共文化服务保障法》倡导的政府阳光施政、信息公开的理念。四是考核评价的结果作为政府给予公共图书馆补贴或奖励的依据。把考核评价与补贴奖励挂钩，这是针对以往考核评价与激励机制关联性不大的改革，是《公共图书馆法》的一个重要突破。可以相信，随着这一规定的全面落实，政府通过考核评价手段促进公共图书馆事业发展的作用会充分释放。

## 6　促进公共图书馆服务与现代科技融合发展

我国公共图书馆领域在广泛采用现代信息技术和传播技术建设数字图书馆、积极探索依托互联网和技术进步推动服务手段与服务方式创新等方面，走在了全国公共文化服务领域的前列，也创造出了一些具有国际影响的成功做法和经验。《公共图书馆法》站在新时代起点，面对以互联网为代表的现代信息技术和传播技术的飞速发展，对公共图书馆的数字化、网络化建设任务与发展方向给予了高度关注，作出了明确指引。

## 6.1　国家的责任

《公共图书馆法》在总则中明确，国家鼓励和支持发挥科技在公共图书馆建设、管理和服务中的作用（第八条）。发挥科技作用的具体体现，主要是推动现代信息技术和传播技术在公共图书馆服务中的运用，目的是提高公共图书馆的服务水平，包括设施设备水平、资源载体水平、服务手段水平、文献传播水平，以及服务效能水平等全方位、全要素、全链条的水平，体现现代科技对公共图书馆服务的全面支撑和促进。

《公共图书馆法》以专门条款规定了国家在数字化、网络化建设上的责任（第四十条）。国家的责任也就是各级政府的责任，主要体现在三个方面：一是构建标准统一、互联互通的公共图书馆数字服务网络。在今天，公共图书馆必须有数字服务网络；数字服务网络不能是"平台孤岛"，必须做到各级公共图书馆互联互通，全国"一盘棋""一张网"；互联互通的前提是标准统一，因此构建标准体系、促进异构系统间数据交换格式和互操作接口的标准化是国家的责任。二是支持数字阅读产品的开发和数字资源保存技术的研究。数字阅读产品包括以数字化方式呈现的阅读资源和支持数字化方式阅读的阅读载体。第十四次全国国民阅读调查报告的数据显示，2016 年我国成年国民综合阅读率为 79.9%，其中数字化阅读方式接触率达到 68.2%，连续 8 年保持上升势头[12]。数字化阅读成为越来越多的人日常阅读的主要方式，因此开发出更为丰富多彩的数字阅读资源、更方便实用的数字阅读载体，才能满足人民群众多样化的阅读需求。数字资源长期保存是伴随着公共图书馆文献信息载体构成变化而出现的新问题。近年来，我国公共图书馆收藏和提供利用的数字资源迅速增加。2015 年，全国公共图书馆新增数字资源购置费比上年增长 84.17%，新增数字资源购置费占新增藏量购置费的比例比上年增长 58.98%[13]，2016 年这两项指标又在 2015 年的基础上分别增长了 16.66% 和 6.43%[14]。自然灾害、法律纠纷、系统灾难性故障、载体换代、财务危机、采购合同制约等因素,都给数字资源的长期保存和永续利用带来了威胁。在信息社会,数字资源长期保存事关民族记忆传承和国家文化安全,因此,加强对数字资源长期保存技术的研究,建设公共图书馆数字资源长期保存系统,是国家义不容辞的责任。三是推动公共图书馆利用数字化、网络化技术提供服务。所谓"推动",包括政策引导、条件保障、考核评价等多种措施和手段。

## 6.2　公共图书馆的责任

公共图书馆在数字化、网络化建设方面的责任(第四十条),法律首先强调了加强数字资源建设,这是因为公共图书馆数字化服务"内容为王",数字资源是支撑服务开展的根本;同时强调了配备相应的设施设备,这是开展数字化服务的基础,各级政府对公共图书馆的保障应包括开展数字服务所需设施设备的配置。法律还特别强调了公共图书馆应建立线上线下相结合的文献信息共享平台。打造公共文化服务云平台,支持线上线下相结合的服务提供与活动开展,是近年来我国公共数字文化网络服务平台建设的创新,在扩大服务范围、吸引公众参与、有效对接需求、提高服务效能等方面已经产生了明显的效果,如服务和活动的网上预约、网上"抢票"、网络直播,设施的网络定位、网络导航,利用互联网对传统资源采购方式、文献借阅方式的改造等,目的是为公众提供更为便捷、优质的服务。《公共图书馆法》以法律的力量引导了公共图书馆数字服务平台建设的方向。

《公共图书馆法》还对总分馆建设和古籍保护的数字化问题给予了特别关注。关于总分馆体系建设,法律明确要求县级人民政府要完善支撑县域总分馆服务的数字化、网络化服务体系和配送体系,通过互联网服务和依托互联网的资源配送体系,促进公共图书馆服务向城乡基层延伸(第三十一条)。关于公共图书馆的古籍保护,法律明确了可以采用数字化手段进行整理、出版和研究利用(第四十一条)。

## 6.3　网络环境下的读者个人信息保护

公共图书馆是一个掌握着大量读者个人信息的公共文化服务机构,数字化服务、网络化管理运行,给读者个人信息保护带来了新的挑战。《公共图书馆法》在我国第一次明确提出了保护读者个人信息的法律规范(第四十三条)。依照法律规定,公共图书馆承担保护义务的读者信息有三类:一是个人信息,指公共图书馆在业务活动中获得的能够确定特定读者个人的信息，如特定读者个人的姓名、性别、工作单位、家庭住址、个人电话和邮件地址等。二是借阅信息，指公共图书馆在业务活动中获得的特定读者个人利用公共图书馆文献资源的信息，亦即特定读者个人在公共图书馆的借阅记录。三是其他可能涉及读者隐私的信息，指公共图书馆通过业务活动获得的读者个人信息、借阅信息之外的其他有可能涉及个人隐私的信息。所谓隐私信息，按照一般的理解，是指与公共利益或群体利益无关的、当事人不愿意公开而这种不愿意被认为是合理的个人信息。与公共图书馆服务有关的可能涉及读者隐私的信息，依国际图书馆界一般的业务惯例，主要指读者个人的图书馆服务网络登录信息、读者的图书馆资料复制或下载信息、依据读者个人借阅信息分析其阅读偏好或工作计划的信息、读者利用公共图书馆的频度信息等。法律规定的公共图书馆保护读者个人信息的方式，一是不得出售，二是不得以出售以外的其他任何方式非法向他人提供。在图书馆服务实践中，需要准确理解和践行法律规定中"他人""提供""非法"三个关键词。"他人"，指公共图书馆以外的任何团体、组织和个人；"提供"，包括向特定第三方提供和向不特定人群披露，也就是说，"向不特定人群披露"等同于"向特定第三方提供"；强调"非法"，意即符合现行法律规定的"向他人提供"不在禁止之列。在我国，2002年由中国图书馆学会发布的《中国图书馆职业道德准则（试行）》就提出了"维护读者权益，保守读者秘密"的职业理念，被认为是改革开放以来中国图书馆界思想解放的重要成果，是图书馆服务观念的一个重要突破[7]26。公共图书馆法将保护读者个人信息由服务理念上升为法律规定，与国际图书馆界的通行做法相接轨，是我国在互联网环境下不断强化和完善个人信息保护的缩影。

# 7    引导和鼓励社会力量参与

我国的公共文化服务体系建设长期坚持政府主导、社会力量参与的原则。近十多年来，我们对社会力量参与的理解和认识在不断深化。党的十八届三中全会把引入竞争机制、推动公共文化服务社会化发展作为构建现代公共文化服务体系的重要任务，中共中央办公厅、国务院办公厅《关于加快构建现代公共文化服务体系的意见》把社会力量参与提升到增强公共文化服务发展动力的高度。《公共图书馆法》在总结实践经验的基础上,将一些行之有效、发展成熟的引导和鼓励社会力量参与的政策措施上升为法律制度。

## 7.1　基本方针

《公共图书馆法》在总则中明确了引导和鼓励社会力量参与是我国公共图书馆事业发展的基本方针。引导和鼓励的两个重点任务,一是国家鼓励公民、法人和其他组织自筹资金设立公共图书馆,二是县级以上人民政府积极调动社会力量参与公共图书馆建设(第四条)。《公共文化服务保障法》总结长期以来的实践经验,将社会力量参与公共文化服务的方式概括为兴办实体、资助项目、赞助活动、提供设施、捐赠产品等[5],这些方式也是县级以上人民政府调动社会力量参与公共图书馆建设的主要方式。对于社会力量参与公共图书馆建设的引导和鼓励方式,法律规定按照国家有关规定给予政策扶持。目前,国家规定的政策扶持主要体现在三个方面:一是支持各类文化企业参与提供公共文化服务的政策,如项目补贴、定向资助、贷款贴息等;二是政府向社会力量购买公共文化服务的政策;三是捐赠财产用于公共文化服务依法享受税收优惠的政策。

## 7.2　政府向社会力量购买公共图书馆服务制度

中共中央办公厅、国务院办公厅《关于加快构建现代公共文化服务体系的意见》明确要求建立健全政府向社会力量购买公共文化服务的机制,《公共文化服务保障法》将政府购买公共文化服务上升为法律制度[5],《公共图书馆法》则具体化为国家采取政府购买服务等措施,对公民、法人和其他组织设立的公共图书馆提供服务给予扶持(第四十五条)。这一制度明确了政府通过购买服务等方式扶持的对象,是社会力量设立的公共图书馆;购买的具体内容在 2015 年 5 月文化部等部门公布的《政府向社会力量购买公共文化服务指导性目录》已有规定,与公共图书馆服务有关的内容主要包括:公益性数字文化产品的制作与传播,全民阅读活动的组织与承办,公益性文化艺术培训和讲座的组织与承办,文化遗产保护、传承与展示,公共图书馆(室)、农家书屋等的运营和管理,公共电子阅览室、数字农家书屋等公共数字文化设施的运营和管理,民办图书馆面向社会提供的免费或低收费服务等[15]。

### 7.3 公共图书馆捐赠者冠名制度

《公共图书馆法》建立了公共图书馆捐赠者冠名制度(第二十条)。给捐赠者以冠名纪念,是对公益捐助的一种褒扬方式,也是对社会力量参与的一种鼓励方式,我国的公益事业捐赠法、慈善法都有相关规定。《公共图书馆法》首次在我国建立了面向公共图书馆捐赠的冠名纪念制度。该项制度包括三大要素:第一,不论是政府设立的还是社会力量设立的公共图书馆,都可以以捐赠者的姓名、名称命名文献信息专藏或专题活动。第二,公民、法人和其他组织等社会力量设立的公共图书馆,还可以以捐赠者的姓名、名称命名馆名,或者是命名部分馆舍以及其他设施。所谓其他设施,指馆舍以外的其他设施设备、文献资源等。第三,捐赠者冠名应遵守法律、行政法规的规定,符合国家利益和社会公共利益,遵循公序良俗。捐赠者冠名制度,既把捐赠者冠名纳入了法制轨道,又拓展了政府鼓励社会力量参与的方式和渠道。

## 8 明确国家图书馆的性质功能

### 8.1 国家图书馆兼具公共图书馆功能

按照国际标准化组织颁布的统计标准,图书馆分为国家图书馆、公共图书馆、高等教育机构图书馆、学校图书馆(指中小学)、专业图书馆[16]。据此,国家图书馆并不等同于公共图书馆。但是,我国的国家图书馆有特殊性。首先,长期以来,我国国家图书馆一直承担着全国公共图书馆行业"龙头"的职能,在引领、推动、援助各级公共图书馆发展上发挥了重要作用;其次,由于我国的公共图书馆资源相对短缺,国家图书馆事实上一直在承担着面向公众提供服务的公共图书馆职能。在制定《公共图书馆法》的过程中,对于如何处理我国国家图书馆和公共图书馆的关系,经过了长期反复的研讨。《公共图书馆法》立足我国实际,充分考虑国际经验,明确了围绕国家图书馆的三大问题(第二十二条)。第一,明确了国家图书馆的设置主体是"国家"。具体来说,中央政府代表国家设立国家图书馆。第二,明确了国家图书馆的主要职能,包括国家文献信息战略保存、国家书目和联合目录编制、为国家立法和决策服务、组织全国古籍保护工作、开展图书馆发展研究和国际交流、为其他图书馆提供业务指导和技术支持等。所谓国家文献信息战略保存,强调的是国家图书馆的馆藏具有完整保存民族记忆、全面支撑国家经济社会发展、维护国家文化安全的战略意义,是国家文献信息总库。组织全国古籍保护工作,是国家图书馆具有中国特色的功能。我国有三千年的文字史,传世古籍数量堪称世界之最,《中国古籍总目》著录的传世古籍已达 20 万种。保存好、利用好传世古籍,事关中华优秀传统文化传承和民族精神弘扬。《公共图书馆法》在总结我国古籍保护工作经验的基础上,明确国家图书馆承担"组织"全国古籍保护工作的职能,为我国古籍保护工作实现全国"一盘棋"的统筹规划、摸清家底、分类指导、妥善保护、永续利用奠定了法律基础。第三,明确国家图书馆具有公共图书馆的功能。这是我国第一次从法律层面对国家图书馆承担公共图书馆的功能作出规定。这一规定既明确了国家图书馆开展面向社会公众的服务是法定任务,又为国家图书馆充分发挥全国公共图书馆行业"龙头"作用提供了法律依据。

### 8.2　出版单位出版物交存制度

《公共图书馆法》确立的一项与国家图书馆关系密切制度,是出版单位出版物交存制度,国际上称为出版物呈缴制度。出版单位向法定机构交存出版物,目的一般认为有二:一是完整保存国家文化遗产,二是为公民利用文献信息提供基础资源。所以,出版物交存制度是实现国家文献信息战略保存的重要方式。目前,世界上已经有100 多个国家和地区确立了出版物呈缴制度[2]3-573,也有不少国家为出版物缴送专门立法。我国早在 20 世纪 50 年代初就通过政府规章的形式建立了征集图书、期刊"样本"的办法。国务院 2001 年颁布、2016 年修订的《出版管理条例》规定,出版单位应当按照国家有关规定向国家图书馆、中国版本图书馆和国务院出版行政主管部门免费送交样本[17]。20 世纪 90 年代末以来,深圳、内蒙古、湖北、北京、河南、上海、浙江等地的地方性公共图书馆立法中,也都包括了对出版物样本送交的规定。《公共图书馆法》总结我国以往出版物样本送交的经验和问题,形成了相应的法律制度(第二十六条),要素有三:第一,出版单位履行向法定公共图书馆交存出版物的法律义务;第二,"交存"的含义是免费提交保存;第三,法定交存的对象是国家图书馆和出版单位所在地省级公共图书馆。其中,把交存对象扩展到出版单位所在地省级公共图书馆是一大突破,主要是出于国家文献信息战略备份、战略保存、文化安全的考虑。与以往的同类规定相比,这一制度最突出的特点,是建立了出版单位向法定公共图书馆单一交存出版物的体制,为改变我国长期存在的"多头送交"造成的执行不力、资源浪费现象奠定了基础,迈出了推动出版物交存回归本来目的的第一步。

《公共图书馆法》构筑起了我国公共图书馆管理、运行、服务的基本制度体系,开启了新时代我国公共图书馆事业发展的新篇章。但是,天下之事,不难于立法而难于法之必行。法律的全面有效落实,亟须一系列支撑顶层制度设计的实施细则、配套规章,这是目前一项新的紧迫任务。同时,需要强有力的法律实施监督检查,确保有法必依、执法必严、违法必究。

## 参考文献

[1] 李国新. 中国图书馆法治若干问题研究[D]. 北京:北京大学,2005:13.

[2] 《中国大百科全书》总编委会. 中国大百科全书[M]. 2 版. 北京:中国大百科全书出版社,2009.

[3] 公共图书馆服务发展指南:中文版[M]. 林祖藻,译. 上海:上海科学技术文献出版社,2002:63 – 67.

[4] 日本図書館協会図書館政策特別委員会. 公立図書館の任務と目標解説(改訂版増補)[M]. 東京:日本図書館協会,2009:28.

[5] 中华人民共和国公共文化服务保障法[EB/OL]. (2016 – 12 – 25)[2017 – 11 – 05]. http://www. npc. gov. cn/npc/xinwen/2016-12/25/content_2004880. htm.

[6] 中华人民共和国国家质量监督检验检疫总局,中国国家标准化管理委员会. 公共图书馆服务规范(GB/T 28220—2011)[S]. 北京:中国标准出版社,2012:4.

[7] 中国图书馆学会. 中国图书馆员职业道德准则(试行)[M]. 北京:北京图书馆出版社,2003.

[8] 国家"十一五"时期文化发展规划纲要[M]. 北京:人民出版社,2006:23.

[9] 中共中央办公厅、国务院办公厅印发《关于加快构建现代公共文化服务体系的意见》(全文)[EB/OL]. (2015 – 01 – 14)[2017 – 11 – 05]. http://www. gov. cn/xinwen/2015-01-14/content_2804250. htm.

[10] 文化部　新闻出版广电总局　体育总局　发展改革委　财政部关于印发《关于推进县级文化馆图书馆总分馆制建设的指导意见》的通知[EB/OL]. (2016 – 12 – 26)[2017 – 11 – 05]. http://www. gov. cn/gongbao/content/2017/content_5216448. htm.

[11] 许安标.中华人民共和国公共图书馆法释义[M].北京:中国民主法制出版社,2018:94.

[12] 第十四次全国国民阅读调查报告出炉:2016 年人均阅读 7.86[EB/OL].(2017 - 04 - 18)[2017 - 11 - 05].http://book.sina.com.cn/news/whxw/2017-04-18/doc_ifyeimqy2574493.shtml.

[13] 国家图书馆研究院.2015 中国公共图书馆事业发展基础数据概览[R].北京:国家图书馆研究院,2016:7.

[14] 国家图书馆研究院.2016 中国公共图书馆事业发展基础数据概览[R].北京:国家图书馆研究院,2017:5.

[15] 国务院办公厅转发文化部等部门关于做好政府向社会力量购买公共文化服务工作意见的通知[EB/OL].(2015 - 05 - 11)[2017 - 11 - 05].http://www.gov.cn/zhengce/content/2015-05/11/content_9723.htm.

[16] 张红霞.图书馆质量评估体系与国际标准[M].北京:国家图书馆出版社,2008:126 - 127.

[17] 出版管理条例[EB/OL].(2016 - 02 - 06)[2017 - 11 - 05].http://www.gov.cn/gongbao/content/2016/content_5139389.htm.

原载《中国图书馆学报》2017 年 11 期,收入本书时有修改

# 《公共图书馆法》权益保障及主导责任的基本制度分析

金武刚（华东师范大学信息管理系）

立法工作的重要任务是对既有政策进行调整与完善，建立一系列有法律保障的基本制度。2017 年 11 月 4 日，全国人大常委会表决通过的《中华人民共和国公共图书馆法》（以下简称《公共图书馆法》）[1]，是我国首部专门图书馆法。如果说2001 年 4 月文化部在天津召开"《图书馆法》专家座谈会"[2]，标志着国家相关立法工作启动，那么到 2017 年 11 月《公共图书馆法》正式出台，标志着国家相关立法工作取得阶段性成就，前后历时 17 年之久。

2001 年前后，正是我国系统研究现代图书馆理念成果荟萃、基础理论研究高潮迭起的发端。如李国新的"图书馆自由"研究[3-5]，范并思的"信息公平"研究[6-8]，于良芝的"图书馆职业"研究[9]，等等。时至 2008 年 10 月，理论研究结出硕果，中国图书馆学会正式发布《图书馆服务宣言》[10]，表达了图书馆对全社会普遍开放、维护读者权利、平等服务、对弱势人群人文关怀、消除数字鸿沟等方面的基本理念，宣示了中国图书馆人对于现代图书馆理念的基本认同[11]，也标志着现代图书馆基本理念研究的完成[12]。而 2008 年前后，又是国家立法工作的关键节点，文化部重新启动此前由于业内认识不一而暂停下来的立法工作，并把《公共图书馆法》列为立法工作的突破口[13]。从此以后，已成业内共识的现代图书馆基本理念开始全面渗透到《公共图书馆法》立法进程之中。

"风雨晨昏人不晓，个中甘苦只自知"。细读《公共图书馆法》，字里行间，无不彰显着图书馆行业的专业理念——保障公民文化权益、落实政府主导责任、引导社会力量参与、推进体制机制改革，全面构建了我国现代公共图书馆制度。

# 1　保障公民文化权益的基本制度

《公共图书馆法》开宗明义,在法律第一条中就提出立法的重要目的是为了"保障公民基本文化权益";并且,在法律第二条中将公共图书馆定义为"公共文化设施",与《中华人民共和国公共文化服务保障法》(以下简称《保障法》)建立了关联。根据《保障法》要求,公共图书馆作为公共文化设施,用于"满足公民基本文化需求""丰富人民群众精神文化生活"。公民文化权益保障,来自于一项项具体的图书馆服务。因此,法律对有关服务原则和要求的规定,处处彰显"立法为民,以民为本"的核心思想。

## 1.1　普遍均等制度:保障公共图书馆人人可用

享有公共服务属于公民的基本权利,公共图书馆是社会主义公共文化服务体系的重要组成部分,提供的是保障全体公民生存和发展的基本公共服务。因此,《公共图书馆法》在法律第三十三条第一款中明确要求"公共图书馆应当按照平等、开放、共享的要求向社会公众提供服务",这一规定,是公共图书馆的法定服务原则,旨在保障全体公民利用公共图书馆的基本权利,也是国际图书馆界普遍均等(Equality of access for all)理念的中国式表达。

"平等",指公民人人有权享用图书馆服务,即全体社会成员都能够普遍均等地利用公共图书馆,而不受其身份、职业、收入、地位等因素影响。联合国教科文组织、国际图联将之表述为"公共图书馆应不分年龄、种族、性别、宗教、国籍、语言或社会地位,向所有的人提供平等的服务"[14]。

"开放",指公共图书馆服务内容的普遍提供。一是公共图书馆的场所空间开放,如阅览室、自修室、报告厅等;二是公共图书馆的服务项目开放,如图书借阅、检索咨询、讲座展览、阅读活动、辅导培训等;三是保障上述开放的辅助服务及延伸服务,如办证验证、Wi-Fi覆盖、读者餐饮等。另外,在开放时间上,公共图书馆要主动适应当地公众的利用习惯和实际需求,实现错时开放,以便最大化利用。

"共享",指全民享有、全面享有,即城乡居民均能免费或优惠利用公共图书馆服务。公共图书馆提供的文献信息及相关服务,是由公共财政支持的、非营利性服务,以"公益性、基本性、均等性、便利性"为基本要求,区别于市场提供的商业化服务,应该遍及城乡,覆盖到每一个人。

在法律第三十三条第二款中,又专门规定公共图书馆必须提供免费服务,其范围包括:"(一)文献信息查询、借阅;(二)阅览室、自习室等公共空间设施场地开放;(三)公益性讲座、阅读推广、培训、展览;(四)国家规定的其他免费服务项目"。这一规定,与 2011 年以来我国公共图书馆实行免费开放的范围大致相当,即面向社会公众提供的基本服务项目,不收取"一分钱",人人都可"无门槛"利用。公共图书馆提供免费服务,是贯彻落实"平等、开放、共享"法定服务原则的最佳途径。法律对公共图书馆免费服务范围的规定,是对我国实施公共图书馆免费开放政策的巩固与演进,为在全社会建立起一个保障知识与信息公平获取的基本制度[7],夯实了法律基础。

### 1.2 信息公开制度:保障公众知晓权、方便公众利用

如果说普遍均等制度解决了谁(Who)可以利用公共图书馆的问题,那么,建立信息公开制度,旨在保障公众的知晓权,即:何处有图书馆(Where)?图书馆里有什么(What)?什么时候可以利用图书馆(When)?图书馆服务质量和水平如何(How)?

首先,《公共图书馆法》要求政府文化主管部门,主动公开辖区内公共图书馆设置情况和主动公开公共图书馆服务情况。一是关于设置情况,法律第十八条规定省级政府文化主管部门必须"在其网站上及时公布本行政区域内公共图书馆的名称、馆址、联系方式、馆藏文献信息概况、主要服务内容和方式等信息",这实质上是贯彻落实《政府信息公开条例》基本要求,方便公众按图索骥,找到自己所需要的文献信息。二是关于服务情况,法律第四十七条规定,政府文化主管部门必须对公共图书馆的服务质量和水平进行考核,并且"考核结果应当向社会公布"。考核结果向社会公布,保障了公众的知晓权,有助于提高公共图书馆运营管理的透明度,发现问题、加以改进,提升服务水平,更好地满足公众需求。根据《政府信息公开条例》有关要求,考核结果可以通过政府公报、政府网站、新闻发布会以及报刊、广播、电视等媒体的方式,或通过信息公告栏、电子信息屏设备等便于公众知晓的方式公开发布。

　　其次，《公共图书馆法》要求公共图书馆主动及时地公告本单位服务提供的基本情况，以方便公众利用。一是关于文献信息情况的公告。法律第二十七条规定，公共图书馆必须"建立馆藏文献信息目录"，并且"通过其网站或者其他方式向社会公开"，这一规定有助于公众事先就能获知馆藏文献信息的内容、种类、范围，从而避免盲目前往，以节约时间、提高效率。二是关于服务内容及开放时间等情况的公告。法律第三十八条规定，公共图书馆必须"向社会公告本馆的服务内容、开放时间、借阅规则等"，特别在"开放时间"安排上，该条款还对一些特殊情况作了详细规定——"因故闭馆或者更改开放时间的，除遇不可抗力外，应当提前公告"，"公共图书馆在公休日应当开放，在国家法定节假日应当有开放时间"。

　　具体来讲，可分为三种情形。第一种情形，公共图书馆因为特殊情况（如馆舍重大维修等），需要闭馆一段时间，或者因为临时事件（如电力检修等）需要更改开放时间的，必须"提前公告"，以避免公众吃"闭门羹"，无功而返。第二种情形，"公共图书馆在公休日应当开放"。公休日，即通常所说的周六、周日，每周这两天时间，大多数公众处于非上班时间，有较多闲暇时间可以利用图书馆服务。公共图书馆作为公共文化设施，主动适应公众利用习惯和特点，在周六、周日必须开放。"公休日应当开放"蕴含的另一层意思是，在周六、周日，公共图书馆面向公众提供的服务，应当与平时日常开放保持一致，不得无故缩短开放时间，不得无故减少服务内容或服务项目。第三种情形，公共图书馆在"国家法定节假日应当有开放时间"。"国家法定节假日"，指元旦、春节、清明节、国际劳动节、端午节、中秋节、国庆节等国家规定放假的日子；"有开放时间"，意即可以比平时适当缩短开放时间。公共图书馆提供的是基本公共文化服务，保障的是公民基本文化权益。国家法定节假日"有开放时间"的规定，这既是考虑到公众的实际需求，又照顾到我国实际国情，赋予了公共图书馆一定的灵活处置权，缓解长期以来"常年无休"式开放所带来的工作压力。当然，法定节假日的开放时间调整，属于"更改开放时间"范畴，应注意提前予以公告。

　　另外，《公共图书馆法》还要求公共图书馆，定期公告本馆服务效能的基本情况。在法律第四十二条中规定，公共图书馆必须"改善服务条件、提高服务水平，定期公告服务开展情况"。服务开展情况，主要就是反映服务效能，即公共图书馆服务的效率和效果,如苏州图书馆[15]、杭州图书馆[16],早已在其网站上每季度公开发布一次服务开展情况,包括图书外借册次、读者到馆数量、活动举办场次及参与者数量、有效持证读者数量及新增情况等效能指标。

服务效能不高,是目前我国公共图书馆服务的一个突出短板,在一些地区还普遍存在"重设施建设、轻管理使用"的现象。当然,服务效能提升取决于多方因素,但定期公告制度,有助于增强公共图书馆管理的透明度,从而维护公众的知晓权,督促公共图书馆更好地发挥功能。

### 1.3　公众参与制度:维护公众的文化选择权、参与权和监督权

建立开放管理制度,健全民意表达渠道,引导社会公众积极参与公共图书馆服务和项目的规划、建设、管理和监督,是落实"以人民为中心"工作导向的有效途径,全力保障公众的文化选择权、参与权和监督权的重要措施。

首先,《公共图书馆法》要求建立公众参与的组织管理制度。法律第二十三条要求"推动公共图书馆建立健全法人治理结构,吸收有关方面代表、专业人士和社会公众参与管理"。法人治理结构是由利益相关方共同参与治理的组织架构和管理体制,一般由理事会和管理层构成。理事会是决策层的组织形式,是决策和监督机构。理事会的组成体现共同治理原则,成员由政府有关部门、公共图书馆、服务对象和其他有关方面的代表构成。社会公众代表作为服务对象,进入理事会,参与公共图书馆决策、管理、运营和监督,在组织管理体制上就是实现公共图书馆公益目标、公共利益的基本保证,有助于激发活力,为公众提供更加优质高效的图书馆服务。

其次,《公共图书馆法》要求建立公众参与的社会监督制度。社会监督的目的,是帮助公共图书馆改善服务条件,提高服务水平。法律第四十二条要求公共图书馆"定期公告服务开展情况,听取读者意见,建立投诉渠道,完善反馈机制,接受社会监督"。这里包含两个层面的意思,一是主动接受监督,如将公共图书馆服务开展情况,通过网站等渠道主动公开,方便公众获取信息、开展监督。二是被动接受监督,如在馆舍显著位置(如入口处、咨询台等)设立读者意见箱(簿),公开监督电话,开通网上投诉通道,设立馆长接待日,定期召开读者座谈会等,及时了解公众诉求,解决相关问题。无论是主动还是被动,都要不断完善公众需求的征询反馈机

制,认真对待并正确处理来自公众的意见或投诉,按照国家标准《公共图书馆服务规范》要求,应当在五个工作日内回复并整改落实[17]。

另外,《公共图书馆法》还要求建立公众参与公共图书馆服务考核机制。法律第四十七条规定"考核应当吸收社会公众参与",并且将考核结果"作为对公共图书馆给予补贴或者奖励等的依据"。法律规定社会公众参与考核,主要目的就是敦促公共图书馆运营管理者必须关注和研究公众的需求、意见和建议,真正树立"以人民为中心"的工作导向,形成供需对接,提高服务的针对性和有效性,满足公众对美好生活的新期待。法律建立考核与奖补相挂钩的机制,这是针对以往考核评价与激励机制关联性不大的改革,扭转了长期以来公共图书馆评估定级后没有激励措施跟进的"老大难"问题,打破了"内部人"评价的小圈子,让考核工作更具权威性。2017年7月,文化部印发的《"十三五"时期全国公共图书馆事业发展规划》,要求完善公共图书馆绩效考评制度,加强用户评价和反馈,探索建立第三方评价机制,开展群众满意度调查,增强评价的客观性和科学性,将考核结果作为预算确定、收入分配和负责人奖惩的重要依据[18]。《公共图书馆法》认可这一政策举措,并上升为法律规定,将考核结果作为对公共图书馆给予补贴或奖励的依据,表明了立法工作对公共图书馆服务考核的关注和重视。

### 1.4　以人为本制度:为特殊群体提供专门服务

公共图书馆服务提供的是普遍均等的公共文化服务,是阳光普照式服务。从理论上说,未成年人、老年人、残疾人等特殊群体都可以和其他人一样参与或享有。但是,受制于自身的主观原因,或者提供者条件限制等客观原因,许多图书馆常规服务对特殊人群来说往往是可望而不可即,如适合低幼儿童的阅读环境、文献信息内容,适合老年人、残疾人的无障碍阅读设施等。

为了保证社会公平正义的实现,保证经济社会发展成果为全体社会成员共享,充分体现社会的文明进步,现代社会普遍实行对特殊群体的经济社会文化权利给予特殊保障的方针。我国宪法确立了公民在法律面前一律平等的原则,制定了未成年人保护法、老年人权益保障法、残疾人保障法以及相关方针政策,对特殊群体的权益给予了特别关注和保护。

《公共图书馆法》在法律第三十四条第一款中规定,"政府设立的公共图书馆应当设置少年儿童阅览区域,根据少年儿童的特点配备相应的专业人员,开展面向少年儿童的阅读指导和社会教育活动,并为学校开展有关课外活动提供支持"。我国作为国际公约——《儿童权利公约》[19]的签约国和批准国,特别重视对未成年人的权利保护,特别是在《中国儿童发展纲要(2011—2020年)》中,进一步明确了"儿童优先原则",需要"在制定法律法规、政策规划和配置公共资源等方面优先考虑儿童的利益和需求"[20]。因此,《公共图书馆法》充分考虑到未成年人特点,在设施、资源、服务、活动等方面给予了优先安排。另外,考虑到未成人社会阅历浅,辨别是非能力相对较弱的现象,法律在第三十七条中还明确规定,"不得向未成年人提供内容不适宜的文献信息"。所谓不适宜的文献信息,主要指"传播淫秽、暴力、凶杀、恐怖、赌博等毒害未成年人的图书、报刊、音像制品、电子出版物以及网络信息等"[21]。

对于老年人、残疾人等群体,《公共图书馆法》在法律第三十四条第二款中规定,"政府设立的公共图书馆应当考虑老年人、残疾人等群体的特点,积极创造条件,提供适合其需要的文献信息、无障碍设施设备和服务等"。这一规定,与《老年人权益保障法》《残疾人保障法》及相关政策相衔接。所谓"积极创造条件",如引导有条件的公共图书馆开设老年阅览区域、设立盲人阅览室;所谓"无障碍设施设备",如设置盲道,配置盲文图书、有声读物、大字读物、触屏读报系统及有关阅读辅助设备等。

《公共图书馆法》对未成年人、老年人、残疾人等特殊群体专门服务的规定,确立了我国公共图书馆服务在推进均衡发展过程中消除人群差距的基本方针,建立了以人为本、以人文关怀为价值导向的基本制度。

### 1.5　底线保障制度：部分禁止性法律规定

法律对一些公共图书馆行为作了禁止性规定,包括相应行为的种类、内容与边界。反过来讲,这些禁止性规定,实质上是对公民基本文化权益进行保驾护航的"底线保障"。

首先,《公共图书馆法》要求公共图书馆不得开展无关的商业经营活动。法律第二十九条第二款规定,"公共图书馆的设施设备场地不得用于与其服务无关的商业经营活动"。"无关的商业经营活动",是指与公共图书馆性质不相符、与公共文化设施不相称的收费性市场经营活动。商业经营活动需要一定的设施设备场地等资源支撑，而这些资源具有稀缺性，若用于商业经营活动，就难以同时提供图书馆公益服务，这等同于减少了公民免费获得图书馆服务的机会。法律这一禁止性法律规定，实质上保障了公民免费利用图书馆的权利。

其次，《公共图书馆法》要求公共图书馆不得侵犯读者隐私。法律第四十三条规定，"公共图书馆应当妥善保护读者的个人信息、借阅信息以及其他可能涉及读者隐私的信息，不得出售或者以其他方式非法向他人提供"。"读者的个人信息"，是指以各种方式记录的能够单独或者与其他信息结合识别自然人个人身份的各种信息，包括但不限于自然人的姓名、出生日期、身份证件号码、个人生物识别信息、住址、电话号码等；"借阅信息"，是指读者在图书馆进行文献检索咨询、文献阅览、文献外借过程中所记录的读者个人信息以及借阅行为、借阅倾向等信息。"其他可能涉及读者隐私的信息"，是指读者在利用图书馆过程中，除了读者的个人信息和借阅信息以外所产生的其他隐私信息，如读者参加活动的隐私信息、图书馆的监控信息、图书馆移动定位和跟踪信息等。如果发生了侵犯读者隐私的行为，根据法律第五十条又规定，首先"由文化主管部门责令改正，没收违法所得"，然后"对直接负责的主管人员和其他直接责任人员依法追究法律责任"。隐私权是公民的基本权利，对读者的隐私进行保护，体现了我国法律的进步开明和对基本人权的尊重，符合现代国际社会发展潮流。

另外，《公共图书馆法》严格限定了公共图书馆拒绝提供服务的前提条件。法律第四十四条规定，"读者应当遵守公共图书馆的相关规定，自觉维护公共图书馆秩序，爱护公共图书馆的文献信息、设施设备，合法利用文献信息；借阅文献信息的，应当按照规定时限归还。对破坏公共图书馆文献信息、设施设备，或者扰乱公共图书馆秩序的，公共图书馆工作人员有权予以劝阻、制止；经劝阻、制止无效的，公共图书馆可以停止为其提供服务"。这一条款实质上是对读者义务的规定，即读者要遵守规定、维护秩序、爱护设备、合法利用、按时借还。但在该条款中，又突出了公共图书馆拒绝提供服务的三个前提条件，一是读者已经实施了破坏或扰乱行为；二是图书馆工作人员进行了劝阻、制止；三是经劝阻、制止后，读者继续实施破坏或扰乱行为。如果拒绝服务，必须同时具备这三个前提条件。换句话讲，作为公民的个人权利,"法无禁止即可行",即公共图书馆不得无故拒绝为读者提供服务。

## 2　落实政府主导责任的基本制度

我国宪法规定"国家发展为人民服务、为社会主义服务的文学艺术事业、新闻广播电视事业、出版发行事业、图书馆博物馆文化馆和其他文化事业,开展群众性的文化活动",《公共文化服务保障法》也明确"公共文化服务,是指由政府主导、社会力量参与,以满足公民基本文化需求为主要目的而提供的公共文化设施、文化产品、文化活动以及其他相关服务"。因此,公共图书馆作为公共文化服务体系的重要组成,由政府主导建设,有宪法依据、有保障法依据。《公共图书馆法》对政府在公共图书馆事业发展中的主导责任,作了明确规定,建立了一系列基本制度。

### 2.1　政府保障制度:纳入本级国民经济和社会发展规划

首先,《公共图书馆法》明确了各级政府是公共图书馆事业建设的责任主体。法律第四条规定,"县级以上人民政府应当将公共图书馆事业纳入本级国民经济和社会发展规划,将公共图书馆建设纳入城乡规划和土地利用总体规划"。"县级以上人民政府",包括中央政府,省、自治区、直辖市政府,自治州、设区的市政府,县、自治县、不设区的市、市辖区的政府[22]。"国民经济和社会发展规划"是指辖区内国民经济和社会发展总纲,一般由该级政府编制、提出,并经同级人民代表大会审查、批准,再由该级政府组织实施。并且,实施情况受同级人民代表大会的监督,具有法定约束力。"城乡规划",包括城镇体系规划、城市规划、镇规划、乡规划和村庄规划,是对辖区内的建设活动进行规范,以达到协调城乡空间布局,改善人居环境,集约高效合理利用城乡土地,促进城乡经济社会全面科学协调可持续发展的目的[23]。"土地利用总体规划",是指各级政府依据国民经济和社会发展规划、国土整治和资源环境保护的要求、土地供给能力以及各项建设对土地的需求,对辖区内全部土地的利用以及土地开发、整治、保护所作的综合部署和统筹安排[24]。将公共图书馆事业纳入本级国民经济和社会发展规划,将公共图书馆建设纳入城乡规划和土地利用总体规划,率先明确了各级政府是履行公共图书馆事业保障的责任主体;将公共图书馆事业建设纳入法治化轨道的举措,是全面依法治国率先在公共图书馆领域的具体落实。

其次，《公共图书馆法》明确了各级政府是公共图书馆的设立主体。法律第十四条规定，"县级以上人民政府应当设立公共图书馆"，这是要求中央政府，省、自治区、直辖市政府，自治州、设区的市政府，县、自治县、不设区的市、市辖区的政府，都要依法设立独立建制的公共图书馆。并且，法律第十四条还规定，"地方人民政府应当充分利用乡镇（街道）和村（社区）的综合服务设施设立图书室，服务城乡居民"，一方面，明确地方政府有责任建立相应设施，提供图书馆服务；另一方面，考虑到基层政府保障能力有限，设立独立建制的公共图书馆既不经济、又难以持续，故而只是要求在各级基层综合服务设施内，辟有专门区域提供图书馆服务。

另外，《公共图书馆法》还明确了各级政府文化主管部门是公共图书馆的管理主体。法律第五条对各级政府的文化主管部门和其他部门，界定了管理职责分工。在中央层面，由国务院文化主管部门（即当前的文化部）负责全国公共图书馆的管理工作，其他部门（如发展改革委、财政部等），在各自职责范围内负责与公共图书馆管理有关的工作。在地方层面，同样由各级政府文化主管部门负责辖区内公共图书馆的管理工作，其他有关部门在各自职责范围内负责辖区内与公共图书馆管理有关的工作。明确各级政府文化主管部门是公共图书馆的管理主体，有利于推进政府依法落实公共图书馆事业建设、公共图书馆设立的保障责任。

## 2.2　经费保障制度：做到及时、足够拨付

公共图书馆的设立、运行，离不开稳定的经费支持。《公共图书馆法》在法律第四条中规定县级以上人民政府，"加大对政府设立的公共图书馆的投入，将所需经费列入本级政府预算，并及时、足额拨付"。这是对政府设立的公共图书馆经费保障的三项要求：一是加大经费投入，二是列入政府预算，三是及时、足够支付。

《公共图书馆法》虽然没有就经费投入的结构、数量、增长比例等要求，作出直接规定，但在《公共文化服务保障法》中，已经提供相关经费投入的测算依据。根据《公共文化服务保障法》第五条、第二十八条及第四十五条等有关规定，中央政府（即国务院）根据公民基本文化需求和经济社会发展水平，制定并调整国家基本公共文化服务指导标准；省级政府根据国家基本公共文化服务指导标准，结合当地实际需求、财政能力和文化特色，制定并调整本行政区域的基本公共文化服务实施

标准；设区的市级、县级地方人民政府根据国家基本公共文化服务指导标准和省级基本公共文化服务实施标准，结合当地实际，制定公布本行政区域公共文化服务目录并组织实施。各级标准的出台，实质上厘清了各级政府对包括公共图书馆在内的基本公共文化服务保障的种类、数量、规模以及布局等要求。然后县级以上各级政府根据公共文化服务的事权和支出责任，将公共文化服务经费纳入本级预算，安排公共文化服务所需资金。

与国际发达国家相比，我国公共图书馆事业发展整体水平较低，全国人均图书藏量 0.65 册，人均购书费 1.56 元，人均借书 0.4 册，人均到馆 0.5 次[25]，而且，东、中、西部地区发展不平衡，历史欠账较多[26]。

因此，法律要求各级政府能够不断加大投入，及时、足额，推动公共图书馆事业快速发展，以便达到全面建成小康社会的基本要求。

### 2.3　人员保障制度：专业要求、数量合理

公共图书馆的运营与管理，离不开人力资源的支持。《公共图书馆法》重视对图书馆工作人员的专业能力要求。

首先，对馆长的专业能力要求。法律第十九条规定，"政府设立的公共图书馆馆长应当具备相应的文化水平、专业知识和组织管理能力"，对馆长提出了三个方面的能力建设要求，尤其是专业知识要求。政府设立的公共图书馆，通常是指县级以上政府设立的公共图书馆（法律第十四条规定"县级以上人民政府应当设立公共图书馆"），而县级以上的公共图书馆，又往往是当地的区域性"文化中心"，所以在满足周边居民文化需求、做好阵地服务的本职工作之外，还要起到区域性"龙头"作用，建立覆盖城乡的服务体系、满足全域内的居民需求。无论是阵地服务、还是体系建设，都需要懂行的工作人员来贯彻落实。馆长作为图书馆一馆之长，文化水平和组织管理能力，是基本要求，专业知识储备尤为关键。只有具备良好的专业知识，才能把控图书馆基本业务，才能清楚未来发展方向，才能有效开展领导组织工作。

其次，对工作人员数量配备要求。《公共图书馆法》设立了公共图书馆准入门槛，法律第十五条规定设立公共图书馆应当具备的条件之一，就是配备"与其功能、馆藏规模等相适应的工作人员"。法律第十九条第二款进一步明确工作人员配备

数量的原则依据,"根据其功能、馆藏规模、馆舍面积、服务范围及服务人口等因素配备相应的工作人员"。这一规定,有助于充分发挥图书馆功能。但是,法律虽然有人员数量配备依据,却没有给出具体测算模型或方法,而是把权限交给了各级政府有关部门自主决定。目前,可以参考国家标准《公共图书馆服务规范》(GB/T 28220—2011),用一个比较粗略的人员配备数量测算方法:每服务人口1万至2.5万之间,应配备1名工作人员。中间的取值范围,主要依据就是区域内服务人口数量,同时兼顾服务时间、馆舍规模、馆藏资源数量、年度读者服务量等因素进行适当配备。

另外,对一般工作人员也提出了专业能力要求。法律第十九条第二款规定,"公共图书馆工作人员应当具备相应的专业知识与技能,其中专业技术人员可以按照国家有关规定评定专业技术职称"。目前,我国公共图书馆人员队伍建设相对比较滞后,具有高级职称的人员占10.8%,具有中级职称的人员占32.7%[25],但主要集中在省级以上公共图书馆内,县级公共图书馆专业人才严重短缺,已经制约了公共图书馆事业的跨越式发展。因此,图书馆工作人员需要不断加强专业知识的学习和储备,适应日新月异的新技术应用和现代公共图书馆服务要求。

### 2.4　服务规范制度:加强考核、提升质量

公共图书馆服务质量和水平高低,是公共图书馆运营管理水平高低的体现,更关系到公共图书馆作用是否得到有效发挥。公共图书馆的粗放式管理,已经是我国图书馆事业发展中的一个痼疾,严重影响了服务效能提升。解决途径有二:一是制定公共图书馆服务标准规范,让图书馆运营管理有标可遵、有章可循、有据可依、有责可查;二是加强公共图书馆服务考核,根据考核结果奖优惩劣。

《公共图书馆法》要求政府应当建立服务规范,并加以严格考核。法律第四十七规定,"国务院文化主管部门和省、自治区、直辖市人民政府文化主管部门应当制定公共图书馆服务规范,对公共图书馆的服务质量和水平进行考核"。

国务院文化主管部门负责制定国家层面的公共图书馆服务规范,形成全国性公共图书馆服务统一标准。重点规范公共图书馆服务的内容、种类,以及作为国家层面的"底线标准",发挥兜底线、指方向、做示范的作用。我国首个公共图书馆服务方面的国家标准——《公共图书馆服务规范》,就是由文化部提出,于2011年5

月 1 日起正式实施。该规范规定了公共图书馆的服务资源、服务效能、服务宣传、服务监督与反馈等内容标准，适用于县（市）级以上公共图书馆。另外，自 1994 年以来，文化部对我国县以上公共图书馆开展了多次评估定级活动，而评估标准是评价工作的标尺与准则，一般由文化部制订并颁布，覆盖公共图书馆服务条件和服务能力的各个方面，包括设施设备、经费人员、文献资源、服务工作、协作协调、管理表彰、重点文化工程等。不同级别的公共图书馆，其评估的指标项目和指标权重各有侧重。

省级政府文化主管部门，负责制定本辖区内的地方公共图书馆服务规范。地方公共图书馆服务规范，应与当地经济社会发展水平相适应，确立的服务内容、种类、数量和水平，一般要高于国家标准。目前各省已经颁布的地方公共图书馆服务规范，主要有《上海市公共图书馆行业服务标准》《安徽省公共图书馆服务标准》《江苏省公共图书馆服务规范》《江西省公共图书馆服务规范》《浙江省公共图书馆服务规范》等。

由国务院和省级政府文化主管部门制定的公共图书馆服务规范，以标准的方式向社会明确公共图书馆服务的内容、种类、数量和水平，充分体现了以标准化促进均等化，全面提升我国公共图书馆服务质量的基本思路，是检验公共图书馆服务效能与管理的尺度，是评估公共图书馆服务水平的重要依据。

### 2.5　服务网络制度：统筹协调、覆盖城乡

现代公共文化服务体系建设重点和难点在农村，我国城乡二元结构导致公共图书馆的数量和质量在城乡有较大差距，推动城市公共图书馆资源和服务向下流动，扩大农村公共阅读资源总量，提高农村服务质量，是推动图书馆事业城乡均衡发展的有效方式。因此，《公共图书馆法》要求政府承担起服务网络统筹建设的主导责任。

法律第十三条规定，"国家建立覆盖城乡、便捷实用的公共图书馆服务网络。公共图书馆服务网络建设坚持政府主导，鼓励社会参与。县级以上地方人民政府应当根据本行政区域内人口数量、人口分布、环境和交通条件等因素，因地制宜确定公共图书馆的数量、规模、结构和分布，加强固定馆舍和流动服务设施、自助服务设施建设"。这一规定，包含了以下几层意思：

第一，政府的主导责任从单一的场馆建设扩展到服务网络建设，推动图书馆事业的城乡均衡发展，这与中共中央办公厅、国务院办公厅在《关于加快构建现代公共文化服务体系的意见》中提出的发展目标——基本建成"覆盖城乡、便捷高效、保基本、促公平的现代公共文化服务体系"相一致。

第二，在法律上明确社会力量是公共图书馆服务网络建设的一支重要力量，可以在图书馆设施、资源、服务、活动、管理等方面广泛参与。

第三，打破"一级政府只建一个图书馆"的传统，县级以上政府根据实际需要，确定公共图书馆的数量多少、规模大小、总馆分馆以及合理分布。确定的依据不再是传统的行政级别，而是根据常住人口的数量、分布情况，综合考虑环境和交通条件。

第四，提倡多种设施类型的有机组合。除了在人口众多的集聚区设立固定设施外，还要加强流动设施建设，以资源配送、服务延伸等方式解决偏远地区、人口稀疏地区、固定设施覆盖盲区、服务空白地区等特殊区域的公共图书馆服务。近些年来，图书馆自助服务设施日益普及，受到公众喜爱。自助设施的使用，一方面减少了图书馆常规性工作负担，释放出更多人手投放到活动组织和服务创新之中；另一方面，也创新了服务方式，提高了服务效能。特别是 24 小时自助图书馆的投入运行，效益显著。在张家港，"图书馆驿站"是一个 24 小时开放、提供阅读服务的自助设施。据统计，2016 年，32 家图书馆驿站，每家驿站平均接待读者 2.9 万人次，借还图书 1.5 万册次[27]，有效地提高了读者利用率和阅读率，促进了村（社区）图书室的高质量运转[28]。在温州，由图书馆与社区、企业、宅区业主委员会、事业单位等合作探索建立的"城市书房"这一类自助式图书馆，遍地开花[29]。据统计，2016年，25 家城市书房，每家书房平均外借图书 2 万册次；其中，外借排名前三位的，依次达到 7.97 万册、6.62 万册、5.06 万册[30]。

## 2.6　技术标准制度：权威制定、互联互通

科技应用，特别是信息技术应用始终伴随图书馆发展，已经全面渗透到公共图书馆的资源建设、业务管理、用户服务和体系建设等各个层面，扩大了图书馆服务范围，使得图书馆服务"无处不在""无时不在"。

因此，《公共图书馆法》积极鼓励科技应用，法律第八条规定，"国家鼓励和支

持发挥科技在公共图书馆建设、管理和服务中的作用",把鼓励和支持科技与图书馆服务结合,推动运用现代信息技术和传播技术,提高公共图书馆服务效能,作为各级政府代表国家应当履行的基本职责。

公共图书馆是以文献信息为核心开展服务,特别是服务体系内的公共图书馆联合采购、联合编目、通借通还、共建共享等基本业务开展,都离不开信息技术的支撑,是现代图书馆建设的重要内容。而这些现代科技的应用,特别是数字化、网络化的建设发展,需要构建科学统一的技术标准,实现机构之间的互联互通和各类数据资源的无障碍流动。这些技术标准的确立,需要有权威性,需要政府的支持。因此,法律第四十条规定,"国家构建标准统一、互联互通的公共图书馆数字服务网络"。政府代表国家主导建立技术标准制度,是公共图书馆利用数字化、网络化技术向社会公众提供便捷服务的前提基础,也是公共图书馆利用互联网创新服务方式、提供优质服务的前提条件。

《公共图书馆法》全力构建的保障公民文化权益和落实政府主导责任的基本制度,实际上与我国图书馆界业已达成的基本共识一脉相承。其对于引领公共图书馆事业发展方向,充分发挥公共图书馆功能,切实保障公民基本文化权益,有着举足轻重作用。但同时也应看到,《公共图书馆法》确立的这一系列制度,目前有不少还缺乏具体的实施方案、操作规程或指导意见,亟须建立健全相应的配套制度,以确保立法目的、任务能够落地、落细、落实,彰显法律成效。

## 参考文献

[1] 中华人民共和国公共图书馆法[EB/OL].(2017 - 11 - 04)[2017 - 12 - 31].http://www. npc.gov.cn/npc/xinwen/2017-11/04/content_2031427.htm.

[2] 天津图书馆办公室.《图书馆法》专家座谈会在津召开[J].图书馆工作与研究,2001(3):20.

[3] 李国新.日本的"图书馆自由"述论[J].图书馆,2000(4):12 - 16,20.

[4] 李国新.日本"图书馆自由"案例研究[J].图书馆,2001(4):15 - 19.

[5] 李国新.对"图书馆自由"的理论思考[J].图书馆,2002(1):16 - 21.

[6] 范并思.维护公共图书馆的基础体制与核心能力——纪念曼彻斯特公共图书馆创建150周年[J].图书馆杂志,2002(11):3 - 8.

[7] 范并思.建设一个信息公平与信息保障的制度——纪念中国近代图书馆百年[J].图书馆,

2004(2):1-3,15.

[8] 范并思.公共图书馆精神的时代辩护[J].中国图书馆学报,2004(2):7-13.

[9] 于良芝.图书馆学导论[M].北京:科学出版社,2003.

[10] 中国图书馆学会·图书馆服务宣言[OL].(2008-10-28)[2017-12-31].http://www.lsc.org.cn/contents/1166/696.html.

[11] 范并思.现代图书馆理念的艰难重建——写在《图书馆服务宣言》发布之际[J].中国图书馆学报,2008(6):6-11.

[12] 金武刚.试论新世纪以来我国现代图书馆基本理念的重建——基于五大主题领域研究态势的实证分析[J].图书与情报,2012(3):40-47.

[13] 黄小驹.《公共图书馆法》将体现以人为本[N].中国文化报,2009-02-17(1).

[14] 联合国教科文组织.公共图书馆宣言(1994年)[EB/OL].[2017-12-31].http://archive.ifla.org/VII/s8/unesco/chine.pdf.

[15] 苏州图书馆.馆务公开—统计数据[OL].[2017-12-15].http://www.szlib.com/AboutSzlib/ForPublic?catId=28&childId=80.

[16] 杭州图书馆.杭图之窗[EB/OL].[2017-12-15].http://www.hzlib.net/htzc.htm.

[17] 国家质量监督检验检疫总局,国家标准化管理委员.公共图书馆服务规范[M].北京:中国标准出版社,2012:1-8.

[18] 文化部关于印发《"十三五"时期全国公共图书馆事业发展规划》的通知[OL].(2017-07-07)[2017-12-31].http://zwgk.mcprc.gov.cn/auto255/201707/t20170726_685747.html.

[19] 儿童权利公约[EB/OL].[2017-12-15].http://www.un.org/chinese/children/issue/crc.shtml.

[20] 国务院关于印发中国妇女发展纲要和中国儿童发展纲要的通知[EB/OL].(2011-07-30)[2017-12-31].http://www.gov.cn/gongbao/content/2011/content_1927200.htm.

[21] 中华人民共和国未成年人保护法[EB/OL].(2006-12-29)[2017-12-31].http://www.gov.cn/ziliao/flfg/2006-12/29/content_554397.htm.

[22] 中华人民共和国地方各级人民代表大会和地方各级人民政府组织法[EB/OL].(2015-08-30)[2017-12-31].http://www.npc.gov.cn/npc/xinwen/2015-08/31/content_1945578.htm.

[23] 中华人民共和国城乡规划法[EB/OL].(2007-10-28)[2017-12-31].http://www.gov.cn/flfg/2007-10/28/content_788494.htm

[24] 中华人民共和国土地管理法[EB/OL].(2005-05-26)[2017-12-31].http://www.gov.

cn/banshi/2005-05/26/content_989. htm.

［25］中华人民共和国文化部 2016 年文化发展统计公报［EB/OL］.（2017 – 05 – 15）［2017 – 12 –
　　31］. http://www. fmprc. gov. cn/ce/cgny/chn/whsw/zgwhxx/dtxw/t1461801. htm.

［26］金武刚. 中西部地区农村公共阅读服务均等化发展论略［J］. 上海文化,2014(2):60 – 66.

［27］陈世海,缪建新. 图书馆驿站:百姓身边“永不打烊”的图书馆——张家港市村(社区)图书
　　室提档升级的实践与探索［J］. 国家图书馆学刊,2015(5):49 – 52.

［28］张贺. 不关门的图书馆,可以有!［N］. 人民日报,2017 – 06 – 22(19).

［29］胡海荣. 城市图书馆服务体系新模式——温州“城市书房”建设的研究与实践［J］. 图书馆
　　杂志,2016(5):4 – 8.

［30］温州市图书馆 2016 年年报［Z/OL］.（2017 – 01 – 19）［2017 – 12 – 31］. http://www. wzlib.
　　cn/libnb/201704/P020171019 322664843958. pdf.

原载《图书与情报》2018 年 2 期

# 从全面保障到具体落实:《公共文化服务保障法》和《公共图书馆法》重点内容比较分析[*]

陆晓曦(北京语言大学图书馆)

## 1 引言

长期以来,我国公共文化领域的法律只有《文物保护法》《非物质文化遗产法》,以及与公共文化有一定关系的《著作权法》,常常被戏称为"'两部半'法律治文化"。在具体工作的开展中仍主要依靠部门规章、"红头文件",没有完全走上法治轨道。2014年初,全国人大启动了公共文化服务保障法立法工作。同年10月,党的十八届四中全会部署全面依法治国战略,开启了全面推进依法治国的新征程。全会对文化立法的相对滞后有着清醒的判断,将文化立法列入重点领域立法范畴,明确要求"制定公共文化服务保障法,促进基本公共文化服务标准化、均等化",文化立法工作进入快车道。

2016年底,《中华人民共和国公共文化服务保障法》(以下简称《公共文化服务保障法》)正式出台,于2017年3月1日起施行。该法是我国公共文化法治建设的历史性突破,标志着公共文化保障性立法终于实现了从多方呼吁到国家意志层面的跨越;通过六章65条构建起了我国公共文化服务的基本制度体系,创造出了公共文化服务的中国经验和中国模式,也为推进我国现代公共文化服务体系建设提供了根本遵循[1],打开了文化立法的突破口。

随后,在《公共文化服务保障法》施行不满一年之时,几经波折、前后拉锯长达近二十年的《中华人民共和国公共图书馆法》(以下简称《公共图书馆法》)也终于

* 本文系北京语言大学校级项目(中央高校基本科研业务费专项资金)(项目批准号:14YBB08)的研究成果之一。

出台,并于 2018 年 1 月 1 日起正式施行。该法作为党的十九大后首部文化立法,充分彰显了公共图书馆事业在中国特色社会主义文化中的重要地位;形成了有中国特色的公共图书馆法律界定和一系列制度规范,对于促进公共图书馆事业发展,健全文化法律体系,保障人民群众的基本文化权益具有重要意义。

## 2　二法的性质、定位与关系

《公共文化服务保障法》是我国公共文化领域的一般法,也是整个文化领域第一部着眼于解决宏观问题和主要矛盾的文化基本法,对进一步推动构建现代公共文化服务体系有着至关重要的意义。它通过顶层设计,确立了公共文化服务的一系列基本原则,内容包括公共文化设施建设与管理、公共文化服务提供、保障措施、法律责任等方面。《公共图书馆法》是公共文化领域国家层面的第一部特别法,对接了《公共文化服务保障法》中的相关要求,围绕公共图书馆在构建现代公共文化服务体系中的职能定位和发展要求,结合自身功能、特点与规律,在公共图书馆的建设、服务、管理和保障等方面建立起完整的法律制度框架。因此,二法的关系是一般法与特别法的关系。根据《中华人民共和国立法法》第九十二条规定:"同一机关制定的法律、行政法规、地方性法规、自治条例和单行条例、规章,特别规定与一般规定不一致的,适用特别规定",意思是,在二法对同一问题都有规定且不一致的情形下,适用"特别法优于普通法原则",即《公共图书馆法》优先于《公共文化服务保障法》。

从内容角度来解释二法的关系与适用,作为为整个公共文化领域提供基本遵循的一般法,《公共文化服务保障法》不可能也不必对公共文化领域的诸多具体问题做事无巨细的规定,而是需要针对整体矛盾与问题作出高屋建瓴的上层制度设计。所以,解决公共文化领域的具体问题还需要多部具体特别、有针对性的法律、法规和规章制度的配套协作,这也正是构建公共文化服务法律保障体系的原因和重要性所在。而《公共图书馆法》这一单一领域专门性法律的设计与制定恰是题中之意,它很好地解决了《公共文化服务保障法》没有解决的公共图书馆领域的诸多专门性、特殊性问题,将各级政府主管部门、各级公共图书馆长期以来探索并形成的好政策、好制度、好经验、好做法上升为国家法律,确立了政府主导、社会参与的公共图书馆建设格局,对公共图书馆的设施建设、服务提供、运行方式、管理制度和保障机制等作出了具体规定,可以有效地引导和推动公共图书馆事业科学、规范、健康发展。

从功能角度来说,《公共文化服务保障法》作为一般法,以原则性条款居多,原则性的基本法律不应经常改变,以保证法律贯彻执行阶段的相对稳定性;《公共图书馆法》作为特别法,有效衔接了《公共文化服务保障法》中的原则要求并将其具体化、细节化,逐一落实在公共图书馆的范畴中,以实现法律的公平正义和人性化。

## 3　原则与落实:重点问题的比较分析

《公共图书馆法》在公共文化视阈下,从公共图书馆单一领域角度出发,对《公共文化服务保障法》中的相关基本原则和制度要求作了专门化、具体化的落实,确立了一系列体现中国特色社会主义特点的公共图书馆相关管理制度。

### 3.1　设施网络建设

作为公共文化服务重要载体的公共文化设施,及以其为依托的公共文化服务机构组织体系,二者共同构成了公共文化服务体系的基础。与发达国家相比,目前我国公共文化服务的最大短板就是"体系化"程度较低,集中体现在设施网络布局和组织服务体系两大方面。基于此,《公共文化服务保障法》中对"公共文化设施建设与管理"单设一章,做了原则性规定,包括公共文化设施的种类和范畴,建设标准、依据和原则,选址、用地与重建、改建的原则和要求,居民区配套建设公共文化设施和基层综合性文化服务中心建设的原则与要求,以及公共文化设施运行管理的原则和要求等。

《公共文化服务保障法》首先界定了公共文化设施的范畴(第十四条),明确了图书馆是重要的公共文化设施。《公共图书馆法》在总则中开宗明义,申明公共图书馆是"向社会公众免费开放,收集、整理、保存文献信息并提供查询、借阅及相关服务,开展社会教育的公共文化设施"(第二条),进一步承接并确认了公共图书馆的公共文化设施属性。

《公共文化服务保障法》规定公共文化设施建设的责任主体是各级政府,并指定以县一级政府为最小治理单元,提出在建设公共文化设施的过程中应"结合当地经济社会发展水平、人口状况、环境条件、文化特色,合理确定公共文化设施的种类、数量、规模以及布局,形成场馆服务、流动服务和数字服务相结合的公共文化设施网络"(第十五条)。《公共图书馆法》中的对应表述为"县级以上地方人民政府应当根据本行政区域内人口数量、人口分布、环境和交通条件等因素,因地制宜确定公共图书馆的数量、规模、结构和分布,加强固定馆舍和流动服务设施、自助服务设施建设"(第十三条)。由此可知,二法在设施规划建设过程中所考虑的外部因素和内部因素均不尽相同。公共文化设施建设要考虑当地经济社会发展水平和地方文化特色,一般来说,经济社会发展水平和地方文化特色不同,群众的基本文化需求就会呈现差异化,公共文化设施的种类也会有所差别。再加上对人口状况这一重要因素的考量,包括服务人口的具体数量、分布等,据此可以确定本地区公共文化设施的数量和规模。而公共图书馆已经作为一类公共文化设施在区域内存在,只需根据该行政区域内人口数量和分布来测算其数量与规模即可。与设施的种类、数量、规模相比,设施的布局问题更为核心。当前,"县县有图书馆文化馆,乡乡有文化站"的目标已基本达成,但是"全设置"不等于"全覆盖",要解决"设施孤岛"问题,必须充分考虑本区域内人们的生产和生活的宏观环境,综合考虑人口密度、有效覆盖面积、有效服务半径、交通条件与设施可达性等要素,才能实现公共文化设施科学合理、有效覆盖的布局。

在《公共文化服务保障法》明确了各级政府作为设施建设领域的责任主体地位后,《公共图书馆法》在第十四条中规定:"县级以上人民政府应当设立公共图书馆。地方人民政府应当充分利用乡镇(街道)和村(社区)的综合服务设施设立图书室,服务城乡居民。"结合《公共图书馆法》第十三条的要求,公共图书馆应当建立起国家、省、市、县、乡、村六级服务设施网络,并通过加强数字服务、流动服务和自助服务设施建设,扩大图书馆服务网络的覆盖面。

另外,《公共文化服务保障法》还确立了设施公布制度,规定"县级以上地方人民政府应当将本行政区域内的公共文化设施目录及有关信息予以公布"(第十四条)。《公共图书馆法》在第十八条落实了该制度,指明了责任主体、应公布的具体内容和途径:"省、自治区、直辖市人民政府文化主管部门应当在其网站上及时公布本行政区域内公共图书馆的名称、馆址、联系方式、馆藏文献信息概况、主要服务内容和方式等信息。"

## 3.2　服务体系建设

设施体系是服务体系的基础,但并不等于服务体系。设施的互联互通,必须依靠组织和服务体系的互联互通来支撑。这种体系就是把"孤岛"状的公共文化服务设施联结起来,形成一个设施网络与组织体系,并在体系内实现资源的共建共享和服务的上下联动,从而解决基层文化资源短缺、服务总量不足、服务质量不高的问题,促进公共文化服务城乡一体化均衡发展。《公共文化服务保障法》在第三十条提出基层综合性文化服务中心要"加强资源整合,建立完善公共文化服务网络,充分发挥统筹服务功能",明确了作为体系末端的基层综合性文化服务中心的建设责任及重要性;又在第三十四条要求"地方各级人民政府应当采取多种方式,因地制宜提供流动文化服务",指明了将流动服务作为完善服务体系的一种有效补充方式。在《公共图书馆法》中,对应的表述是"国家建立覆盖城乡、便捷实用的公共图书馆服务网络"(第十三条);"政府设立的公共图书馆应当通过流动服务设施、自助服务设施等为社会公众提供便捷服务"(第三十九条)。

公共图书馆构建服务体系,就是要建立总分馆制。公共图书馆总分馆制是国际上通行且成熟的一种服务模式,通常是由政府主导,由区域内的图书馆总馆制定统一的服务规则、内容、标准,实行图书文献统一编目、物流统一配送、技术平台统一建设。在总分馆之间实现文献的通借通还。其本质是通过总分结合的组织与管理运行体系,实现资源的流通与共享。目前国内已有不少公共图书馆通过多年探索实践,形成了各具特色的县域总分馆制建设模式,如浙江省嘉兴市的"中心馆—总分馆体系"建设模式、江苏省苏州市公共图书馆与各系统图书馆合作共建模式、广东省佛山市禅城区的"1 主馆 + 5 分馆 + 14 成员馆"服务模式等。2016 年,文化部等国务院五部门正式印发了关于推进县级文化馆图书馆总分馆制建设的政策文件。随后,浙江、福建、江西、湖南、广东等 10 多个省(区、市)陆续出台了具体的实施意见或实施方案,且绝大多数省份已经开展了试点工作。基于此,《公共图书馆法》第三十一条对县级公共图书馆建立总分馆制提出了非常明确具体的要求,提出应由县级人民政府主导,因地制宜地建立"符合当地特点的以县级公共图书馆为总馆,乡镇(街道)综合文化站、村(社区)图书室等为分馆或者基层服务点的总分馆制",并以"完善数字化、网络化服务体系和配送体系,实现通借通还,促进公共图书馆服务向城乡基层延伸"为目标。同时,作为总馆的县级馆,有"加强对分馆和基层服务点的业务指导"的责任。

## 3.3　数字服务网络建设

互联网环境下,公共数字文化成为公共文化服务的新阵地、新平台和新空间,是利用信息技术拓展公共文化服务能力和传播范围的重要途径。公共数字文化建设成为现代公共文化服务体系不可或缺的重要组成部分。21世纪以来,我国通过全国文化信息资源共享、直播卫星广播电视公共服务、数字农家书屋等重点工程项目建设,带动了基层公共文化服务机构数字化水平跨越式发展,覆盖全国的公共数字文化服务网络基本形成[2]151。但是,随着大数据、云计算、人工智能等新兴技术的出现与发展,移动互联和智能终端日益普及,现有公共数字文化建设在满足人民群众日益增长的文化需求方面,还存在差距与不足。特别是由于缺乏顶层设计和协调机制,造成不同项目之间存在内容交叉、重复建设的情况,同时还存在数字资源格式与技术标准不统一、服务手段单一、不同地区和层级的机构数字化水平发展不均衡等问题。针对这些问题,《公共文化服务保障法》从国家高度对公共数字文化建设进行了统筹规划,提出"构建标准统一、互联互通的公共数字文化服务网络,建设公共文化信息资源库,实现基层网络服务共建共享。国家支持开发数字文化产品,推动利用宽带互联网、移动互联网、广播电视网和卫星网络提供公共文化服务。地方各级人民政府应当加强基层公共文化设施的数字化和网络建设,提高数字化和网络服务能力"(第三十三条)。在《公共图书馆法》对应的第四十条中,具体规定是:要"构建标准统一、互联互通的公共图书馆数字服务网络";公共图书馆是推进全民阅读的重要阵地,在新技术环境下,必须"支持数字阅读产品开发和数字资源保存技术研究,推动公共图书馆利用数字化、网络化技术向社会公众提供便捷服务";同时还应当以资源、设施建设带动服务创新,"政府设立的公共图书馆应当加强数字资源建设、配备相应的设施设备,建立线上线下相结合的文献信息共享平台,为社会公众提供优质服务"。

### 3.4　免费开放与基本服务

公共文化设施向公众免费开放或者优惠开放,并免费提供基本服务,根本上是由公共文化设施的公益性质决定的。但是,并非各类公共文化设施及其全部服务项目一概免费,如有些图书馆的珍本、善本文献受到严格保护制约不能全面实施免费开放,即便是公共图书馆也不可能24小时开放阅览室和自习室,因而各类公共文化设施需要根据自身所承载的功能和特点,按照国家有关规定,合理确定其免费开放和基本服务的具体要求。《公共文化服务保障法》的制定也考虑了这些具体情况,在第三十一条规定,"公共文化设施应当根据其功能、特点,按照国家有关规定,向公众免费或者优惠开放",同时规定"公共文化设施管理单位应当公示服务项目和开放时间;临时停止开放的,应当及时公告"。

《公共图书馆法》充分汲取了《公共文化服务保障法》免费开放与免费提供基本服务的理念。第三十八条规定公共图书馆在公休日必须开放,方便公众利用。其隐含的另一层意思是,在公休日提供的服务应与平日无二,不得无故缩短开放时间,更不能减少基本服务项目和内容[3]。第三十三条详细规定了公共图书馆向社会公众提供的基本服务内容,包括"文献信息查询、借阅","阅览室、自习室等公共空间设施场地开放","公益性讲座、阅读推广、培训、展览","国家规定的其他免费服务项目",并明确规定这些服务免费,不得收取"一分钱",这就是由公共图书馆自身功能、特点所决定的"免费开放与基本服务内容"。《公共图书馆法》在保证开放的同时,还将"以人为本"的理念延伸至工作人员,规定公共图书馆"在国家法定节假日应当有开放时间",这就赋予了公共图书馆一定的灵活处置权,让其可以根据自身情况,在法定节假日比平时适当缩短开放时间,缓解长期以来的开放压力。

为了保障"免费开放"原则下的服务均等化,《公共文化服务保障法》进而确立了服务项目公示制度,第二十八条规定"设区的市级、县级地方人民政府"应当"制定公布本行政区域公共文化服务目录并组织实施"。公共文化服务目录就是政府根据当地人民群众实际文化需求制作并公开提交的公共文化服务"菜单",群众从中可得知能够均等地享有哪些公共文化服务[2]122。公共图书馆的基本服务之一,就是向社会公众提供文献信息的查询、借阅及相关服务,而文献信息在公共图书馆中以目录形式进行整理、揭示和保存,因此,《公共图书馆法》第二十七条将服务项目公示内容具体化为馆藏目录，规定"公共图书馆应当按照国家公布的标准、规范对馆藏文献信息进行整理，建立馆藏文献信息目录，并依法通过其网站或者其他方式向社会公开。"

## 3.5　社会化发展

长期以来，我国公共文化服务社会化发展动力不足。这一方面表现在吸引和鼓励社会力量参与公共文化服务的制度尚不健全，如捐赠税收减免政策和实现减免的程序烦琐复杂，严重制约了参与者的热情。另一方面，政府推动社会化发展并不代表要"卸包袱"不管，社会力量参与公共文化服务的方法、途径始终是有限的。政府在这一过程中不仅是主导力量，更是责任主体，是要通过采取政府购买、政府和社会资本合作、基层设施社会化管理运营等具体方式，探索实现公共文化服务的社会化发展。

《公共文化服务保障法》有关社会力量参与公共文化服务的条款针对上述两方面问题有明确的制度约定。其中第二条对公共文化服务概念的界定确立了社会力量参与公共文化服务的合法性，"政府主导、社会力量参与"的表述既明确了政府的主体责任，保证公共文化服务广覆盖、兜底线、保基本的根本要求，又体现了多层次、可持续的发展特点，为社会力量参与公共文化服务预留了充分的空间[4]。在做原则性规定的同时，《公共文化服务保障法》还明确了参与的导向，如第二十五条、第五十三条分别鼓励和支持公民、法人和其他组织"兴建、捐建或者与政府部门合作建设公共文化设施"，"依法成立公共文化服务领域的社会组织"，以此培育非营利文化组织，推动公共文化服务社会化、专业化发展；第十三条规定"对在公共文化服务中作出突出贡献的公民、法人和其他组织，依法给予表彰和奖励"；第三十七条要求地方各级政府对公民参与公共文化服务给予必要的指导、支持和帮助；第四十二条指明了社会力量参与公共文化服务的多种方式，有"兴办实体、资助项目、赞助活动、提供设施、捐赠产品等"；第四十八条鼓励"社会资本依法投入公共文化服务"，以及第五十条明确鼓励"通过捐赠等方式设立公共文化服务基金，专门用于公共文化服务"，并对捐赠者给予收税优惠，有效地拓宽了资金来源、引导资金投入。这些条款确定了社会力量参与公共文化服务的合法性，并从参与主体、参与途径、参与方式等方面给出了导向性意见。同时，《公共文化服务保障法》还在第四十一条和第四十九条对政府购买公共文化服务作出了规定,"国务院和省、自治区、直辖市人民政府制定政府购买公共文化服务的指导性意见和目录","采取政府购买服务等措施,支持公民、法人和其他组织参与提供公共文化服务",从制度上保证了社会力量参与公共文化服务"取之于社会、用之于社会"的持久动力。

衔接《公共文化服务保障法》的规定,《公共图书馆法》从设立主体(第四条、第十三条)、政策扶持(第六条、第十二条)、享有权利(第二十条)、参与方式(第二十三条、第四十五条)等多方面对社会力量参与公共图书馆建设作出规定。强调国家鼓励公民、法人和其他组织自筹资金设立公共图书馆;对参与公共图书馆建设的社会力量,政府按照国家有关规定给予政策扶持;推动公共图书馆建立健全法人治理结构,吸收有关方面代表、专业人士和社会公众参与管理;通过政府购买服务等措施,对公民、法人和其他组织设立的公共图书馆提供服务给予扶持。这些规定彰显了新时代公共图书馆的特点,落实了中央推进公共文化服务社会化发展的要求,成为本法一大亮点。

### 3.6　考核评价与监督

公共文化服务考核评价制度的建立重点关注两个维度:其一,关注公众需求,建立起公众参与评价和监督反馈机制;其二,关注对服务效能的评估,服务效能是衡量现代公共文化服务体系建设成就的重要指标,关系到人民群众的切身感受。因此,应当通过立法建立起以效能为导向、公众充分参与的考核评价与监督机制。《公共文化服务保障法》第二十三条要求建立对公共文化设施使用效能考核评价制度;第五十六条要求"各级人民政府应当加强对公共文化服务工作的监督检查,建立反映公众文化需求的征询反馈制度和有公众参与的公共文化服务考核评价制度,并将考核评价结果作为确定补贴或者奖励的依据";第五十七条又补充了社会监督和舆论监督两种监督途径。

加强对公共图书馆管理、运行和服务的考核评价,是政府促进公共图书馆发展的重要手段之一。但长期以来各级政府对公共图书馆的考核评价,更多的是体制内自上而下的行政性考核评价,或是兄弟单位之间的"友情评价",同时,考核评价结果与激励机制的关联性不大,因此,考核评价的引领、激励、鞭策作用发挥不够充分。《公共图书馆法》针对存在的问题,进一步改革和完善了考核评价机制,在总则中提出提高公共图书馆服务效能的总体要求(第八条),进而在第四十七条予以详细规定。该条款首先明确由国务院文化主管部门和省级人民政府文化主管部门制定公共图书馆服务规范,形成国家和省域相对统一的考核评价公共图书馆服务质量和水平的基本依据,体现政府依法行政、依规考核的思路;并将考核范畴具体到服务质量和水平。其次,规定考核评价应吸收社会公众参与,打破了传统的考核评价只是在体制内循环的格局,落实了《公共文化服务保障法》确立的公众参与公共文化服务考核评价的制度,体现了公共文化服务以人民为中心、以百姓的需求为出发点和落脚点的思想。再次,要求考核结果需向社会公布,体现了《公共文化服务保障法》倡导的政府阳光施政、信息公开的理念。最后,提出将考核结果作为对公共图书馆给予补贴或者奖励的依据。将考核评价与补贴奖励挂钩,这是针对以往考核评价与激励机制关联性不大的改革,是《公共图书馆法》的一个重要突破[5]。第四十二条对社会监督途径进行了具体化,提出公共图书馆的社会监督包括"听取读者意见,建立投诉渠道,完善反馈机制"等。

## 3.7 经费和人员

在经费投入保障机制的建立上,《公共文化服务保障法》规定了中央和地方各级政府按照财政事权与支出责任相匹配原则,共同负担公共文化服务经费,并纳入本级预算予以安排(第四十五条);对革命老区、民族地区、边疆地区和贫困地区,规定了中央和省级人民政府通过转移支付等方式加以重点扶助,同时鼓励和支持经济发达地区对上述区域提供援助帮扶(第四十六条);明确规定国家对免费或者优惠开放的公共文化设施进行补助(第四十七条)。《公共图书馆法》在总则第四条落实了《公共文化服务保障法》第四十五条的规定,对政府的经费保障责任作出了原则规定:县级以上人民政府应"加大对政府设立的公共图书馆的投入,将所需经费列入本级政府预算,并及时、足额拨付"。"加大""及时""足额",是该法规范政府经费投入的三个关键词。其中,"加大"的依据和标准就是《公共文化服务保障法》中对各级政府事权责任的划分,依据事权责任测算所需经费,就形成了支出责任,这是衡量经费保障是否到位的基本标准;"及时"强调的是预算经费到位的时效性,要避免拖延;"足额"首先是要求预算经费项目齐全,覆盖与公共图书馆提供服务相关的各个方面,其次是足额拨付,防止层层盘剥[5]。这一条款是针对公共图书馆,特别是基层公共图书馆的突出问题所作出的规定,具有鲜明的特殊性。第七条明确提出要扶持革命老区、民族地区、边疆地区和贫困地区公共图书馆事业的发展,与《公共文化服务保障法》表述一致。

对于行业从业人员的保障是法律规范中所必需的。《公共文化服务保障法》明确了各级政府合理设置公共文化服务岗位、配备相应专业人员的依据(第五十一条);规定"鼓励和支持文化专业人员、高校毕业生和志愿者到基层从事公共文化服务工作"(第五十二条),以解决基层公共文化服务人才匮乏的问题;还提出"支持公共文化服务理论研究,加强多层次专业人才教育和培训"(第五十四条),提升人才队伍的专业化水平。《公共图书馆法》第十九条从两方面落实了政府对工作人员的保障责任:一是提出了确定工作人员数量的原则依据,主要考虑服务功能、馆藏规模、馆舍面积、服务范围、服务人口五要素;二是在强化工作人员专业性方面有所推进,在馆长层面除了要求具备一定的文化水平和组织管理能力,还应具备相应的专业知识,在一般工作人员层面,规定应当具备相应的专业知识和技能,并明确公共图书馆的专业技术人员可以按照国家有关规定评定专业技术职称。

## 4　结语

综上所述,《公共文化服务保障法》和《公共图书馆法》之间的一致与衔接具体体现在三个方面:一是都充分体现了习近平新时代中国特色社会主义思想,明确提出坚持社会主义先进文化前进方向,坚持以社会主义核心价值观为引领的要求;二是都充分体现了以人为本的工作思想与导向,强调发挥公共文化的服务功能,认真研究了新时期人民群众多样化、个性化的文化需求;三是《公共图书馆法》处处体现出对《公共文化服务保障法》顶层设计与原则化要求的呼应。在行文表述上,有些条款高度一致(如法人治理结构),这是由于公共图书馆是重要的公共文化机构,《公共文化服务保障法》对于它有着天然、绝对的适用性;而更多的条款则是结合了公共图书馆自身功能与特点的专门化衔接。

一般法与特别法的衔接想要有效,就需要将具体要求写入条款。《公共图书馆法》从机构设立、运行管理、服务提供、保障机制等多个重点问题和主要矛盾切入,以法律条款的形式明确了政府设立和保障公共图书馆的责任,创新了总分馆制、法人治理结构、考核评价机制等公共图书馆体制机制,确立了引导和鼓励社会力量参与的基本方针,推动了公共图书馆服务与现代科技融合发展,规范了国家图书馆的性质功能,建立了出版单位出版物交存制度等。这一系列公共图书馆管理制度充分体现了中国特色社会主义的特点与优越性,更具针对性和可操作性,也保证了《公共文化服务保障法》中的原则性、导向性条款能够掷地有声。

**参考文献**

[1] 李国新.指引事业发展方向,构建基本制度体系——我看《中华人民共和国公共文化服务保障法》[N].新华书目报,2017 - 01 - 13(002).

[2] 柳斌杰,雒树刚,袁曙宏.中华人民共和国公共文化服务保障法解读[M].北京:中国法制出版社,2017.

[3] 金武刚.公共图书馆服务:从行业共识到法律规定——《中华人民共和国公共图书馆法》解读[J].图书馆杂志,2017(11):15.

[4] 周余姣.保障与方向——对《公共文化服务保障法》社会力量参与公共文化服务条款的解读[J].图书馆论坛,2017(6):27 - 31.

[5] 李国新.《中华人民共和国公共图书馆法》的历史贡献[J].中国图书馆学报,2017(6):4 - 15.

原载《图书馆》2018 年 4 期

# 公共图书馆概念的法律界定及其特点分析

张晓芳(北京大学信息管理系)

## 1 导言

公共图书馆是一个来自西方的概念,自 20 世纪初传入中国以来已有一百多年历史,在中国语境下发展出了独特的概念空间。基于公共图书馆概念建立起来的公共图书馆理论不断指导着公共图书馆事业的建设与发展。同时这一概念也在实践中不断增加新的含义。研究公共图书馆概念界定问题的意义,正是来自于这种概念世界与现实世界的相互作用。

世界范围内,早在古罗马时期就出现了一些具有公共性质的图书馆,指那些向城市里的贵族、知识分子和富裕平民开放、提供阅览的图书馆[1]。15 世纪到 18 世纪,一些私人图书馆、城镇图书馆、会员图书馆也向一般市民开放。19 世纪下半叶,英美两国率先设立了近代意义上的公共图书馆,特征有三:依法设立和经营,向所有居民开放,由地方财政资助[2]。这三个特征成为欧美图书馆法界定公共图书馆概念的基本要素。1949 年问世并经两次修订的《公共图书馆宣言》是国际社会关于公共图书馆最重要的文件,它在定义公共图书馆时强调了教育、文化和信息三方面的功能,以及平等、自由、民主等理念[3]。2001 年出版的《公共图书馆服务:IFLA/UNESCO发展指南》给出了现代意义上的公共图书馆定义,即"通过地方政府、地区政府或国家政府,或者通过其他形式的社区组织建立、支持和资助的机构……通过广泛的资源和服务提供知识、信息和创作作品的利用,社区内的所有人员,不论种族、国籍、年龄、性别、宗教、语言、残疾、经济和就业状况,以及受教育程度,均可平等地利用公共图书馆"[4],该定义涉及公共图书馆的设立主体、功能和服务对象。

在中国，19 世纪末出现了向社会开放的藏书楼，20 世纪初颁布的《京师图书馆及各省图书馆通行章程》开启了近代公共图书馆时代。彼时"公共图书馆"与"公用图书馆""通俗图书馆""公立图书馆"等名词从不同侧面揭示了公共图书馆的内涵，即由政府设立、向社会开放、开展社会教育。1949 年以后，中国学习苏联建立了全国规模的公共图书馆系统，在 1955 年发布的《关于加强与改进公共图书馆工作的指示》中，文化部对公共图书馆的界定是"以书刊对人民进行爱国主义与社会主义教育的文化事业机构，是党和政府进行宣传工作的有力助手"[5]。20 世纪 80年代以来，公共图书馆的典型定义为"由国家和群众举办、为广大人民群众服务、按行政区划设立并受政府各级文化部门领导的图书馆"[6]。发展至今，我国公共图书馆事业逐渐与国际社会接轨、共同发展，公共图书馆的概念界定有了新的内容。

总体而言，公共图书馆的概念界定是随着公共图书馆事业实践动态发展的，不同时期、不同地区的概念界定既有共性因素——如向社会开放，也有个性因素——表现在有无立法依据、服务对象、设立主体等方面。2017 年 11 月 4 日颁布的《中华人民共和国公共图书馆法》（以下简称《公共图书馆法》）从法律层面回答了"什么是公共图书馆"的问题，提供了一个权威的、不容忽视的概念界定，它既有对国内外各类概念共性要素的继承，也有独特社会语境下的个性表达。法律界定的概念将随着法律的实施对现实世界产生作用。本文试图通过对《公共图书馆法》的话语分析，解读该法对公共图书馆概念的界定，从界定特色及其原因视角，揭示这一法律界定的个性。

## 2　《公共图书馆法》的话语分析

所谓概念，就是以语词的形式对思维指向事物的特有属性的抽象概括。《公共图书馆法》第二条指出"本法所称公共图书馆，是指向社会公众免费开放，收集、整理、保存文献信息并提供查询、借阅及相关服务，开展社会教育的公共文化设施。"[7]这一定义从内涵上明确了公共图书馆的服务对象、服务原则、功能内容、工作对象等四项属性。外延上的界定，则来自定义中用来描述这四项属性的语词及其相关语词的展开，即在其他法条中的再现方式。因此，公共图书馆概念的法律界定并非单一法条就可,需要对整部《公共图书馆法》进行关联分析。

《公共图书馆法》全文共 5000 余字,其中"图书馆"一词共出现 109 次,"公共"一词为 103 次,"公共图书馆"一词为 97 次,远远高于其他语词,从而在数量上明确了其中心地位(如图 1 所示)。公共图书馆的服务对象是"社会公众",这一语词共出现 11 次,分散于不同法条中,涉及服务对象的各项具体权利;在部分法条中,"社会""公民"和"读者"等词也被多次用来指称服务对象,共出现 17 次。公共图书馆的服务原则是"免费开放","免费"和"开放"分别出现 4 次和 8 次,所在法条对公共图书馆的免费和开放服务作出了具体规定,并对违背免费和开放原则设立了处罚制度。公共图书馆的功能内容包括"收集""整理""保存""提供查询、借阅及相关服务"以及"社会教育",概括来讲就是公共图书馆的两大基本功能和社会功能;"功能"和"职能"两词在本法中含义近似,合起来共出现 6 次,"收集""整理""保存""服务""教育"等语词作为指称功能内容的语词,共出现 64 次。公共图书馆的工作对象是"文献信息",法律根据其载体形式明确了具体所指,即"包括图书报

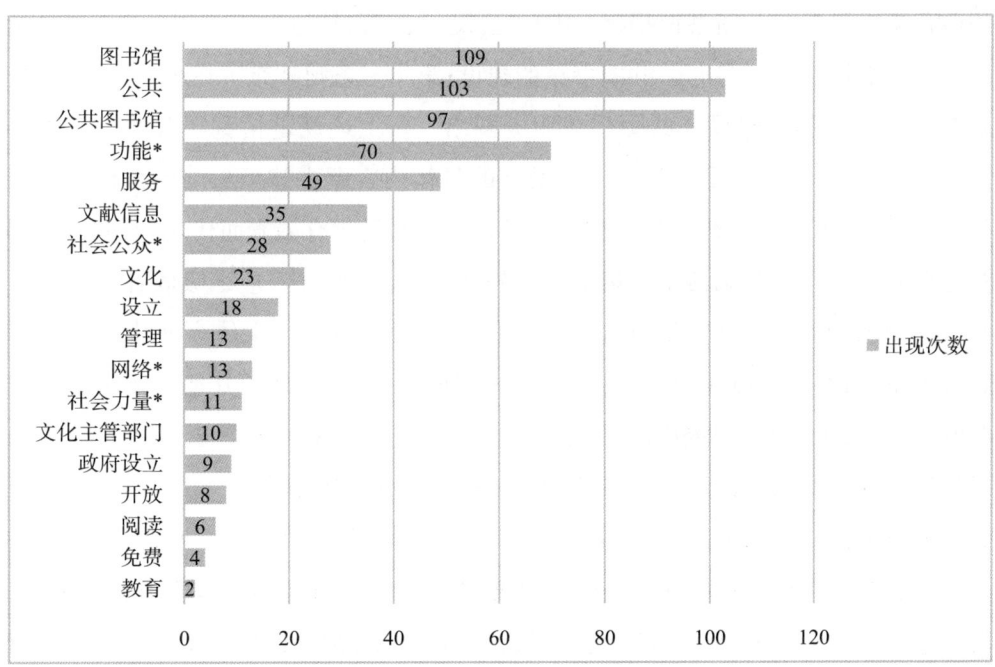

注:语词后带"*",表示该语词有多个近似含义的语词,全部计入该词语出现次数。

图 1　公共图书馆法中部分语词的出现次数

刊、音像制品、缩微制品、数字资源等"[7]，这一语词共出现35次，其中有5处在"文献信息"之前缀以"馆藏"一词，以强调个体与整体的差异。另外，第二条的定义陈述未对公共图书馆的设立和管理主体作出明文规定，而在其他法条中，"设立"和"管理"分别出现18次和13次，其中有9处提到"政府设立"，10处提到"文化主管部门"，并在多处强调"社会力量参与"及类似内容。从上述语词的词频与词用分析中，可以看出公共图书馆的法律界定是在历史积累上集思广益的结果，也是新时期话语环境作用的结果，集中表现在设立与管理主体多元化、以公共文化话语为主导、社会教育以多形式表现这三个方面。

## 3　设立与管理主体多元化

在《公共图书馆法》中，设立与管理主体不再作为公共图书馆的定义要素，而是通过其他法条进行补充界定。《公共图书馆法》第四条规定了两个层面的设立主体：一是县级以上人民政府，二是公民、法人和其他组织；第六条补充规定了通过税收优惠鼓励向公共图书馆捐赠，引入"公民、法人和其他组织"，以及"境外自然人、法人和其他组织"参与公共图书馆的建设；第十三条则补充了在政府主导下，鼓励"社会力量"参与建设公共图书馆服务网络[7]。上述规定拓宽了公共图书馆的设立主体，进一步明确了公共图书馆设立的具体内容即主体可参与的范围。在管理方面，第二十三条提到"建立健全法人治理结构，吸收有关方面代表、专业人士和社会公众参与管理"，第四十七条则指出公共图书馆的考核"应当吸收社会公众参与"[7]。由此可见，不明言设立与管理主体，体现的正是对"主体多元化"的倡导。在政府承担设立和管理公共图书馆责任的前提下，政府以外的其他主体可以自建公共图书馆，可以通过捐赠馆舍、文献信息资源、设施等参与建设，还可通过法人治理制度参与公共图书馆的管理，包括决策、服务、考核和评估等。

概念界定的语词来自于现实的需要。回顾公共图书馆发展史，我们可以发现：早期的公共图书馆仅指向社会开放的图书馆，设立与管理主体既有官方又有私人；近代意义上的公共图书馆，尤其是19世纪中期以来，则是以"法律依据""公共财政"为显著特征，政府这一主体进入概念范畴；1949年以来的我国公共图书馆，受国家集中力量办大事的思维影响，特指由政府设立的、文化部门主管的文化教育机构;直到近年来,中国社会力量崛起并壮大,在文化领域内发挥越来越大的作用,从而推动了公共图书馆的再定义,即从一元主体走向多元主体。因此,《公共图书馆法》的概念界定可以说是一次理论上的突破,不再以设立和管理主体来定义公共图书馆,强调社会力量的参与。"主体多元化"的界定改变了传统的诸如公共图书馆就是"政府的事"等思维定式,解放了公共图书馆事业实践的活动空间,"体现了政府、市场、社会共同促进公共图书馆事业发展的新思路"[8]。近年来公共图书馆领域的各类实践表明,将非政府设立的一些民间图书馆纳入公共图书馆体系,吸收社会力量参与公共图书馆的管理与服务,对活跃公共图书馆生态环境,促进图书馆服务深入社区、村庄,最大限度地提高社会效益等方面,都有很大的促进作用。"主体多元化"集中反映了《公共图书馆法》中的公共话语,在这一话语下,社会力量参与既是公民意识觉醒、社会力量壮大的综合表现,也是解决社会发展不充分问题的现实需要。

不过,尽管"多元化"界定已经就政府和社会等不同主体的作用领域和作用程度做了一些明确的规范,但有些问题仍有待完善。比如在公共图书馆的设立条件、开放时间问题上,现有的法律规定对有些民间图书馆而言是难以达到的。因此,是否区分"政府设立的公共图书馆"和其他公共图书馆,以及这种区分还在哪些情况下需要考虑等问题,都有待实施细则和规章的进一步明确。

## 4　以公共文化话语为主导

语词在文本中的再现方式如出现次数和上下文联系,一定程度上能揭示话语的主次关系。如前所述(图1),"文化"一词共出现23次,分别作为以下复合词使用:"基本文化权益""科学文化素质""文化自信""公共文化设施""社会主义公共文化服务体系""社会主义先进文化""中华优秀传统文化""革命文化""文化主管部门""文化水平""地方文化""乡镇(街道)综合文化站"。这些语词散见于《公共图书馆法》关于设立、运行和服务的大部分法条中,构成一个彼此关联的强势陈述群,逐渐形成了文化话语的主导现象。这一文化话语,从其性质而言,指向的是公共文化。《公共图书馆法》第二条中提到的"免费开放"正是对社会公众基本文化权益的彻底保障,而"公共文化设施"一词具有明确的方向性,将公共图书馆纳入公共文化服务体系，与已颁布的《中华人民共和国公共文化服务保障法》（下文简称《公共文化服务保障法》）衔接起来；第三条更是明确指出"公共图书馆是社会主义公共文化服务体系的重要组成部分"，规定了公共图书馆发展的四个文化取向[7]。

当代中国的图书馆立法进程可谓筚路蓝缕。2001年启动图书馆立法，因文化、教育、科学系统无法协调而在2004年中断，2008年启动公共图书馆立法，至法律颁布已有16年。在图书馆立法困顿之时，公共文化服务体系建设兴起，成为国家文化发展的重大战略，《公共文化服务保障法》开始制订，而公共文化服务领域内研究和实践的发展，又客观上促进了文化系统内图书馆立法工作的重启。如此，《公共图书馆法》与《公共文化服务保障法》在立法道路上同行了一段不算短的路程，共享了一套文化话语体系。2016年底，《公共文化服务保障法》高票通过，成为《公共图书馆法》的话语背景。从语词分析来看，尽管整部《公共文化服务保障法》中只有第二十四条提及"公共图书馆"[9]，但它明确规定公共图书馆是公共文化设施，而"公共文化设施"一词出现的次数为56次，有着丰富的内容阐释和规定，这些对公共文化设施的阐释和规定自然传递到对公共图书馆的界定上。另一方面，《公共图书馆法》首先提出公共图书馆作为公共文化设施的基本属性，然后对公共文化设施的外延做了多样化界定，指出它不仅包括固定馆舍，还有流动服务设施、自助服务设施等类型。对设施的多样化类型的补偿说明，为公共文化服务的进一步普及和覆盖提供了保障。"公共文化设施"一词连接了两部文化法，两部法在公共文化话语主导下相辅相成。在公共文化语境下的立法进程中，公共图书馆的概念界定很难不从文化话语的角度入手。

## 5　社会教育以多形式表现

从语法学角度看，"公共图书馆"由"公共"与"图书馆"两词复合而成，公共图书馆即公共的图书馆，即以"图书馆"为本体，以"公共"为质性规定。从本体上看，公共图书馆继承了图书馆的基本功能，即保存记忆和传播知识功能；从质性规定上看，要求公共图书馆在基本功能外发展出其特定的社会功能，以服务社会公众。《公共图书馆法》第二条在定义中兼顾了这两方面，以"收集、整理、保存文献信息"

和"提供查询、借阅及相关服务"分别描述了保存记忆和传播知识的功能,并且明文强调了公共图书馆的社会教育功能[7]。尽管《公共图书馆法》中"社会教育"一词仅出现2次,但其他法条中对"功能""服务""网络""阅读""讲座""活动"等语词的阐释和规定,实际就是对社会教育功能的具体展开,以推广阅读、建设网络、提高数字化等不同形式开展社会教育。

　　社会教育功能明确写入法律定义,既是对我国公共图书馆传统的继承,也是对国际经验的引入。从纵向历史来看,公共图书馆的社会教育功能主要来自开发民智的需求。近现代公共图书馆适应大工业生产对知识工人的需要而产生,西方国家尤为强调继续教育、终身教育,关注社会公众的知识增长。苏联的公共图书馆虽然由文化部管辖,但其以政治宣传和教育为目标,注重培养读者的阅读素养。我国近代为推行民主科学、普及教育,公共图书馆建立之初就明确了其社会教育中心的地位,近代图书馆事业作为教育的组成部分由教育部负责统筹。可见,公共图书馆社会教育职能的发挥不是取决于其主管机构是文化系统还是教育系统,而是基于保存和传播功能。公共图书馆社会教育功能适应社会发展需求而生,不同时期以不同的形式表现。当今信息社会,公共图书馆的社会教育功能始终在不断发展和加强,最集中的表现就是"全民阅读",这也在《公共图书馆法》中得以强调。公共文化语境下的公共图书馆,从展览到讲座、从文献信息资源的开发到"全民阅读"推广,都在以文化之名行教育之事。"全民阅读"与其说是一项文化政策,毋宁归于高层次的"扫盲"需求,是国家战略层面的继续教育。因此,在法律界定中对公共图书馆社会教育功能的"多形式表现",是对公共图书馆服务范围的拓展,打破了公共图书馆与社会公众之间固有的、单一的被动关系格局,也强调了公共图书馆不断自我发展、担当社会责任的使命感。

　　社会教育功能的发挥关键在于社会公众对于公共图书馆的认知,因此有必要对公共图书馆的社会教育功能及其各种形式做进一步阐述和规定,通过一系列支撑顶层制度设计的实施细则、配套规章中的语词运用,形成相应的话语环境和社会认知。

## 6　结语

《公共图书馆法》的历史贡献之一就是形成了"有中国特色的公共图书馆法律界定"[8]。除上述三点外,这种特色还表现在对"文献信息""社会公众"等术语的确立和概念阐述。法律的主要任务不是界定概念,但概念界定是建构法律的基础,也是理解和实施法律的首要问题。《公共图书馆法》从定义入手,以定义中的关键词语为节点,从整体上对公共图书馆概念进行了界定,为政府及各方面建设和促进公共图书馆事业,为社会公众认识和使用公共图书馆的社会功能,提供了基本遵循。

立法是政府发展公共图书馆事业的主要方式,对于公共图书馆的生存发展有着现实作用。从概念界定的特点来看,理解设立与管理主体的多元化,有助于打破行业思维惯式,充分吸引社会共同参与公共图书馆事业;理解以公共文化话语为主导,有助于认识到《公共文化服务保障法》与《公共图书馆法》之间的紧密联系,明确公共图书馆事业的系统化发展路径;理解社会教育以多形式表现,意味着要把握公共图书馆在社会中的独特作用,即核心竞争力,明确公共图书馆工作与服务的边界,以有所为有所不为。此外,公共图书馆概念的法律界定对今后公共图书馆研究也具有重要的理论意义,是一个不可忽视的典型性界定。

**参考文献**

[1] 杨威理.西方图书馆史[M].商务印书馆,1988:34 – 35.

[2] 中国大百科全书:第 7 册[M].2 版.北京:中国大百科全书出版社,2009:581.

[3] 国际图书馆协会联合会,联合国教科文组织.IFLA/UNESCO 公共图书馆宣言[M]//程焕文,潘燕桃.信息资源共享.北京:高等教育出版社,2004:378 – 380.

[4] 潘燕桃.近 60 年来中国公共图书馆思想研究[M].广州:中山大学出版社,2011:1.

[5]《图书馆学基础知识问答》编辑部.图书馆学基础知识问答[M].黄石:黄石市图书馆,1985:49.

[6] 黄宗忠.图书馆学导论[M].武汉:湖北省高等学校图书馆工作委员会,1985:453.

[7] 中华人民共和国公共图书馆法[EB/OL].(2017 – 11 – 04)[2017 – 11 – 27].http://www.npc.gov.cn/npc/xinwen/2017-11/04/content_2031427.htm.

[8] 李国新.《中华人民共和国公共图书馆法》的历史贡献[J]. 中国图书馆学报,2017(6)：
　　1－11.

[9] 中华人民共和国公共文化服务保障法[EB/OL]. (2016－12－25)[2017－11－27]. http://
　　www. npc. gov. cn/npc/xinwen/2016-12/25/content_2004880. htm.

原载《图书馆》2018 年 1 期

# 县级图书馆总分馆制的法律化

张凤鸣(杭州师范大学图书馆)

## 1 引言

在"普遍、均等"的图书馆服务理念驱动下,探索和推行图书馆"总分馆制"成为近十多年来中国图书馆事业的重要实践。学界对"总分馆制"的概念有不同理解,其中较有影响的观点是:由同一个建设主体资助,同一个主管机构管理的图书馆群,其中一个图书馆处于核心地位作为总馆,其他图书馆处于从属地位作为分馆[1]。这一解释强调总分馆建设主体统一、主管部门统一、人财物管理统一以及服务统一[2],但这又与我国图书馆实践中出现的"总分馆"产生了一定的落差。早在2008年,图书馆界就认识到:总分馆制建设的最大障碍是体制障碍,是与现行行政"分级管理"、财政"分灶吃饭"的体制之间的矛盾[3],因此,"政府主导"是破解体制障碍的关键,制度化、法律化是总分馆可持续发展的根本。

在《中华人民共和国公共图书馆法》(下文简称《公共图书馆法》)实施之前,我国有6部地方性图书馆法规和7部地方政府规章,但涉及总分馆的并不多。2013年颁布的《四川省公共图书馆条例》,是第一个提出"总分馆制"的地方性法规,其中规定:"县(市、区)人民政府应当推进本级公共图书馆设立分馆或者服务站点,整合乡(镇、街道)综合文化站(中心)、村(社区)文化室(中心)、公共电子阅览室、文化信息资源共享工程基层服务点、农家书屋等公共文化资源,形成覆盖城乡的基层公共图书馆服务体系。"《广州市公共图书馆条例》(2015年)规定,"区人民政府负责建设区和镇、街道公共图书馆,建立公共图书馆总分馆体系,区公共图书馆为区域总馆,镇、街道公共图书馆为分馆",明确了区政府建设总分馆的职责,此外,还对总分馆的建筑面积、文献资源等提出了建设标准,并规定了总馆的职责等。《东莞市公共图书馆管理办法》(2017 年)对总分馆建设作出非常具体的规定,明确了市、镇人民政府(街道办事处、园区管委会)应当设立本级公共图书馆,建立市、镇(街)、村(社区)三级架构的公共图书馆总分馆体系,并规定了各个建设主体的职责、总分馆的建设标准以及相应的功能等。以上地方性法规和地方政府规章,为本地总分馆建设模式提供了法制保障。

2016 年底文化部等五部委下发《关于推进县级文化馆图书馆总分馆制建设的指导意见》(下文简称《指导意见》),对县级图书馆总分馆制在全国的推广作出了指导,使我国的总分馆制建设进入了新的发展阶段。《公共图书馆法》总结过去十多年来我国公共图书馆总分馆建设的经验,提炼升华了《指导意见》等政策性文件中行之有效的规定,对公共图书馆总分馆制建设作出了明确的法律规定:"县级人民政府应当因地制宜建立符合当地特点的以县级公共图书馆为总馆,乡镇(街道)综合文化站、村(社区)图书室等为分馆或者基层服务点的总分馆制,完善数字化、网络化服务体系和配送体系,实现通借通还,促进公共图书馆服务向城乡基层延伸。总馆应当加强对分馆和基层服务点的业务指导。"县级图书馆总分馆制是新时代公共图书馆组织体系的重构[4]。遵循《公共图书馆法》的规定,因地制宜建立符合当地特点的县域公共图书馆总分馆体系,成为县级人民政府主导公共图书馆事业发展的一项法定任务,形成了法律化的公共图书馆总分馆建设的中国方案[5]。县级图书馆总分馆建设是一项复杂的系统工程,第三十一条虽有原则性规定,但要让法律规定在实践中真正落地,系统解决县级总分馆"要不要建""谁来建""怎么建""怎么管""怎么服务"等问题,还需要对法律内涵有准确理解,强有力地推动法律实施。

## 2 县级图书馆总分馆制建设的强制性和普遍性

在《公共图书馆法》颁布之前,我国的图书馆建设体制是"各级政府建设各级图书馆",后来逐渐演变成"一级政府建设一个图书馆"的惯例[6]。分级设置图书馆的体制,在我国各地制定的与图书馆有关的法规、规章中也得以体现。如《深圳经济特区公共图书馆条例(试行)》(1997 年)规定:"市、区、镇人民政府应当根据本行政辖区的人口分布情况、经济和文化事业的发展需要,设立公共图书馆。"《浙江省公共图书馆管理办法》(2003 年)规定:"公共图书馆按照行政区域分级设置。省、市、县(市、区)应当设立公共图书馆,乡镇、街道应当在文化站内设立图书室,有条件的也可单设公共图书馆。"乡镇(街道)政府作为最基层的政权单位也承担着本级图书馆的建设责任。而通过立法决定各级政府建设总分馆体系的,只有四川、广州、东莞。2016 年出台的《指导意见》要求,"推动具备条件的地方因地制宜推进县级文化馆、图书馆总分馆制建设",成为全国层面上推行县级总分馆制的行政指令。但由于《指导意见》是行政政策而非法律规范,因此不具备法律的普遍规制力。

《公共图书馆法》的出台,填补了我国公共图书馆法律体系的空白,该法第三十一条规定,县级人民政府应当因地制宜建立符合当地特点的总分馆制。根据立法技术规范,法律在表述义务性规范时,"应当"的含义就是"必须"[7]。根据该条款,县级总分馆制是全国各县级人民政府必须建设的,是法定职责,而具体怎么建的原则是因地制宜。现有的学术研究和实践结果都证明总分馆制是破解基层图书馆服务能力差、发展不稳定等问题的主要途径,是实现公共图书馆服务均衡化发展、保障公民基本权益的必然选择。《公共图书馆法》正是在遵循图书馆事业发展规律的基础上,将县级图书馆总分馆制设定为政府必须履行的法定责任,让县级图书馆总分馆的建设真正做到有法可依。

## 3 县级图书馆总分馆制建设主体:县级人民政府

在"一级政府建设一个图书馆"的体制下,县级以上公共图书馆基本实现了全设置,但县级以下的基层图书馆,难以得到持续发展。这其中不仅有农村识字率低造成的文化需求低的原因,更是因为这些基层图书馆缺乏本级政府稳定的经费支撑,并受本身专业化水平的限制。总分馆制在解决"合适的区域单元"和"合适的管理层级"中,提出建设主体上移、管理层级上移。中国图书馆学会"图书馆服务网络构建研究"课题组提出:将大城市的区政府界定为全区公共图书馆的建设主体,将中小城市的市政府界定为整个城区公共图书馆的建设主体,将县政府界定为全县公共图书馆的建设主体[2]。这是总分馆制发展的内在规律要求,但它又难以跨越图书馆分级建设体制的障碍,这种障碍造成了纯粹的统一建设主体的总分馆制很难在中国普遍形成。

《公共图书馆法》从法律上明确了县级人民政府是县级图书馆总分馆制的建设主体,这一规定具有现实合理性和法源性。根据国内外总分馆建设规律和我国国情,将县域作为总分馆建设的基本地域单元,既符合总分馆发展规律,又具有现实的合理性,是统筹图书馆服务城乡均衡发展最合适的地域单元[8],而由县域内"最高级别的政府建设一个公共图书馆总分馆体系"的立法支撑研究结论,在《公共图书馆法》2012年送审稿中就被基本采纳[9]。将县级人民政府作为建设主体,也与我国现有相关立法实现了较好的衔接。审视图书馆的法律法规,总体上均要求县级以上政府必须建设本级公共图书馆。在总分馆建设中,广州、四川等明确规定以县(区)政府为主体建设推进总分馆体系。《中华人民共和国公共文化服务保障法》作为我国公共文化服务综合性法律,规定县级以上人民政府应当将公共文化服务纳入本级国民经济和社会发展规划,加强公共文化设施建设,完善公共文化服务体系。

县级人民政府作为总分馆制的建设主体,主要责任体现在以下方面:

(1)做好总分馆体系的建设和运营保障。基于县级人民政府承担总分馆建设主体责任,在解读《公共图书馆法》中涉及县级人民政府对本级公共图书馆的各类职责时,可将其扩大为县级人民政府对一个县域内总分馆体系的职责。根据《公共图书馆法》第四条的规定,县级人民政府在总分馆建设中,应将其纳入本级国民经济和社会发展规划,纳入城乡规划和土地利用总体规划,加大对政府设立的公共图书馆的投入,将所需经费列入本级政府预算,并及时、足额拨付。作为建设主体,县级人民政府要做好总分馆体系建设和运营所需的经费保障,包括统一的文献资源采购经费、人员经费、日常运营经费等,做好总分馆建设用地及其他各类政策保障等。但同时还需注意,县级人民政府与实际承担基层综合性文化服务中心的组织、推进和管理职责的乡镇政府之间,还需就基层图书室的运行方式、管理方式、经费投入等探索符合当地特点的模式,并进一步明确事权、财权,形成长效机制。

(2)确定总分馆体系的主管部门。根据《公共图书馆法》第五条的规定,县级地方人民政府文化主管部门负责县级图书馆总分馆的管理工作。县级政府其他有关部门在各自职责范围内负责本行政区域内与总分馆管理有关的工作。县级人民政府统筹协调主管部门及其他相关部门在总分馆建设中的职责。

（3）做好总分馆体系的统筹规划和监督考核。县级人民政府应根据"覆盖城乡,便捷实用"原则,结合本行政区域内人口数量、人口分布、环境和交通条件等因素,提出总分馆建设的总体目标、规划、网络布局、建设标准等,并在县域内加以大力推行,同时应对总分馆体系的建设、运行进行考核和监督。

（4）鼓励社会力量参与总分馆建设。《公共图书馆法》认可图书馆建设主体的多样性,第四条规定"国家鼓励公民、法人和其他组织自筹资金设立公共图书馆。县级以上人民政府要按照国家相关规定,为社会力量参与公共图书馆建设给予政策扶持。"在政府主导下,鼓励和支持社会力量在总分馆设施、专业化管理、社会资源共享等方面参与建设。

## 4　县级图书馆总分馆制建设原则：因地制宜

《公共图书馆法》最根本的法律原则是"保障公民基本文化权益"。在保障公民基本文化权益原则之下的"因地制宜",是县级图书馆总分馆制的法定建设原则。

我国国土辽阔,各地人口分布、地理环境和经济社会发展水平不一。同样是县级地区,有城市化水平较高的县级市,有以城镇人口为主的市辖区,有以农业人口为主的县等。我国地域面积最大的县若羌县有20多万平方公里,人口却不到10万,而地域面积小的县仅200平方公里左右。在依照《公共图书馆法》设定的总分馆基础框架之上,各地遵循因地制宜原则推进总分馆制建设。因地制宜具体体现在以下几个方面：

（1）总分馆体系的规模结构因地制宜。《公共图书馆法》第十三条规定,"县级以上地方人民政府应当根据本行政区域内人口数量、人口分布、环境和交通条件等因素,确定公共图书馆的数量、规模、结构和分布"。随着图书馆事业的不断发展,各地应当根据当地的人口集聚、地域环境等特点,突破行政区划的限制,根据公民文化需求确定一个总分馆体系的治理单元,确定这个单元里各图书馆的网络分布和功能定位。

（2）"县级"指称因地制宜。根据我国现行立法和行政话语,"县级"指县、自治县、县级市、市辖区,县级的上一级行政区划为地级市。在法律条款中,没有县级市、地级市等称谓,只分为"设区的市"和"不设区的市",前者包括了地级市,但我国也有少数不设区的地级市,如东莞;"不设区的市",指县级市和不设区的地级市,如《中华人民共和国选举法》第二条规定,县、自治县、不设区的市、市辖区等人民代表大会代表由选民直接选举。《公共图书馆法》在总分馆制建设主体上笼统称为"县级人民政府",但该规定应同样适用于"不设区的市"的人民政府。同样,某一级政府能否成为独立的建设主体应取决于该级政府在现实中是否具有提供公共图书馆服务的实际能力[10],不具备该能力的县级政府,需要上级政府加以扶持和培育。

(3)分馆建设因地制宜。《公共图书馆法》概括性规定了"乡镇(街道)综合文化站、村(社区)图书室等"为分馆或者基层服务点。相比 2017 年《公共图书馆法(草案)》中"建立以县级公共图书馆为总馆、乡镇(街道)综合文化站为分馆、村(社区)图书室和农家书屋为基层服务点的总分馆制"[11]的规定,最终颁布的法律文本为镇(街道)、村(社区)图书馆建设留出了更大的发展空间,它进一步淡化了根据行政级别在乡一级设分馆,在村一级设服务点的固化思维。乡镇(街道)综合文化站、村(社区)图书馆是"分馆"还是"服务点",主要看是否"符合条件"。这一思想在《指导意见》中非常突出,"符合条件"的综合文化设施里设置分馆,没有成为分馆的可以成为基层服务点。所谓的"条件"就是每个总分馆体系的各类标准和规范,包括该馆自身各类资源和服务能力是否达到分馆要求,也包括该地是否有符合设置分馆的地域、人口条件等。而法条中的"等"又为分馆和基层服务点的涵盖范围做了外延,其中需要特别注意的是,《指导意见》和《公共图书馆法》都强调了鼓励社会力量参与图书馆建设,《指导意见》规定学校、科研机构、企业等的图书馆(室)、职工书屋、文化室、具有资质的上网服务场所等都可以成为分馆或基层服务点,前提是"具备条件"和"自愿"。

(4)总分馆建设标准因地制宜。建设标准是以当地现有图书馆发展水平为基础,但应随着发展水平的提升而不断变化。《公共图书馆建设用地指标》(建标〔2008〕74 号)、《公共图书馆建设标准》(建标 108—2008)、图书馆评估标准等都对此提出了最基础的参考。各县级总分馆的规划布局、设施建设、服务内容等,在不低于国家要求的基础上,根据当地现实需要可以有所变化。

## 5　县级图书馆总分馆制管理模式:加强业务指导

《公共图书馆法》明确了总分馆之间是业务指导关系,未涉及"人、财、物管理"。"业务指导"相较于"业务管理",是一种松散的、具有较低约束力的管理方式。在图书馆"分级建设"体制下,就要求上级图书馆对下级图书馆进行"指导"。而《公共图书馆法》规定了"加强"业务指导,那么,哪些方面需要加强业务指导呢?"统一采购、统一编目、统一配送"是总分馆制的主要特征,《指导意见》体现了总分馆资源建设的现行政策:"实行总馆主导下的文献资源统一采购、统一编目、统一配送、通借通还"。而根据《公共图书馆法》"通借通还""服务延伸"等的目标,"文献资源集中管理"的资源调配模式,理应是《公共图书馆法》所提的"业务"之一。《指导意见》表明现有政策鼓励"有条件的地方可以探索总馆统一管理或参与管理各分馆人财物"。一定程度的"集中管理"和完全的"统一管理"是发展趋势,法律的制定需要立足于发展实际,但又要有前瞻性。基于现有县级图书馆总分馆制建设经验和示范成果,总馆对分馆"人"和"财"集中管理的实现,还需国家和地方政府配套相关法规政策,但业务的"集中管理"应已纳入《公共图书馆法》"加强"业务指导的范围内。归纳县级图书馆总分馆制的管理层次和各馆业务管理职责主要为:

第一层级是承担总馆功能的县级图书馆。县级图书馆负有对分馆的业务进行指导的法定职责,具体包括:执行县级人民政府的规划,做好分馆和服务点的布局;编制总分馆资源、项目、服务提供等的目录和规范;总馆指导下的文献信息资源的统一采购、加工、配置,通过物流系统实现各馆间的流转和网络化获取;对人员进行统一培训;统一总分馆业务标准与服务规范;开展总分馆阅读指导和联动的阅读推广活动;指导和支持分馆及基层点工作;在一定程度上管理分馆日常服务工作所需设备、物资;监督和考核分馆工作等。

第二层级是乡镇(街道)分馆。该层级执行总馆的工作安排,根据服务规范和业务标准,提供与总馆水平相当的基本服务。基本服务主要指《公共图书馆法》第三十三条所规定的文献信息查询、借阅,设施场所开放及文化阅读活动等免费服务。此外,乡镇(街道)分馆应当在能力范围内负责指导和支持本辖区内的村(社区)分馆、基层服务点的日常业务工作。

第三层级是村(社区)分馆及基层服务点。该层级执行总馆的工作安排,根据服务规范和业务标准,在相应的服务资源、项目上,提供与总馆水平相当的基本服务。

总体来说,《公共图书馆法》为总分馆管理模式的探索预留了较大空间,各地应当因地制宜实现体制机制创新,形成各具特色的总分馆体系。

## 6 县级图书馆总分馆制的发展方向和时代特色:数字化、网络化

《公共图书馆法》要求总分馆体系与现代科技融合发展。数字化、网络化给图书馆的传统服务带来了挑战和机遇,与现代科技融合,在互联互通的信息社会实现服务业态的数字化、网络化转变,主动适应人们对信息和知识获取的行为转变,并培养读者使用图书馆的新行为习惯,是图书馆生存和发展的必然选择。服务的数字化、网络化和智能化,已经成为图书馆服务的新时代特色。在县级图书馆总分馆制建设中,数字化、网络化服务,可以突破物理空间界限,弥补实体设施的资源配置不足,真正实现城乡居民均等获取资源的权益。同时,据统计,截至 2017 年 12 月,我国非网民人口为 6.11 亿,其中农村非网民人口占比 62.4%;上网技能缺失以及文化水平限制仍是阻碍非网民上网的重要原因;而提升网民上网技能,降低上网成本以及提升非网民对互联网需求依然是带动非网民上网的主要因素[12]。作为面向广大农村人口的县级图书馆总分馆,开展信息素养教育,缩小社会信息鸿沟,既是职责,也是机遇。在社交网络发展和社会化阅读大趋势下,负有保障全民阅读需求责任的公共图书馆,也要确保公民数字阅读权益得到保障。县级图书馆总分馆,要大力依靠国家建设科技强国推动下的各类资源和政策保障,在基层图书馆数字化、网络化服务中,补短板,谋发展。

(1)加强县级图书馆数字化建设。在县级图书馆总分馆制中,县级图书馆作为总馆,担负着该体系内数字信息中心的角色,对分馆、基层点的数字信息资源覆盖、网络化服务起关键作用。但是,县级图书馆普遍经费有限,信息化建设水平低。《"十三五"时期全国公共图书馆事业发展规划》要求"县级以上公共图书馆全部具备提供互联网服务和移动终端服务的能力,加强公共图书馆数字化建设,建立线上

线下相结合的文献信息共享平台"。县级图书馆应充分利用国家公共数字文化各项工程的资源、平台,参与省、市地区数字图书馆建设,加强数字资源的整合利用,以满足不同终端、不同人群的需求。

(2)加强基层数字化服务能力。实现全国文化信息资源共享工程、国家数字图书馆推广工程和公共电子阅览室建设计划等在基层的整合,形成合力,整体提升服务效能,防止基层计算机设备等被挪用。

(3)以互联网思维改造服务流程和内容。利用数字化、网络化技术向社会公众提供便捷服务,如线上、线下服务项目的"菜单式"提供,与书店、网络图书供应商合作的"你选书,我买单"等,充分利用互联网建立供需对接机制;将"信息素养培训"作为免费常规服务项目,提升公民计算机操作能力、数字信息获取技能等。

## 7　结语

《公共图书馆法》对县级图书馆总分馆制的法律化规定,巩固了我国图书馆体制机制的创新成果,是中国特色的图书馆总分馆制度的自我改革、自我完善。它确立了县级图书馆总分馆制的几个关键要素,明确了在总分馆制建设上法律适用的底线,同时也为全国建设总分馆制指明了方向。在法律原则性规定下,各级政府在具体的实施和推进中,还需要完善和制定与之相衔接、相配套的法规、规章及政策,进一步明确和执行县级图书馆总分馆制建设中的各项权利、义务和责任,真正发挥《公共图书馆法》的立法保障作用,让现行法律落地见效。同样,《公共图书馆法》的出台也是为了推进图书馆事业创新和改革的深化,在法律框架内,《公共图书馆法》鼓励各地根据特点因地制宜实现总分馆制建设和管理模式的创新,真正实现公共图书馆服务的均衡化发展。

**参考文献**

[1] 邱冠华,于良芝,许晓霞.覆盖全社会的公共图书馆服务体系:模式、技术支撑与方案[M].
北京:北京图书馆出版社,2008.

[2] 于良芝,陆秀萍,刘亚.公共图书馆总分馆建设的法律保障:法定建设主体及相关问题[J].
图书情报工作,2008(7):6-11,31.

[3] "构建公共图书馆服务体系嘉兴论坛"关于总分馆制的共识[EB/OL].(2008-05-12)

[2018 – 02 – 25].http://www.chinalibs.net/bkjh/ArtInfo.aspx?id = 319802.

[4] 李国新.开启新时代公共图书馆法治研究的新阶段[J].图书馆,2018(1):1.

[5] 李国新.《中华人民共和国公共图书馆法》的历史贡献[J].中国图书馆学报,2017(6):
4 – 15.

[6] 金武刚,李国新.中国公共图书馆总分馆制建设:起源、现状与未来趋势[J].图书馆杂志,
2014(5):4 – 15.

[7] 立法技术规范(试行)(一):法工委发[2009]62 号[EB/OL].(2009 – 12 – 28)[2018 – 02 –
25].http://www.saic.gov.cn/fgs/zfjd/200912/t20091228_192834.html.

[8] 金武刚.论县域公共图书馆总分馆制的构建与实现[J].中国图书馆学报,2015(3):42 – 57.

[9] 李丹,申晓娟.《中华人民共和国公共图书馆法》立法侧记(下)[J].图书馆建设,2018(2):
4 – 16,28.

[10] 蒋永福,刘春燕.公共图书馆建设主体:概念、类型与设置原则[J].图书馆建设,2010(11):
2 – 5.

[11] 《中华人民共和国公共图书馆法(草案)》公开征求意见(附全文)[EB/OL].(2017 – 06 –
29)[2018 – 02 – 25].http://www.sohu.com/a/153050627_669468.

[12] 中国互联网络信息中心.第 41 次《中国互联网络发展状况统计报告》[EB/OL].(2018 – 03 –
05)[2018 – 03 – 25].http://www.cnnic.cn/hlwfzyj/hlwxzbg/hlwtjbg/201803/P020180305
409870339136.pdf.

# 公共图书馆数字化、网络化的规范与发展

李阳(北京大学信息管理系)

当今社会,数字网络技术已经广泛应用到生活的各个方面,公共文化服务领域也不例外。作为公共文化服务体系建设的重要组成部分,我国公共图书馆领域广泛采用数字技术推进服务网络建设,与科技融合发展,持续推动服务方式不断创新。面对新时期数字化发展趋势和公众阅读需求的转变,《中华人民共和国公共图书馆法》(以下简称《公共图书馆法》)吸收了草案一审稿中专家所提出的"公共图书馆要与互联网等现代技术相融合,加强数字化、网络化建设,为公众提供更便捷的服务"的意见[1],在多项条款中明确了科技的重要作用。一是《公共图书馆法》将"国家鼓励和支持发挥科技在公共图书馆建设、管理和服务中的作用"(第八条)写入"总则"中,对公共图书馆与科技融合发展提出了总的要求。二是以核心条款(第四十条)明确规定了国家和公共图书馆在数字化、网络化建设方面的重要责任。三是在其他有关条款中也强调数字化、网络化建设的重要作用,如:第三十一条中提出完善数字化、网络化对总分馆体系的支撑;第四十一条中规定公共图书馆应采用数字化手段推进古籍的整理和保护工作;第四十三条中提出在网络环境下,公共图书馆保护读者个人信息的新要求。

## 1 《公共图书馆法》中数字化、网络化条款的重点内容

### 1.1 数字服务网络建设

自2002年起,文化部、财政部共同组织实施了全国文化信息资源共享工程。利用现代信息技术,将中华优秀文化资源进行数字化加工整合,通过互联网在全国

范围内实现数字资源的共建共享[2]。2011 年,文化部、财政部共同推出"数字图书馆推广工程",其目标是通过"一库,一网,三平台"的建设,建立完善的数字标准规范体系,实现全国范围内的数字资源互联互通。国家数字图书馆标准规范体系在参照采纳现行国际标准、国家标准、行业标准或事实标准的同时,建设三十余项标准规范。通过国家近些年的努力,覆盖全国的公共数字文化服务网络基本建成,使我国公共数字文化服务能力显著提升。但是由于国家标准尚未统一,各个图书馆之间还存在着数据资源相对独立、重复建设率高、共享程度低的现象。《公共图书馆法》第四十条规定,国家构建标准统一、互联互通的公共图书馆数字服务网络,这就要求国家为公共图书馆数字服务网络建设设立统一标准。因此下一步的任务是要建立完善的数字标准规范体系,促进异构系统间数据交换格式和互操作接口的标准化、规范化和开放性,推动公共图书馆数据资源的互联互通[3],这是政府的责任。目前国家正在大力推进的国家公共文化云平台,正是在国家三大数字文化惠民工程的基础之上,进一步解决标准统一、实现互联互通的重要措施。国家公共文化云平台打破了以往全国各地数字平台的孤岛现象,使国家资源在地方能够有效应用,地方资源能够上传与全国共享。这是完善我国公共图书馆数字服务共享平台,解决新时代公共数字文化服务中不平衡、不充分的重要举措,标志着我国公共数字文化服务网络进入新的发展时期。

### 1.2　数字阅读产品开发

截至 2017 年 6 月,我国网民规模已达 7.51 亿,互联网普及率为 54.3%,其中手机网民规模达 7.24 亿[4]。《公共图书馆法》第四十条提出,国家支持数字阅读产品开发,推动公共图书馆利用数字化、网络化技术向社会公众提供便捷服务。这是为了适应时代发展,满足人民日益增长的数字文化消费需求所提出的新要求。在国家层面,要将公共数字文化产品研发纳入国家科技创新体系,加大财政、税收、金融、用地等方面对数字文化产业的政策扶持力度,支持和鼓励科研机构和企业进行与之相关的科学技术研究,鼓励企业加强适应公共图书馆需求和移动数字端所需要的新型数字阅读产品的开发,并加强成果转化和应用。在公共图书馆层面,一是要提供形式多样的阅读载体,充分利用新媒介开展移动图书馆服务,使读者更方便地通过多种新型终端获取阅读资源,打造泛在化阅读平台,随时随地进行阅读。近几年我国图书馆新增了 RFID 设备、自助借还设备、电子读报屏、数字阅读一体机等数字化设备,也涌现出一批提供移动电子书阅读器借阅服务的图书馆,有效拓展了阅读途径,提高了服务效能。同时,公共图书馆要配备专业技术人员,通过专题培训加强其对新技术和新产品的了解,以便及时解决数字设备运行中产生的各种问题。还要通过讲座和活动的形式加强对新设备、新服务的推广,使读者充分了解这些设备的功能和使用方式,让更多读者享受到方便快捷的阅读体验。二要加强适应新型阅读载体的阅读资源建设,提高移动阅读的兼容性。目前我国已有许多公共图书馆开启了手机 App 和微信公众号的建设,可通过其相关功能开展在线阅读活动,提高读者参与度。在活动过程中要充分了解用户需求,不能仅是将纸质文献资源转化为数字资源,还要根据用户需求和阅读习惯倒逼资源建设,开发出更多的适应移动终端利用的数字资源。

### 1.3 数字资源保存技术研究

近年来,伴随着科技的发展和人们阅读方式的转变,公共图书馆的数字资源储存量显著增长。数字资源长期保存的对象包括原生数字形式的文献资源和由传统形式的文献转化为数字形式的文献资源。保存介质的不稳定性和快速淘汰性,对公共图书馆数字资源的永久保存和持续利用提出了挑战。《公共图书馆法》第四十条提出,国家支持数字资源保存技术研究,指明了国家在数字资源保存技术研究中应起到重要的支持和推动作用。2012 年,国家图书馆数字迁移项目正式实施,该项目系统梳理了历史悠久的数字化馆藏资源,并通过数字迁移技术实现了对数字资源的长期保存[5]。国家数字图书馆建设项目也制定了专门的数字资源长期保存标准,如国家数字图书馆工程的《国家图书馆数字资源长期保存规范》;数字图书馆推广工程的《长期保存元数据规范》[6]。但是面对繁多的数据和复杂的保存环境,单一的公共图书馆或机构无法承担这项艰巨的任务。更加重要的是,数字资源长期保存与国家信息安全息息相关,是一个长期性和持续性项目,所需要的资金、技术和人力成本高。因此要利用新技术建立国家级的保障体系,从国家层面上制定预防风险的政策和指导意见[7]。由国家主导制定统一的数字保存标准和建立协调机制,改善各项目间的分散模式,集中建立统一的国家数字资源保存系统,有助于推动数字资源的长期保存和持续利用。

### 1.4　数字资源建设

《公共图书馆法》第四十条规定,政府设立的公共图书馆应当加强数字资源建设、配备相应的设施设备,从内容和设施两个方面对公共图书馆数字资源建设提出了要求,其中内容是根本,设施为保障。首先,公共图书馆要依照国家数字资源建设标准规范,结合读者需求,加快数字资源的采购和纸质文献的数字化。在资源建设中贯彻"虚实并重"的方针,实现数字资源和实体文献资源的协调互补[8]。古籍数字化也是数字资源建设的重要组成部分,《公共图书馆法》第四十一条规定了公共图书馆在古籍数字化方面的责任。公共图书馆可采用光电扫描技术,建立古籍数据库,推出一批具有中国特色、讲述中国故事的优秀数字资源产品。各地公共图书馆要建设具有地方特色的数字资源库,作为地方公共图书馆的特色馆藏,最大限度地保留地方特色文化,这有助于公众更好地了解中国历史,接受传统文化熏陶,更有助于公众传承中华记忆,增强文化自信。目前我国各地公共图书馆已经建成许多地方特色数字资源库,但如何将其整合并将优化整合后的资源推向全国统一的数字平台,成为公共图书馆特色资源数字化建设的重要问题。公共图书馆应当加强馆际交流与合作,实现数字资源的共建共享。其次,公共图书馆应配备相应的设施设备,对数字化服务提供保障。近些年在国家公共电子阅览室计划的推动下,公共图书馆已基本实现电子计算机的全覆盖。各地图书馆在数字化设施建设上不断推进和创新,自助借阅设备、文献消毒设备、特殊人群阅读装备等全面铺开,虚拟现实设备、3D打印设备也逐渐出现在公众的视野中。下一阶段应逐步实现公共图书馆免费无线服务网络全覆盖,并加快传统公共电子阅览室的转型升级。

### 1.5　线上线下服务联动

公共图书馆在做好数字资源建设的同时,还要创新服务模式,为读者提供多元化的便捷服务。《公共图书馆法》第四十条规定,政府设立的公共图书馆应当建立线上线下相结合的文献信息共享平台,为社会公众提供优质服务,这一规定有助于促进公共图书馆服务模式的转变,充分挖掘公众需求,打通线上线下,有效提升公共图书馆的服务效能。随着我国公共文化服务建设的不断推进,各地公共图书馆从公众实际需求出发,涌现出许多创新性服务。其中以内蒙古图书馆"彩云服务——我阅读,你买单 我的图书馆我做主"项目为代表的许多服务举措与公众需求有效对接,提高了服务效能。内蒙古图书馆在推出"彩云服务"的基础上,利用互联网打通线上线下,开创了基于手机 App 平台的几大创新服务项目。读者可通过"彩云服务"手机 App 在线下单预约,再由物流公司送来所借阅图书,也可通过该平台实现图书的转借和捐赠,大大提升了内蒙古图书馆的新书流通率[9]。推广线上线下互动的模式,如网络直播服务,也是提升服务效能的新途径。在 2017 年 11 月 29 日中国文化馆年会上,国家公共文化云正式开通,共计 400 多万人次通过云平台观看了年会开幕式。国家公共文化云平台包括国家公共文化云网站、微信号和移动客户端,突出了手机端服务的功能定制,实现了线上预约和线下参与的有机结合。这种服务方式有效地扩大了服务范围,实现了数字资源的互联互通。

## 2　公共图书馆数字化建设发展路径的思考

《公共图书馆法》作为党的十九大之后的第一部文化立法,立足于中国公共图书馆事业实际,迎合了数字化时代发展浪潮。《公共图书馆法》中规定的国家构建标准统一、互联互通的公共图书馆数字服务网络的建设方向,与习近平总书记在主持国家大数据战略第二次集体学习时所强调的"以数据集中和共享为途径,推动技术融合、业务融合、数据融合,打通信息壁垒,形成覆盖全国、统筹利用、统一接入的数据共享大平台,构建全国信息资源共享体系,实现跨层级、跨地域、跨系统、跨部门、跨业务的协同管理和服务"相一致[10]。依据《公共图书馆法》的要求,国家和公共图书馆在下一步工作中应从以下方面入手,共同推进数字化、网络化建设。

### 2.1　推进标准体系建设

国家应当积极推进数字图书馆标准指标体系的建设,出台相关政策和标准,完善实施细则,构建标准统一、互联互通的数字服务网络。一方面要建立和完善资源建设、系统开发、服务提供、数据开放等方面的公共数字文化标准规范体系,促进数据、资源和服务在互联网环境下的开放利用。在现有数字图书馆推广工程的基础上,加快制定元数据规范、对象数据规范、资源统计规范和数字资源长期保存等方面的标准,并将其上升为国家标准,在全国公共图书馆统一推行。另一方面要完善评价考核机制,对公共图书馆的数字化发展水平进行考核评估,加强对公共图书馆数字服务效能的考察。并根据《公共图书馆法》第四十七条的要求,把考核评价的结果作为政府给予公共图书馆补贴或奖励的依据,采取正向激励措施,推动公共图书馆利用数字化、网络化技术提供服务。

## 2.2　打造资源共享平台

国家在三大文化惠民工程的基础上所推出的国家公共文化云平台,充分体现了统一规划、统一标准、资源共享的原则,打破了以往全国各地数字资源库的平台孤岛现象。在下一步工作中,国家应当加大对国家公共文化云平台的宣传推广力度,在全国公共图书馆普及公共文化云平台,使公众可通过手机、电脑、公共文化一体机等多终端便捷地获取服务。整合现有的公共图书馆数字资源,将数字文化服务与公众文化需求有效对接。公共图书馆应当依托国家公共文化云平台,在统一规划的前提下因地制宜,发挥各地的优势与特色,积极上传具有当地特色的数字资源,共同打造数字文化超市,普及菜单式、点单式服务,实现线上线下互动式服务模式的广泛应用。通过国家公共文化云平台整合全国公共文化服务系统的数字资源,实现跨层级、跨地域的共建共享。

## 2.3　加强数字资源建设

公共图书馆要从内容和设施两方面加强数字资源建设,提升公共图书馆数字化服务的"核心竞争力"。随着公众阅读方式的转变和日益增长的数字文化需求,公共图书馆面临着新的挑战。在"内容为王"的时代,拥有优质的内容是获得用户认可的根基。而在移动阅读盛行的今天,用户获取内容的渠道越来越丰富和多元化,也面临更多的选择。因此公共图书馆要充分挖掘公众阅读需求,加快文献数字化转化步伐,积极开展微视频、微讲座、慕课等适应现代移动互联网特点的新媒体数字资源建设,提升公共图书馆的数字服务水平。还要加强具有地方特色的数字资源库建设,将其作为地方公共图书馆的特色馆藏,上传至统一的资源共享平台,实现全国范围的共建共享。同时要加强公共图书馆开展数字服务所需设施设备建设,提升电子阅览室建设标准,注重馆内数字服务网络的标准化建设;加大对移动阅读载体的投入,让公众随时随地享受阅读服务。

### 2.4　完善数字实体空间

公共图书馆的数字实体空间,是指公共图书馆通过采用数字技术,探索数字技术在读者服务中的创新应用,提升用户互动体验和服务效能的数字化设施空间。完善公共图书馆的数字实体空间,首先要对电子阅览室进行功能升级,通过对数字资源、环境、设备的全面升级,拓展和延伸电子阅览室的功能,使其向数字创客空间进行转化。创客空间有利于用户的自我发展、知识交流转移和创新,也有助于延伸图书馆开发智力资源的理念,提升图书馆的社会影响力[11]。公共图书馆可在创客空间中提供各种硬件设备和软件工具,举办相关培训和讲座,有条件的图书馆还可配备专业志愿人员,对公众进行指导和项目协助。其次还可通过数字互动墙、数字休闲空间和虚拟现实体验等设施设备,提升用户互动体验和服务效能。公共图书馆实现与科技融合发展,有助于增强读者对公共图书馆的认识,增进阅读兴趣,满足公众日益增长的多元化阅读和文化需求。

面对互联网的飞速发展和公众阅读方式的转变,《公共图书馆法》在公共图书馆的数字化、网络化发展方向上作出指引,明确了国家和公共图书馆在建设中的责任。下一步的关键在于如何将法律规范落到实处,真正促进我国公共图书馆数字化、网络化的发展。公共图书馆在今后要全面落实法律规定,加快数字资源建设,依托国家大数据战略,借助国家公共文化云平台,更好地服务于我国经济社会发展和满足人们对美好生活的向往。

### 参考文献

[1] 公共图书馆法草案提请二审[EB/OL]. (2017 – 11 – 11)[2017 – 12 – 18]. http://www. npc. gov. cn/npc/lfzt/rlyw/2017-11/01/content_2030274. htm.

[2] 陈维. 数字图书馆特色资源共享与服务研究[M]. 杭州:浙江工商大学出版社,2015:27 – 28.

[3] 李国新.《中华人民共和国公共图书馆法》的历史贡献[J]. 中国图书馆学报,2017(6): 4 – 15.

[4] 2017 中国互联网络发展状况统计报告[EB/OL]. (2017 – 08 – 05)[2017 – 12 – 18]. http:// www. sohu. com/a/162404995_790657.

[5] 季士妍. 国家图书馆数字资源长期保存数字迁移实践[J]. 数字图书馆论坛,2015(2): 21 – 28.

［6］王秀香.我国数字图书馆标准规范建设内容及特点分析［J］.数字图书馆论坛,2016(9)：
14 - 19.

［7］刘万国,黄颖,周利.国外数字学术信息资源的信息安全风险与数字资源长期保存研究［J］.
现代情报,2015,35(10):3 - 6.

［8］肖希明,曾粤亮.数字阅读与图书馆信息资源建设［J］.数字图书馆论坛,2016(2):2 - 8.

［9］盘活现有资源,提升服务效能:一文读懂升级版"彩云服务"新模式［EB/OL］.(2017 - 08 -
15)［2017 - 12 - 18］.http://www.sohu.com/a/164808545_669468.

［10］习近平:实施国家大数据战略　加快建设数字中国［EB/OL］.(2017 - 12 - 09)［2017 - 12 -
18］.http://news.ifeng.com/a/20171209/54012548_0.shtml.

［11］尤越,贾苹.图书馆创客空间发展实践研究及建议［J］.图书馆杂志,2015(5):95 - 101.

原载《图书馆》2018 年 2 期

# "互联网+图书馆"服务创新发展

## ——关于《公共图书馆法》中"线上线下相结合"要求研究<sup>*</sup>

涂世文　金武刚(华东师范大学信息管理系)

## 1　引言

新颁布的《公共图书馆法》站在新时代起点,面对以互联网为代表的现代信息技术和传播技术的飞速发展,对公共图书馆的数字化、网络化建设任务与发展方向给予了高度关注,并且作出了表率[1]。法律明确规定,"国家鼓励和支持发挥科技在公共图书馆建设、管理和服务中的作用,推动运用现代信息技术和传播技术,提高公共图书馆的服务效能","完善数字化、网络化服务体系和配送体系,实现通借通还,促进公共图书馆服务向城乡基层延伸"[2]。同时,在推动服务创新和数字资源共建共享方面,又提出新要求,"政府设立的公共图书馆应当加强数字资源建设、配备相应的设施设备,建立线上线下相结合的文献信息共享平台,为社会公众提供优质服务"[2]。在文化部稍早颁布的《"十三五"时期全国公共图书馆事业发展规划》中,也明确提出"通过互联网等新技术手段,深入开展用户需求数据分析,推广线上线下互动的服务模式"[3]。因此,积极推进"线上线下相结合"优质服务,是我国公共图书馆事业迈入新时代的重要发展方向。

当前,以互联网为代表的数字技术,正由表及里地重塑各行各业,线上线下开始打通成为一体,"互联网+"时代已经到来。我国目前已经基本形成线上线下互通、互联网与传统产业融合发展、数字经济和数字社会互相促进的良性循环[4]。

面对这一历史性机遇和新技术、新模式、新需求带来的挑战,不断与时俱进,积极借助新技术和新模式进行升级和转型,与数字社会发展相融合,持续为公众提供

---

　*　本文系教育部人文社会科学研究青年基金项目"中国图书馆法律制度建设的实践及成效研究"(批准号:13YJC870010)研究成果之一。

优质服务,成为公共图书馆事业建设现阶段的重要任务。公共图书馆借助互联网和数字化技术,做好读者、资源、设施和服务的连接,实现其服务线上线下融合,是转变服务方式、创新服务模式、提高服务效能的重要途径,对我国公共图书馆事业持续发展具有重大意义。

## 2　公共图书馆"线上线下相结合"服务的基本内涵

"线上线下相结合"并不是什么新概念,其最早起源于电子商务行业。2010年8月,Alex Rampell 在分析 Groupon、Open Table 等公司业务时发现,这些公司之间的共同点,都是借助互联网平台扩展业务,促进了线上到线下业务的发展。于是,他将该模式定义为"线上—线下"商业模式(Online to Offline,简称 O2O)[5]。之后,随着时代的发展,O2O 有了更为丰富的含义,包括从线上到线下、从线下到线上、从线下到线上再到线下等多种形式,统称为"线上线下相结合"模式。

公共图书馆"线上线下相结合"服务,是 O2O 模型在公共图书馆领域的延伸和扩展,其类似于商业领域 O2O,即借助互联网和数字技术,将线下的业务、服务和资源扩展至线上,统一整合,丰富服务提供方式,创新创造业务模式。同时,以线上作为线下服务的引导入口,协同促进各类服务提供和活动开展。

公共图书馆"线上线下相结合"不仅仅是一种服务模式,更是一种服务理念。回顾我国公共图书馆事业发展历程,有关线上线下相结合的实践可追溯到20世纪90年代互联网诞生之初,当时图书馆界积极投入到数字化、互联网化的热潮中,纷纷接入互联网,提供一些基础的书目数据在线检索服务,大力建设数字图书馆等数字化基础设施。随着互联网的不断发展和普及,公共图书馆的在线服务也不断丰富多样,从最开始的文献资源检索,到数字图书馆、在线预约续借服务、图书个性化推荐、图书馆 O2O 服务以及基于互联网的其他活动等,为读者享受公共文化服务提供了极大的便利。

## 3　公共图书馆"线上线下相结合"服务的意义价值

### 3.1　强化资源整合、简化服务流程、转变服务方式

公共图书馆资源整合一直是图书馆界尚未得到很好解决的难题。现行的总分

馆制作为公共图书馆整合资源的重要模式,其具备的统一采购、统一编目、统一配送、统一服务的特征,提升了公共图书馆整合资源、共享资源的效能,为公共图书馆服务普遍均等提供了重要保证[6]。在馆际之间实现统一采购、统一编目、统一配送、统一服务,离不开"线上线下相结合"的支持,借助互联网的联通性和扩散性[7],通过"线上整合,线下分发"的方式,可以强化馆际之间的资源整合能力,消除"孤岛"效应,实现资源的开放共享。

借助"线上线下相结合"服务模式,同样可以简化公共图书馆的服务流程。该模式本质上是一种"连接",即利用互联网技术,在公共图书馆的设施、资源、服务、文化活动与读者之间建立持续有效的连接,缩短了公共图书馆服务与读者用户在时间上和空间上的距离,使读者得以享受到触手可及的服务体验。以往需要亲自去图书馆才能享受的服务,现在只需要在线上服务平台上进行一键式操作,大大缩短了服务等待时间,免去了烦琐的流程。

传统公共图书馆服务基本是文献式服务,提供的服务形式多为等待型服务、被动型服务[8],这些类型的服务需要人力参与,耗时较长、效率低下,造成了很多不必要的资源浪费。"线上线下相结合"模式将传统式服务转变为自助式服务和主动式服务,线上结合人工智能、大数据挖掘等新兴技术实现智能化、个性化服务,在提升了用户的服务体验的同时,大大降低了人力成本和时间成本。

### 3.2　支撑服务体系建设、构建全覆盖服务网络、提升服务效能

公共图书馆服务体系是一个国家或地区提供图书馆服务的所有公共图书馆的集合。覆盖城乡、功能齐全、布局合理的服务设施与网络,为公众享有普遍均等的图书馆服务提供了组织与制度上的基本保障[9]。"线上线下相结合"的模式,借助互联网突破和创新公共图书馆服务体系固有的体制障碍,以总分馆制度为基础,融合线上线下,借力构建图书"预约—配送"物流体系,实现供需对接,给公共图书馆服务体系的建设与创新提供了全新的发展动能,对公共图书馆服务体系的现代化建设具有重要的支撑作用。

目前,我国已基本建成覆盖城乡的公共图书馆服务网络。但从全国范围来看,城乡公共文化发展差距大、资源分配不平衡、农村书屋使用率不高、村级文化平台缺失等现象仍旧突出。构建覆盖城乡、服务高效、惠及全民的现代化公共图书馆服

务网络[3]，是我国"十三五"时期全国公共图书馆事业发展规划的重点要求之一。面对当前我国公共图书馆服务网络建设中存在着发展不平衡、不充分的问题，要通过借助线上线下相结合的力量，充分发挥数字信息技术的优势，广泛开展数字服务、流动服务、自助服务，实现公共图书馆文化服务重心下移、资源下移、服务下移，把优质公共文化服务向城乡基层延伸，实现图书馆服务"无处不在""无时不在"，真正做到公共图书馆服务网络的全社会覆盖。

公共图书馆的服务效能是衡量公共图书馆工作成效的重要指标。提升公共图书馆的服务效能，是公共图书馆服务体系和网络建设过程中的重要环节，服务体系和网络的构建可以提升服务效能，提升服务效能又能支撑和加速服务体系和网络的建设[10]。当前基层公共图书馆服务效能不高的问题还普遍存在，可以通过线上线下相结合的方式，建设线上的数字化服务体系作为补充，同时通过互联网构建全方位覆盖的服务网络，让公共图书馆线下服务真正惠及全民，最终实现服务效能的提升。

### 3.3　实现供需对接、提供精准服务、增强公众文化获得感

供需不对接是当前公共文化服务体系建设存在的一个突出问题。传统公共图书馆服务模式属于自上而下、单向式提供模式，图书馆与读者之间缺乏有效互动，信息不对称问题普遍存在。应用"线上线下相结合"模式，以互联网为载体，通过线上线下双向互动方式，打通供给端和需求端双向渠道，实现有效对接。具体可通过互联网建立线上供需对接信息平台，实现图书馆服务信息可发布、需求可征集、过程可监管、结果可评估。通过线上线下同步运行模式，进一步拓宽公众文化需求反馈渠道，进一步通畅表达途径，进一步提升满意度。

在实现供需有效对接的基础上，进而实现精准化、个性化的服务供给。充分利用线上线下相结合模式，推出"菜单式""点餐式"服务，把公共图书馆服务信息送下去，把公众需求兜上来，从而建立起文化供求的"大数据"，为精准化服务奠定基础。通过应用数据挖掘、数据分析、用户画像、个性化推荐等技术，充分发掘公众文化需求，把公共图书馆服务落实到每一个人的精准化投放。

公共图书馆服务供给与需求有效对接，实现精准化投放，惠及每一个人，不断增强公众文化获得感，这是公共图书馆事业建设的落脚点，也是实践"线上线下相

结合"的出发点。通过整合"线上线下相结合"的服务模式,打造"无处不在,触手可及"式的服务体验,让公众感受到公共图书馆服务就在身边,随时随地即可无缝利用各类服务和活动,真正保障和提升公众的文化获得感。

## 4　公共图书馆"线上线下相结合"服务的实践应用

公共图书馆"线上线下相结合"服务是借鉴商业领域O2O的模式发展而来的,并与互联网在融合中不断完善和普及。结合近几年的创新实践案例可以看到,从公共图书馆的业务流程的重塑、传统服务的扩展延伸、服务方式的创新创造、文化活动的开展等多个方面,"线上线下相结合"服务模式都已经在发挥着重要作用。

### 4.1　图书采购:重塑业务流程,资源建设与读者需求有效对接

图书资源采购工作是公共图书馆的主要业务之一,决定着馆内资源的丰富度和资源的利用率。传统图书资源采购模式存在着采购周期长、流程复杂以及采购资源与读者需求不匹配的问题,这在一定程度上制约了公共图书馆服务效能的提高。如何再造公共图书馆图书采购业务流程,做到资源建设与读者文化需求充分对接,成为公共图书馆关注的重点。

"线上线下相结合"服务模式为此提供了一套有效的解决方案。例如,内蒙古图书馆建设的"彩云服务",首创读者决策采购模式,即基于读者需求驱动的图书采购模式。其通过线上线下相结合的模式,整合图书馆和书店的资源与服务,提供联合编目、资源共享、图书外借等一系列基于动态数据的云服务[11],实现了"你选书,我买单"的新型服务方式。凡持有内蒙古图书馆读者证的读者,可遵照内蒙古图书馆的相关馆藏购书范围、借阅制度等规定,在新华书店等实体书店挑选所需图书,然后在书店办理借阅手续即可外借该图书,无须支付任何费用。读者决策采购模式的核心在于重塑了传统的图书馆采购模式,以往图书馆采购一本书,从书店到读者手中大概需要一个月的时间,这其中要经历制定购书计划、购买、分类、编目、上架等流程。而现在基于该模式可以实现随要随借,简化了业务流程,缩短了服务时间成本,极大增强了用户体验。读者决策采购模式同时也使公共图书馆图书采购和读者需求相匹配,实质上是让每一位读者都成为图书馆员的一分子,参与到馆

藏图书的资源建设当中来,提升书籍的借阅利用率,真正做到使每位读者有其书。

## 4.2　服务预约:扩展升级传统服务,享受服务更加便捷

图书馆传统服务是指围绕印刷型文献开展的服务[12],包括图书借还、馆际互借、图书预约、研修室预约、馆藏书目检索、参考咨询服务、科技查新等。以互联网为代表的数字技术的飞速普及,为图书馆实现传统服务的升级带来了新的机遇,改变了以图书馆为主体的单向推广模式。

近来公共图书馆推出的图书在线预约服务、研修室预约服务、在线续借服务、书目检索服务等,均属于对传统服务的升级和强化,在线上扩展服务入口。这种基于线上线下相结合的公共图书馆传统服务的扩展升级,本质上并没有创建新的服务,而是改变了传统服务的方式,优化了传统服务的流程,并利用信息技术对传统服务的局部进行了增强,基于手段创新、模式创新、技术创新来提高传统服务效率,改善传统服务体验。图书馆先前推出的大多数传统服务的延伸服务,皆可归类到采用线上线下相结合模式的传统服务中,只不过局限于当时图书馆信息化水平,从而对外呈现为线上服务被严重削弱的线上线下相结合模式的传统服务。

## 4.3　物流配送:创新服务方式,解决服务"最后一公里"难题

公共文化服务"最后一公里"难题一直制约着我国公共文化服务向基层的普及和渗透,而近几年互联网的发展和物流配送体系的完善为该难题提供了新的解决方案,多地图书馆在探索"移动互联网＋物流＋公共文化服务"的线上线下相结合模式方面,不断推出具有创新意义的服务。

苏州图书馆上线的"网上借阅、社区投递"服务[13],就属于典型的"线上线下相结合"服务创新。读者只需登录苏州图书馆网上借阅平台或者下载"书香苏州"移动端应用软件,在完成申请借阅流程后,苏州图书馆会通过邮政速递在两天之内将图书送到读者指定的线下服务点。"网上借阅、社区投递"项目填补了国内自助借阅服务的空白,真正把图书馆办到了读者家门口,使借书就像下楼取份报纸一样简单,满足了工作日空余时间少无法去图书馆的人群的阅读需求。作为传统图书馆的有效补充和延伸,"网上借阅、社区投递"服务为城市图书馆服务网络建设提供了新的方向,对完善公共文化服务体系建设,解决公共文化服务"最后一公里"难

题,加快提升公共文化服务品质都具有积极意义。

### 4.4 活动组织:线上线下联动,助力文化活动全民参与

阅读活动是公共图书馆服务在文献资源服务之外的延伸,是公共文化服务建设的重要组成部分。阅读活动"线上线下相结合"的优势在于:一是充分发挥网络的互动性强的特点,实现服务供给式与预约式相结合;二是以移动终端为重点,实现活动提供单向式与交互式相结合,公众可直接利用手机通过微信分享、微博转发、评论实现线上的互动交流;三是可以利用服务产生的各种数据,结合大数据分析技术对文化服务的发展预测、趋势分析、热点分析,有针对性地改进活动或推出公众喜爱的服务或产品。

线上线下相结合的模式,在推广全民阅读活动方面卓有成效。"上图杯 2017上海阅读马拉松秋季赛"在上海 15 个场馆展开,1200 名参赛者在 6 小时内完成 20万字阅读[14]。上海阅读马拉松活动的开展充分利用了移动互联网的优势,前期通过微信公众平台进行线上广泛宣传,并提供在线报名入口,1200 个参赛名额 9 秒内就被秒杀,这种"线上报名,线下参与"的方式让公众参与活动更加便捷。同时,为了缓解报名人数众多、线下参赛名额紧张的状况,又开设线上赛场,通过微信参与线上阅读,同样也吸引了 400 多人报名参加,让没有抢到名额的选手们与线下的选手们一起体验到了阅读的乐趣。在活动进行中,参赛者完成阅读后,只需手机扫码就能进入答题页面,这套线上系统可以保证 1200 名参赛选手身处不同场地,依然可以进行"同台"较量。"线上线下相结合"联动的活动方式,使得图书馆摆脱了时空地域限制,覆盖面更广,吸引更多人来参赛,更有利于全民阅读的推广,让阅读成为一种习惯,对营造良好的文化氛围具有明显成效。

## 5 公共图书馆"线上线下相结合"服务的拓展策略

互联网和数字技术的普及给新时代公共图书馆事业带来了历史性机遇,公共图书馆应该积极拥抱"线上线下相结合"服务模式,推动完善现有的服务体系,创新创造服务模式,提高服务效能,提升公共图书馆的现代化服务水平。当前,公共图书馆"线上线下相结合"服务模式建设的机制、规范、体系尚未完善,还需要针对

现存突出问题提出一些对策。

## 5.1　建立标准统一的公共图书馆服务云平台，互联互通资源与服务

公共图书馆"线上线下相结合"服务模式的实践依赖于基础服务设施，包括各种配套的硬件设施、软件服务平台等。目前的线上线下服务平台百家争鸣，各种标准规范尚未进行统一，不仅造成重复建设和不必要的浪费，而且不断构建起图书馆"信息孤岛"，使得信息和数据共享愈加困难。政府应当充分发挥主导标准制定的优势，积极调动各公共图书馆参与的积极性，共同建设标准统一、互联互通的线上线下相结合服务云平台。一方面，政府主导的模式有助于政策的高效执行，建设标准可以得到高度的统一，减少不必要的重复建设。另一方面，标准统一、互联互通、共建共享的服务平台，可以破除信息壁垒，有效连通公共图书馆之间的"数据孤岛"，确保馆际之间的各种信息资源和数字化服务能够相互流通和共享。

## 5.2　完善社会力量协同参与机制，共建共享线上线下相结合服务成果

建设线上线下相结合服务平台，单纯依靠政府部门和公共图书馆是远远不够的，还需要引入企业、行业组织、高校和科研机构等社会力量广泛参与。近年来，不断涌现诸如"内蒙古彩云服务平台""美团图书点餐服务""芝麻信用免押金借阅"等多项与社会力量合作推出的产品和服务的成功案例，对公共图书文化服务的均等化普及作出了重要的贡献。实践证明，引入社会力量的参与，借助其现有的平台和服务网络，可在相当程度上减少公共图书馆自行建设投入，同时也有利于第三方平台的应用和普及，实现双赢，起到事半功倍的效果。目前对于社会力量参与公共图书馆"线上线下相结合"服务建设的具体规范尚处于起步阶段，准入门槛、参与方式、参与程度等均未明确。应当不断完善社会力量参与建设的激励机制，有条件的地方可出台专项规划，有效汇集社会各方力量，促进公共图书馆事业繁荣发展，共建公共图书馆文化服务体系，共享建设成果。

## 5.3　强化线上平台安全防护能力，保护读者个人隐私和信息安全

信息安全和隐私保护问题，是公共图书馆进行"线上线下相结合"服务模式转型的主要顾虑点。读者用户在享受公共图书馆各种在线数字化服务的过程中，产生的登录信息、IP 地址、主机 MAC 地址、检索记录、订阅记录、借阅记录等大量涉及

用户隐私的数据,如果缺乏保障措施,将会给个人及图书馆带来潜在的隐患。因此,在构建"线上线下相结合"服务的全过程中,始终需要把好安全关,从技术、管理、个人、法律等层面充分保障读者的个人隐私安全。

从技术层面,应对读者用户数据进行加密传输和存储,并为用户数据库设置防火墙以保护数据不被非法获取;从法律层面,坚决保障和维护法律的实施,以用户许可协议的方式,通过相应法律条款的设置,规范公共图书馆、技术支持厂商和用户之间的行为,特别是限制公共图书馆自身和技术支持厂商获取用户敏感数据的权限;从管理层面,加强对公共图书馆各项服务设施信息安全的管理,定期更新、检查和维护软件应用;从个人层面,需要增强隐私保护意识,注重个人的隐私保护,定期清理自身在互联网上的"足迹",对涉及个人私密的数据慎重存储和发布在网络空间中。图书馆可以通过定期宣传教育,让用户树立个人信息隐私权保护的观念,使读者认识到自己的权利及保护权利不受侵犯的基本方法。比如读者不应随意泄露个人信息,应自行采取技术保密手段,自觉地维护图书馆的伦理健康,保护自身隐私,同时也要尊重他人隐私。

### 5.4　支持和鼓励服务的跨界融合创新,融入社会生活的方方面面

公共图书馆进行"线上线下相结合"目的并不是为了结合而结合,也不仅仅是为了提升自身服务效能而结合。"线上线下相结合"模式作为一种连接,不仅可以连接人和公共图书馆的资源和服务,还可以进行跨界连接,促进跨领域的融合创新。比如"信用 + 图书馆"概念的出现,以信用打造图书馆与读者之间的新型关系[15],信用借阅模式替代原有押金信用制度,凭信用可在图书馆进行借书,享受各项服务。同时,公共图书馆作为社会信息资源中心,蕴藏着巨量的信息价值还有待充分发掘。如何让这些常年存在于图书馆中的信息资源释放其价值,需要结合特定的领域和场景,进行创新。比如各种馆藏的历史人文数据库,可在线上开放数据接口,并开发兼具知识性、教育性的移动端应用,实现通过线下拍照识别或者线下定位实时获取所需的历史人文知识,这样的服务结合各类线下的名人故居、名人作品展览、旅游地文化普及以及学校的历史文化教育,帮助人们更加全面地了解历史文化知识,助力传统文化知识的普及。当前,这样的跨界融合案例较少,应当大力鼓励和支持跨界融合创新,使得公共图书馆和我们的日常生活紧密关联,释放公共

图书馆的社会价值。

　　公共图书馆开展"线上线下相结合"服务模式实践,是顺应数字时代潮流,适应全面建成小康社会发展水平的重要转型。以"线上线下相结合"模式为公共图书馆服务体系赋能,推进总分馆制的现代化建设,搭建"一体化"文化服务格局,以线上互补线下资源配置不均衡的问题,促进资源和服务向下渗透,实现资源服务全方位的覆盖,满足人们日益增长、不断变化的公共文化需求,进一步促进公共图书馆事业进入新发展、大繁荣阶段。

## 参考文献

[1] 李国新.《中华人民共和国公共图书馆法》的历史贡献[J].中国图书馆学报,2017(6):4-15.

[2] 中华人民共和国公共图书馆法[EB/OL].(2017-11-04)[2018-03-12].http://zwgk.mcprc.gov.cn/auto255/201711/t20171106_693582.html.

[3] "十三五"时期全国公共图书馆事业发展规划[EB/OL].(2017-07-07)[2018-03-12].http://zwgk.mcprc.gov.cn/auto255/201707/t20170726_685747.html.

[4] 关于加快建设数字中国,不断增进民生福祉的建议[EB/OL].(2018-03-06)[2018-04-20].http://www.tisi.org/5003.

[5] 叶开.O2O 实践:互联网+战略落地的 O2O 方法[M].北京:机械工业出版社,2015:4.

[6] 倪晓建,高莹,虞敏.公共图书馆总分馆资源整合模式研究[J].图书馆,2014(6):53-56,2.

[7] 金武刚.全面构建现代公共图书馆制度——关于《中华人民共和国公共图书馆法》的学习与研究[J].图书与情报,2018(1):49-62.

[8] 苏新宁.大数据时代数字图书馆面临的机遇和挑战[J].中国图书馆学报,2015(6):4-12.

[9] 马书琴,梁欣."互联网+"时代我国公共图书馆服务体系创新发展战略研究[J].情报科学,2018(4):138-143.

[10] 邱冠华.公共图书馆提升服务效能的途径[J].中国图书馆学报,2015(4):14-24.

[11] 韩冰,李晓秋.内蒙古图书馆"彩云服务"探究[J].图书馆论坛,2016(3):65-69.

[12] 邢军.三网融合背景下公共图书馆传统服务的现状与对策[J].现代情报,2011(12):90-93.

[13] 苏州图书馆推出"网上借阅、社区投递"服务[EB/OL].(2014-09-29)[2018-04-23].http://www.zgjssw.gov.cn/gongzuodongtai/xunachuan/201409/t1602203.shtml.

[14] 阅读版的"马拉松"6 小时要完成 20 万字阅读？［EB/OL］.（2017 - 10 - 29）［2018 - 04 -
　　23］. http：//news. 163. com/17/1029/20/D1UNN4S2000187VG. html.

[15] 吴建中. 以信用打造图书馆与读者之间的新型关系[J]. 图书与情报,2017(5):5,1.

原载《图书馆》2018 年 7 期

# 社会力量参与公共图书馆建设的法律依据

刘晓东(北京大学信息管理系)

## 1 政策演进

政府主导、社会参与是我国构建现代公共文化服务体系的重要原则。党的十七届六中全会明确了引导和鼓励社会力量参与公共文化服务的方针,十八届三中全会提出引入竞争机制,推动公共文化服务社会化发展,进一步深化了对社会力量参与的认知。中共中央办公厅、国务院办公厅发布的《关于加快构建现代公共文化服务体系的意见》明确了社会力量参与是公共文化服务发展的内生驱动力。《中华人民共和国公共文化服务保障法》将鼓励和支持社会力量参与公共文化服务上升为法律制度。

多项政策法规也对社会力量参与的形式作出了明确规定,《中共中央关于深化文化体制改革推动社会主义文化大发展大繁荣若干重大问题的决定》明确提出引导和鼓励社会力量通过兴办实体、资助项目、赞助活动、提供设施等形式参与公共文化服务。《"十三五"时期全国公共图书馆事业发展规划》也鼓励和支持公民、企事业单位、社会团体以及其他组织兴建、捐建或与政府部门合作建设公共图书馆,或者通过捐资、捐赠、捐建等方式参与公共图书馆建设、管理和服务。

《中华人民共和国公共图书馆法》(以下简称《公共图书馆法》)对社会力量参与公共图书馆建设作出了更加明确、具体的规定,这为社会力量参与提供了坚实的法律依据,对形成政府、市场、社会共同推动公共图书馆事业发展的格局具有重要意义。

## 2    社会力量参与公共图书馆事业的方式

《公共图书馆法》将引导和鼓励社会力量参与确立为我国公共图书馆事业发展的基本方针。该法第四条规定国家鼓励公民、法人和其他组织自筹资金设立公共图书馆；县级以上人民政府应当积极调动社会力量参与公共图书馆建设，并按照国家有关规定给予政策扶持。这就以法律的形式确定了社会力量参与公共图书馆建设的两种主要形式，即自筹资金设立图书馆和政府积极调动社会力量参与图书馆建设。

### 2.1    社会力量自筹资金设立公共图书馆

#### 2.1.1    法律内涵

《公共图书馆法》规定，国家鼓励和支持公民、法人和其他组织通过自筹资金设立公共图书馆。社会力量自筹资金设立公共图书馆，同样应该满足公共图书馆设立的六大法定条件，即有章程，有固定的馆址，有与其功能相适应的馆舍面积、阅览座席、文献信息和设施设备，有与其功能、馆藏规模等相适应的工作人员，有必要的办馆资金和稳定的运行经费来源，安全保障设施、制度及应急预案。这是公共图书馆提供稳定、有效信息服务的基础。

自筹资金设立的公共图书馆依法向社会公众免费开放，收集、整理、保存文献信息并提供查询、借阅及相关服务，开展社会教育，实现公共图书馆的基本职能。《公共图书馆法》肯定了政府和社会力量设立的公共图书馆在设立条件、专业化要求、运行管理等方面同等的法律地位[1]，这对于规范社会力量设立的公共图书馆，完善服务内容，提升服务能力具有积极意义。

#### 2.1.2    实践进展

近年来，社会力量设立的公共图书馆不断出现。宁波市鄞州区钱湖天地、音王集团等大型企业自建了图书馆，在服务内部的同时向社会免费开放；在"文化火种寻找之旅"的网站上，公布了一批由公民个人或社会组织自筹资金设立并面向公众开放的民办图书馆，如高晓松创办的杂·书馆既是一家大型私立公益图书馆，又是一所免费公开借阅的藏书楼[2]。社会力量自筹资金设立的公共图书馆在丰富文化产品和服务供给的同时,推动了全社会共同参与文化建设的进程。

需要注意的是,民办图书馆多为自愿设立、自主管理、自筹经费,其硬件设施不足、文献信息更新慢、服务专业化水平低等问题普遍存在。《公共图书馆法》规定的公共图书馆设立的六大条件对于多数社会力量设立的公共图书馆来说也是挑战,特别是专业工作人员和稳定的运行经费两项要求。鉴于此,《公共图书馆法》也规定政府给予此类图书馆一定扶持。

## 2.2　政府积极调动社会力量参与的主要方式

《公共图书馆法》第四条规定县级以上人民政府应当积极调动社会力量参与公共图书馆建设,并按照国家有关规定给予政策扶持。2007 年以来,中央、地方出台了多项政策、法规,积极引导和鼓励社会力量参与公共图书馆建设,充分调动民间资本、人力、物力等投入到公共图书馆的建设、管理和服务中,拓展了社会力量参与的范围,丰富了社会力量参与的方式。

### 2.2.1　捐赠资金

《公共图书馆法》第六条规定:国家鼓励公民、法人和其他组织依法向公共图书馆捐赠;境外自然人、法人和其他组织可以依照有关法律、行政法规的规定,通过捐赠方式参与境内公共图书馆建设。国家鼓励社会力量捐资、捐建或与助建公共图书馆,2017 年 12 月 5 日开馆的福州市图书馆新馆由福耀集团董事长曹德旺捐资4 亿元兴建,这是社会力量捐赠资金参与公共图书馆建设的实践成果[3]。

### 2.2.2　资助活动、项目

资助活动是指社会力量通过提供人力、物力、财力,以冠名、宣传企业等形式,资助公共图书馆公益性文化活动,如超星集团资助大连图书馆等多家公共图书馆举办的"超星杯"数字阅读知识大赛等活动;资助项目是指社会力量通过捐助现金、物品,采取一次性或分期的方式,资助公共图书馆开展长期性项目[4],如北京律师协会与首都图书馆长期合作,由专业知识扎实、工作经验丰富的律师于每周三、周日面向市民开展免费法律咨询服务,提供切实的法律指导[5]。社会力量通过资助活动、项目等参与公共图书馆建设,既保障了社会公众平等地享受公共文化成果,又宣传了团队自身,产生了积极的社会影响力。

### 2.2.3　提供设施、产品

提供设施，是指社会力量通过免费或优惠方式，转借租赁自有设施支持公共图书馆建设，或开放自有文化设施向社会公众提供公益性文化服务，如张家港开展的"公益阅读吧"依托商店设施开展文献书籍的借还服务。提供产品，是指社会力量结合自身特点，通过提供（捐赠）与公共图书馆设施运行、活动开展、展览展示及艺术创作相关的装备、器材、耗材等产品的方式参与提供公共文化服务。如2017年6月开馆的东营党建图书馆及全市各级图书馆和乡镇（街道）综合文化站普遍建立的"党建专题图书馆（室）"是由东营市各级党委组织系统投入图书资源和设备建立的，创造了社会力量参与建设公共阅读体系的新形式[6]。

### 2.2.4　运营管理

文化部《关于鼓励和引导民间资本进入文化领域的实施意见》提出，鼓励公民、法人和其他组织依法参与公共文化设施的运营和管理。2016年7月新开放的北京市海淀区北部文化中心文化馆、图书馆通过公开招投标由两个企业进行全方位管理，成为完全实行社会化管理运营的大型公共文化设施[7]。公共图书馆社会化管理运营一方面发挥了企业机制灵活、执行力强的优势，另一方面创新了政府管理方式，缓解了公共图书馆编制短缺、人员老化等问题。

## 2.3　社会力量参与的其他形式

### 2.3.1　法人治理

《公共图书馆法》第二十三条规定，国家推动公共图书馆建立健全法人治理结构，吸收有关方面代表、专业人士和社会公众参与管理，这就为社会力量参与公共图书馆的决策提供了法律依据。浙江省温州市图书馆、广东省深圳图书馆等多所公共图书馆在探索建立法人治理结构、实行理事会制度方面积累了一定经验，为在全国范围内推动公共图书馆法人治理结构提供了参考和借鉴。同时，《公共图书馆法》关于法人治理的条款也留下了一定的探索空间，如怎样界定"有关方面代表、专业人士和社会公众"的资格、比例等，需要在后期改革进程中加以确定和完善[8]。

### 2.3.2　文化志愿服务

《公共图书馆法》第四十六条规定，国家鼓励公民参与公共图书馆志愿服务。公共图书馆开展志愿服务是为公众搭建了自主参与、自我服务、自我教育、自我实现、自我满足的新平台,丰富了公众参与公共文化服务建设的方式。同时,公共图书馆建立健全志愿服务制度,壮大志愿者队伍,能在一定程度上加强与公众的联系,增强公众对馆藏资源和服务内容的了解,补充公共图书馆的人力资源。广东省佛山市的自助图书馆"市民馆长"制度就充分发挥志愿者的积极性,通过遴选优秀文化志愿者成为智能图书馆"馆长",让公众参与决策实现管理,创新了基层公共图书馆的管理方式[9]。

### 2.3.3　公众参与公共图书馆的监督和考核

《公共图书馆法》第四十二条规定,公共图书馆应当听取读者意见,建立投诉渠道,完善反馈机制,接受社会监督;第四十七条规定,应当吸收社会公众参与对公共图书馆的服务质量和水平考核。社会力量参与监督和考核评估,从效能角度出发客观公正考评公共图书馆的服务能力,并将考核结果与补贴和奖励直接挂钩,这对于规范公共图书馆工作流程、完善服务机制、促进馆员提升信息服务能力和转变服务态度等具有积极作用。实践层面,深圳图书馆将 24 小时自助图书馆的效益评估委托给专门的评估公司;宁波市鄞州区引入第三方机构、社会志愿者和读者等社会力量对公共图书馆的建设、管理、运行、效能进行独立评价,均取得了良好效果。

## 3　社会力量参与的鼓励措施

### 3.1　政府购买服务

《公共图书馆法》第四十五条规定,国家采取政府购买服务等措施,对公民、法人和其他组织设立的公共图书馆提供服务给予扶持。其中,购买主体是承担提供公共文化与体育服务的各级行政机关,承接主体为公民、法人和其他组织设立的公共图书馆。购买的内容主要包括:公益性数字文化产品的制作与传播,全民阅读活动的组织与承办,公益性文化艺术培训和讲座的组织与承办,文化遗产保护、传承与展示,公共图书馆(室)、农家书屋等的运营和管理,公共电子阅览室、数字农家书屋等公共数字文化设施的运营和管理,民办图书馆面向社会提供的免费或低收费服务等[10]。

政府购买服务能够为社会力量设立的公共图书馆提供针对性的扶持,既可以保障其正常运营,持续供给公共文化产品和服务,也可以有效调动社会力量的积极性,扩大参与公共图书馆建设的范围。

### 3.2　捐赠者冠名制度

《公共图书馆法》第二十条规定,公民、法人和其他组织设立的公共图书馆可以以捐赠者的姓名、名称命名公共图书馆、公共图书馆馆舍或者其他设施。如刘石江农民书屋位于福建省宁德市寿宁县竹管垅乡竹管垅村,是刘石江个人创办的免费向公众开放的民办图书馆,至今已运行了43年[11];位于江苏省宿迁市当当全国客户服务中心的当当书吧是综合性电商企业当当网投资建设的精品公益性图书馆[12]。将捐赠者冠名制度上升到法律层面,充分肯定了参与公共图书馆建设的个人和企业的社会贡献,通过给予法律承认的社会荣誉调动起了社会力量出资捐赠、兴建公共图书馆的积极性。

《公共图书馆法》还规定,公共图书馆可以以捐赠者姓名、名称命名文献信息专藏或者专题活动,较知名的有无锡市图书馆的"荣氏文库"、湖南图书馆的"张舜徽先生专室"等。专藏或专题活动既突出了对文献捐赠者的尊重和鼓励,又借名人效应提升了特色馆藏的公众知晓度。

### 3.3　税收优惠

《公共图书馆法》第六条规定,国家鼓励公民、法人和其他组织依法向公共图书馆捐赠,并依法给予税收优惠;境外自然人、法人和其他组织可以依照有关法律、行政法规的规定,通过捐赠方式参与境内公共图书馆建设。财政部、中宣部制定的《关于进一步支持文化事业发展的若干经济政策》明确提出:对公益性图书馆的捐赠,经税务机关审核后,纳税人缴纳企业所得税时,在年度应纳税所得额10%以内的部分,可在计算应纳税所得额时予以扣除;纳税人缴纳个人所得税时,捐赠额未超过纳税人申报的应纳税所得额30%的部分,可从其应纳税所得额中扣除。《中华人民共和国公益事业捐赠法》第二十六条规定,境外向公益性社会团体和公益性非营利的事业单位捐赠的用于公益事业的物资,依照法律、行政法规的规定可减征或者免征进口关税和进口环节的增值税。这就从经济层面对支持公共图书馆建设的个人、企业给予了肯定和鼓励,有利于撬动社会资本推动公共图书馆事业的全面发展。

## 4　社会力量兴办公共图书馆的法律责任

国家鼓励和引导社会力量参与公共图书馆的建设,并不代表降低要求、放松监管。社会力量设立的公共图书馆在文献处置、文献信息提供和组织活动方面,同样需要遵守法律的相关规定。《公共图书馆法》规定,社会力量设立的公共图书馆如从事或允许其他组织、个人在馆内从事危害国家安全、损害社会公共利益的活动,由文化主管部门责令改正,没收违法所得;情节严重的责令停业整顿、关闭;对直接负责的主管人员和其他直接责任人依法追究法律责任。社会力量兴办的公共图书馆如果违规提供、处置文献信息,违反公共图书馆保护读者个人信息的规定,和政府举办的公共图书馆一样,需承担相应的法律责任。这些规定,体现了依法推动社会力量参与公共图书馆建设的思路。

**参考文献**

[1] 周玮.完善体系·健全制度·提升服务·鼓励共建——聚焦公共图书馆法草案四亮点[EB/OL].(2017－06－22)[2017－11－17].http://news.xinhuanet.com/politics/2017-06/22/c_1121193466.htm.

[2] 文化火种寻找之旅——民间公益图书馆事迹寻访录[EB/OL].(2017－11－17)[2017－11－17].http://www.mjtsg.org/listall.asp.

[3] 蒋巧玲.福州市图书馆今天正式开馆,由曹德旺捐资4亿元建设[EB/OL].(2017－12－05)[2018－01－09].http://www.fj.xinhuanet.com/yuanchuang/2017-12/05/c_1122063051.htm.

[4] 柳斌杰,雒树刚,袁曙宏.中华人民共和国公共文化服务保障法解读[M].北京:中国法制出版社,2017:193.

[5] 首都图书馆讲座:法律咨询活动[EB/OL].(2017－11－01)[2017－12－31].http://www.clcn.net.cn/modules/events/detail.php?event_id=2905.

[6] 东营党建图书馆体系建设简介[EB/OL].(2017－07－10)[2018－01－09].http://dongyingdj.gov.cn/index.php?g=&m=article&a=index&id=3334.

[7] 王艳洁.海淀北部文化中心进行全部托管,探索运营新机制[EB/OL].(2016－08－15)[2017－12－17].www.bjhd.gov.cn/xinwendongtai/minshengxinwen/201608/t20160815_1288656.htm.

[8] 范并思.依法运行、科学管理公共图书馆的基本依据——《中华人民共和国公共图书馆法》

解读[J].图书馆杂志,2017,36(11):12 - 14.

[9]［中期督查］文化志愿者"市民馆长"创新项目获专家点赞[EB/OL].(2017 - 07 - 02)［2018 - 01 - 09].http://mp.weixin.qq.com/s/X1s1Wvdq86uMjhC8Bd4Xgw.

[10] 国务院办公厅关于转发文化部等部门关于做好政府向社会力量购买公共文化服务工作意见的通知［EB/OL].(2015 - 05 - 11)［2017 - 12 - 17].http://www.gov.cn/zhengce/content/2015-05/11/content_9723.htm.

[11] 闫珺岩,刘娟.刘石江:在村里办起图书馆,坚守43 年［EB/OL].(2017 - 11 - 20)［2018 - 01 - 15].http://news.xinhuanet.com/mrdx/2017-11/20/c_136764554.htm.

[12] 侯苏雨.在当当感受"高颜值"书吧里的时尚书香［EB/OL].(2016 - 06 - 12)［2018 - 01 - 15].http://jssq.wenming.cn/wmdt/201606/t20160614_2622987.shtml.

原载《图书馆》2018 年 2 期

# 鼓励社会力量参与公共图书馆建设的制度创新

## ——捐赠者冠名制度

朱婧(北京大学信息管理系)

在政府主导的基础上引导和鼓励社会力量广泛参与,是我国公共文化服务体系建设长期倡导并坚持的方针。《公共图书馆法》首次规定了面向公共图书馆的捐赠者冠名制度,使得日后冠名行为有了法律依据,是引导与鼓励社会力量积极参与公共图书馆建设的有力举措。

## 1 捐赠者冠名制度的基本要素

公共图书馆的捐赠者冠名制度(第二十条)包含的基本要素有:

第一,公共图书馆可以以捐赠者姓名、名称命名文献信息专藏或者专题活动。本款内的公共图书馆既包括政府设立的,也包括公民、法人和其他组织设立的。冠名对捐赠者以及捐赠内容都有一定要求,并不是捐赠了文献或文物就能以捐赠者的姓名、名称命名。2015 年 1 月,宁波市鄞州区出台的《关于引导和鼓励地方名人捐赠家藏文献的实施办法》中规定,对捐赠者知名度较高,捐赠文献数量较多,历史文化价值较大的捐赠,在经区图书馆专家组认定后,可以采取冠名专柜或冠名专馆的方式入藏[1]。此实施办法对捐赠者、捐赠数量及捐赠价值作出了要求,达到一定水平才能冠名专柜或专馆。是否达到冠名要求,需要相关领域的专业人士进行研究认定。

第二,公民、法人和其他组织设立的公共图书馆,可以以捐赠者的姓名、名称命名公共图书馆、公共图书馆馆舍或者其他设施。本款不包含由政府设立的公共图书馆,其他设施指的是馆舍以外的其他设施设备、文献资源等。当前我国公共图书馆事业发展存在着不平衡不充分的问题,体现在地域发展不均及图书馆数量不足等方面。社会力量设立图书馆,有助于缓解上述问题,保障公民基本文化权益,提高公民科学文化素质和社会文明程度,推进全民阅读的发展。对于出钱、出物、出力的捐赠者,法律允许其冠名,这是对他们行为的嘉许。此措施也将激励更多的社会力量自设公共图书馆或向公共图书馆捐赠,激发社会活力,促进公共图书馆事业的发展。

第三,以捐赠者姓名、名称命名应当遵守有关法律、行政法规的规定,符合国家利益和社会公共利益,遵循公序良俗。本款规定了捐赠者姓名、名称命名所要遵循的原则。公共图书馆用冠名作为嘉许与激励,捐赠者也负有相应的义务,不可任意而为。捐赠者冠名早在我国其他法律条文中有所规定,如《中华人民共和国公益事业捐赠法》《中华人民共和国慈善法》《博物馆条例》。地方法规规章则有《广州市公共图书馆条例》《四川省华侨捐赠条例》《浙江省华侨捐赠条例》等。在法律明文规定之外,冠名还必须考虑到国家利益、社会公众利益、公共秩序和善良风俗。2011年,清华大学"真维斯楼"和暨南大学"富力教学大楼"引起了社会的广泛关注和讨论,这也从侧面反映出冠名必须慎之又慎。与高校教学楼相比,公共图书馆更具社会性、公共性,因此要严格把关,捐赠者冠名必须遵守法律,符合国家利益和社会公共利益,遵循公序良俗。

## 2　国内外公共图书馆冠名现状

### 2.1　国内现状

当前我国部分公共图书馆内专门设有名人特藏馆(室),以名人姓名命名,收集、保存、展示和该名人相关的文献或文物,形成了专藏,是公共图书馆的特色资源。无锡市图书馆的"荣氏文库"、南京图书馆的"戈宝权藏书室"、湖南图书馆的"张舜徽先生专室"、台州图书馆的"叶文玲文学馆"等都是名人特藏馆(室)的代表[2]。2012年,广东省立中山图书馆针对秦牧的藏书、文稿等进行整理,设立专柜,并常设"秦牧书屋"主题展区,展现秦牧生前写作、阅读的日常状态[3]。这类文献信息专藏和专题活动中,捐赠者捐赠的通常是文献资料或文物,图书馆以冠名纪念。

以人的姓名或名称冠名的图书馆有民国时期的松坡图书馆、薛仙舟图书馆、景堂图书馆、鸿英图书馆[4]，及现今位于崔永元口述历史中心的国卿传记馆等。景堂图书馆位于广东省江门市新会区，是爱国人士冯平山为纪念其父冯景堂而建，后为新会政府办的区县级公共图书馆。2012年，加拿大侨领霍宗杰捐资建成景堂图书馆"霍宗杰阅览室"[5]。景堂图书馆是香港及海外人士支持家乡图书馆事业发展的缩影，与其相类似的还有顺德梁銶琚图书馆以及位于开平市由家族创办的司徒氏通俗图书馆、关族图书馆等。

以企业名字冠名的公共图书馆则有湖南图书馆颐而康盲人图书馆，它是湖南图书馆和颐而康保健责任有限公司共同筹建的湖南省首家盲人图书馆，位于湖南图书馆阅览大楼内[6]。浙江嘉兴市南湖区庄史村和中法投资集团合作创建了"中法投资庄史村图书流通站"，该流通站是嘉兴图书馆总分馆制建设中规模最大的基层流通点，以"村企联动、冠名资助"的方式实现了总分馆资源的高度整合与共享[7]。

## 2.2 国外现状

在公民、法人和其他组织设立的公共图书馆中，国外影响较深远的是卡耐基图书馆。19世纪末20世纪初，慈善家安德鲁·卡耐基(Andrew Carnegie)捐赠超过4亿美元，在美国1412个社区建造了1679个公共图书馆。图书馆的建造需要满足一定条件，包括当地要提供合适的建造地址以及政府保证每年税收的至少10%用于支持图书馆的运行和发展[8]。建成的图书馆多数以卡耐基的名字冠名，主要有卡耐基图书馆(Carnegie Library)、卡耐基公共图书馆(Carnegie Public Library)和卡耐基免费图书馆(Carnegie Free Library)，加以地名用于区分，如匹兹堡卡耐基图书馆(Carnegie Library of Pittsburgh)[9]，拉沃尼亚卡耐基图书馆(Lavonia Carnegie Library)[10]。

美国波士顿公共图书馆的"美国银行金融与商务系列活动"(Bank of America Finance and Business Series)是公共图书馆的专题活动代表之一。该系列活动由美国银行赞助举办，以金融和商业为主题，开设课程和讲座，主要面向企业家、营销商、个人理财规划师等对相关方面感兴趣的人，公众只要登记报名便可以免费参加[11]。此类冠名专题活动彰显企业等组织的社会责任感，提升其影响力；拓宽了公共图书馆的资金来源，丰富服务内容，提高服务水平，使公众受益。

政府所设立的公共图书馆的馆舍也可以人名冠名。休斯敦公共图书馆系统内的两个馆舍所在建筑便是如此，为纪念休斯敦著名企业家、慈善家 J. H. 琼斯（Jesse H. Jones）和休斯敦公共图书馆第一位图书馆员茱莉亚·艾德森（Julia Ideson），图书馆所在的建筑分别以他们的名字命名[12]。

## 3  纪念性、表彰性冠名情况

尽管使用捐赠者名字、名称来命名馆名、馆舍、其他设施的规定只限于公民、法人和其他组织设立的公共图书馆，我们仍然能看到我国部分政府设立的公共图书馆使用人名来命名的情况，这类属于纪念性、表彰性冠名。

表1  使用人名命名的政府设立的公共图书馆

| 馆名 | 名字由来 |
| --- | --- |
| 韶山毛泽东图书馆 | 纪念毛泽东 |
| 衡东县荣桓图书馆 | 纪念罗荣桓 |
| 梅州市剑英图书馆 | 纪念叶剑英 |
| 广安市邓小平图书馆 | 纪念邓小平 |
| 广东省立中山图书馆 | 纪念孙中山 |
| 邵阳市松坡图书馆 | 纪念蔡锷（字松坡） |
| 佳县国桢图书馆 | 纪念乔国桢，陕西农民运动的开拓者、工人运动的领导者[13] |
| 米脂县斌丞图书馆 | 纪念杜斌丞，教育家、民主运动活动家、共产主义战士[14] |
| 绥德县子洲图书馆 | 纪念李子洲，中国共产党陕北革命创始人、革命先烈[15] |
| 黄陵县轩辕图书馆 | 纪念黄帝轩辕氏 |
| 韩城市司马迁图书馆 | 纪念司马迁 |
| 海盐县张元济图书馆 | 纪念张元济，近现代著名出版家和版本目录学家 |
| 隆回县魏源图书馆 | 纪念魏源，清代启蒙思想家、政治家、文学家 |
| 延安鲁迅图书馆 | 纪念鲁迅 |
| 金华市图书馆（严济慈图书馆） | 纪念严济慈，著名物理学家、教育家 |

续表

| 馆名 | 名字由来 |
|---|---|
| 南安市李成智公众图书馆 | 新加坡爱国侨胞李成智独资捐建[16] |
| 平江县图书馆<br>（欧阳遇图书馆） | 政府投资与美籍华人欧阳遇女士基金会捐款建立[17] |
| 榆林市星元图书楼 | 原名榆林县图书馆,后由榆林籍爱国人士胡星元捐资重新修建[18] |
| 上海田林街道社区图书馆<br>（浩清图书馆） | 香港爱国同胞刘浩清捐建[19] |
| 宁波市北仑区宗瑞图书馆 | 英籍华人、已故顾宗瑞先生之子顾国华、顾国和兄弟捐资兴建[20] |
| 佛山市禅城区图书馆<br>（苏李秀英图书馆） | 由原石湾区政府投资,香港苏李秀英女士捐赠兴建而成[21] |
| 开平市伟伦图书馆 | 由开平籍香港同胞利国伟博士与夫人易海伦的伟伦基金有限公司捐资、在市政府支持下建成[22] |
| 潮州市谢慧如图书馆 | 潮州市旅泰侨领谢慧如捐资续建该图书馆第二期工程[23] |
| 肇庆市高要区黎汉光图书馆 | 市政府投资和高要籍香港同胞黎汉光捐资建成[24] |
| 礼泉县靳宝善图书馆 | 美籍华人医学博士靳宝善投资兴建[25] |

　　表中公共图书馆的冠名者大致可分为两类:一是冠名者并非捐赠者,但他们对于当地乃至全国具有重大影响力;二是冠名者确是捐赠者,当地政府为彰表其举允许冠名。前一种情况里,冠名者在各自领域卓有成就,影响力巨大。以他们的名字命名图书馆,更多的是纪念性意义,表现该地与他们之间的特殊渊源,使得图书馆具有"名人效应",提高了知名度,吸引更多的读者访客。第二种情况里,冠名者基本上是祖籍为当地的华侨华人,以全部或部分捐资的形式促成图书馆的建成,图书馆冠名体现更多的是表彰性意义。这两种冠名情况先于《公共图书馆法》出现,但在法律规定中并没有体现。对于这种已存在的公共图书馆,以及之后政府设立的公共图书馆,捐赠者冠名,尤其是名人冠名的情况,需要更多的细则来对其进行规范。

　　捐赠者冠名早在我国高校中普及,如蒙民伟楼、嘉庚图书馆、李政道图书馆等。

社会上同样不乏被冠名的建筑设施：佛山石景宜刘紫英伉俪文化艺术馆、番禺英东体育场等。捐赠者冠名的提出在公共图书馆领域属制度创新，释放了社会力量的活力，使得社会力量参与我国公共图书馆事业发展"有法可依""有章可循""有名可冠"，积极性得到极大提高。不过在法律落地的过程中，还需制定细则来规定、指导"冠名"的具体实施，使得《公共图书馆法》能真正得到贯彻落实。

## 参考文献

[1] 宁波市鄞州区人民政府办公室关于印发鄞州区引导和鼓励地方名人捐赠家藏文献实施办法（试行）的通知[EB/OL].（2015 - 01 - 16）[2017 - 12 - 04]. http://www. nbyz. gov. cn/art/2015/1/16/art_93_112404. html.

[2] 陈路遥. 别有天地馆中室——图书馆"名人特藏馆（室）"建设现状及其人文价值[J]. 图书馆论坛,2015,35(7):79 - 82.

[3] 刘如娣. 图书馆名人捐赠整理经验试论——以广东省立中山图书馆秦牧捐赠整理为例[J]. 图书情报工作,2015,59(S1):72 - 74.

[4] 黄少明. 民国时期以个人名字命名的图书馆[J]. 黑龙江图书馆,1991(4):76 - 77.

[5] 景堂图书馆简介[EB/OL].（2016 - 03 - 31）[2017 - 12 - 10]. http://www. jtlib. net/news/2016331/n367018191. html.

[6] 湖南图书馆颐而康盲人图书馆简介[EB/OL].[2017 - 12 - 10]. http://www. library. hn. cn/dzfw/mrtsg/200910/t20091023_1736. htm.

[7] 张赞梅,代玉芬. 城乡一体化公共图书馆服务体系构建中的社会参与研究——基于嘉兴市的分析[J]. 图书馆,2013(2):15 - 18.

[8] Bobinski George-S. Carnegie Libraries:Their History and Impact on American Public Library Development[J]. ALA Bulletin,1968,62(11),1361 - 1367.

[9] Carnegie Library of Pittsburgh[EB/OL].[2017 - 12 - 01]. https://www. carnegielibrary. org/.

[10] Lavonia-Carnegie Library[EB/OL].[2017 - 12 - 01]. http://www. athenslibrary. org/lavonia.

[11] Bank of America Finance and Business Series[EB/OL].[2017 - 12 - 04]. http://www. bpl. org/bankofamerica/#/?i = 2.

[12] Library's Named Buildings[EB/OL].[2017 - 12 - 04]. http://houstonlibrary. org/librarys-named-buildings.

[13] 李林. 乔国桢[EB/OL].（2013 - 09 - 09）[2017 - 12 - 05]. http://www. sxsd. gov. cn/show.

action? c = 134&n = 13787.

［14］米脂县斌丞图书馆本馆介绍［EB/OL］. ［2017 – 12 – 05］. http://mizhi. sxplsc. org. cn/bgjs/
index. htm.

［15］子洲图书馆［EB/OL］. （2013 – 09 – 04）［2017 – 12 – 05］. http://www. sxsd. gov. cn/html/
zwzt/sdzhengx/wszjnr/13612/13612. html.

［16］南安市李成智图书馆［EB/OL］. （2012 – 10 – 22）［2017 – 12 – 05］. http://www. qzwgxj. gov.
cn/News/TSG/ShowInfo. asp? Id = 57.

［17］平江县图书馆概况［EB/OL］. ［2017 – 12 – 05］. http://tsg. pingjiang. com/page-1. htm.

［18］榆林市星元图书楼（图集）［EB/OL］. （2016 – 01 – 27）［2017 – 12 – 05］. http://www. sohu.
com/a/159323360_326722.

［19］上海各区县图书馆大全［EB/OL］. （2013 – 01 – 22）［2017 – 12 – 05］. http://sh. qq. com/a/
20130122/000523_1. htm.

［20］宁波市北仑区图书馆［EB/OL］. （2015 – 07 – 08）［2017 – 12 – 05］. http://www. zjwh. gov.
cn/fwxx/tswh/1nbs/30002. htm.

［21］禅城区图书馆［EB/OL］. ［2017 – 12 – 05］. http://www. fsunionlib. com/reader/libraryinfo.
aspx? lid = 4.

［22］图书馆简介［EB/OL］. （2012 – 04 – 02）［2017 – 12 – 05］. http://www. kplib. com/l_read-
news. asp? InfoId = 379&ClassId = 13&Topid = 34.

［23］潮州市图书馆. 本馆简介［EB/OL］. ［2017 – 12 – 05］. http://www. czlib. cn/node/394. jspx.

［24］广东省高要市图书馆［EB/OL］. （2006 – 02 – 03）［2017 – 12 – 05］. http://www. chnlib.
com/GongGongLib/guangdong/82. html.

［25］礼泉县靳宝善图书馆简介［EB/OL］. ［2017 – 12 – 05］. http://liquan. sxplsc. org. cn/bgjs/in-
dex. htm.

原载《图书馆》2018 年 1 期

# 公共图书馆服务的"免费"与"优惠"

刘晓东(北京大学信息管理系)

《中华人民共和国公共图书馆法》(以下简称《公共图书馆法》)规定公共图书馆向社会公众免费开放,《中华人民共和国公共文化服务保障法》(以下简称《公共文化服务保障法》)规定包括公共图书馆在内的公共文化设施向公众免费或者优惠开放。公共图书馆服务怎样理解和适用"免费"与"优惠"? 笔者有如下认识。

## 1 "二法"的关系

《公共文化服务保障法》是一部综合性、全局性、基础性法律,它构架起了我国公共文化服务的基本制度体系框架,其颁布标志着我国的公共文化服务开始走上了法制化的轨道[1]。《公共图书馆法》是图书馆领域的专门法律,对于指引我国公共图书馆事业发展方向,推动公共图书馆法制化、科学化进程具有重要作用。《公共文化服务保障法》与《公共图书馆法》是普通法与特别法的关系,按照《中华人民共和国立法法》第九十二条的规定,"同一机关制定的法律……特别规定与一般规定不一致的,适用特别规定",据此,在公共图书馆领域,优先适用《公共图书馆法》。

## 2 《公共图书馆法》对"免费"的规定

《公共图书馆法》把"向社会公众免费开放"写进了对公共图书馆的界定,从根本上明确了"免费"制度的基础性与重要性。关于"向社会公众免费开放"的具体内容,该法第三十三条作出明确规定,包括:(一)文献信息查询、借阅;(二)阅览

室、自习室等公共空间设施场地开放;(三)公益性讲座、阅读推广、培训、展览;
(四)国家规定的其他免费服务项目。其中,空间设施场地开放是免费开放的基
础,包括一般阅览室、少年儿童阅览室、多媒体阅览室(电子阅览室)、报告厅(培训
室、综合活动室)、自修室等的免费开放[2];与文献信息有关的查询、借阅、讲座、培
训等活动是公共图书馆的基础服务项目,是实现公共文化服务均等化的重要步骤;
其他免费服务项目主要指为保障基本职能实现的一些辅助性服务配套管理服务,
如办证、验证及存包等[2]。

公共图书馆免费提供的这些服务主要是为了保障社会公众平等享有文化成
果,实现公共图书馆的"社会教育"职能。根据法律的规定,公共图书馆面向所有
社会公众开放,为其提供阅读、学习所需的文献资料和设施、设备等,开展基础服务
和辅助性服务保障公众基本阅读权益,开展形式多样的社会教育活动提高公民素
质,帮助公众实现自我教育、自我提升,依托公共图书馆实现信息交流与信息共享。
法律明确了免费开放的对象、内容、方式和特点,是公共图书馆"平等、开放、共享"
服务理念的集中体现。

## 3　国外公共图书馆优惠收费的规定与实践

公共图书馆的免费开放已经成为国际共识,许多国家都通过制定法律和配套
规章建立公共图书馆的免费服务制度。而另一方面,国外公共图书馆也长期、普遍
存在优惠收费的服务项目。

### 3.1　信息资源利用收费

#### 3.1.1　资源使用费

如韩国《图书馆法实施令》(总统令第 24453 号)规定公共图书馆可向读者收
取数据库使用费[3]24-25。英国什鲁斯伯里图书馆(Shrewsbury Library)规定,普通民
众借阅 DVD、CD、含磁带或 CD 的有声书、语言课程书则需支付 1—2.5 英镑不等的
费用[4]。

#### 3.1.2　资料复印费

韩国图书馆法实施令规定公共图书馆可向读者收取馆藏文献复印费[3]24-25。

日本《国立国会图书馆法》（2012 年 6 月 22 日第 32 号法律）规定馆长可根据实际情况收取一定的复印费用，也可将相关复印事务的一部分委托给不以营利为目的的法人[5]。日本秋田县立图书馆针对黑白打印、彩色打印和缩微打印等不同类型收取 10—80 日元/页不等的复印费用[6]。

### 3.2　设施、场地使用收费

加拿大《公共图书馆法》允许图书馆委员会对"使用公共图书馆建筑中的非公共区域"收费[3]447；英国《公共图书馆与博物馆法》规定地方政府可以针对教育或文化活动使用馆舍收取或者授权收取入场费[7]。

### 3.3　非基本服务项目收费

#### 3.3.1　深度参考咨询服务收费

多指公共图书馆为有特殊研究需求的读者及机构提供的增值性、知识性服务。美国国会图书馆提供的"联邦图书馆和信息网络项目"（亦称 FEDLINK 项目）是由图书馆员代表政府提供商业信息采购、多种形式的出版物以及图书馆支撑服务，相关会计服务，相关教育、信息和支撑服务等内容；"联邦研究项目"则是由图书馆员为政府提供的研究报告、翻译出版物以及分析研究等内容，两者均为收费服务项目[3]519-523。美国纽约公共图书馆的研究服务为有特殊信息需求人员、不能到馆的用户提供打印文件、缩微文件和电子资源，并收取 40—200 美元/小时的价格[8]。

#### 3.3.2　服务手续费

韩国图书馆法实施令规定公共图书馆可向读者收取会员证颁发手续费、培训及教育费等[3]24-25。美国纽约公共图书馆向有特殊需求的用户收取文献传递费用，按获取文献的数量和时长不同收取 25—75 元不等的费用；对于特殊文献（手稿、特藏等）的扫描和复制，需要工作人员打开保护设备，以更细致的操作完成，故收取 40 美元/小时的服务费[9]。

#### 3.3.3　纪念品销售

如美国国会图书馆由于建筑特色、地理位置、历史渊源等特殊性兼具了游览功能，美国《国会图书馆法》中规定国会图书馆的馆藏、展览、表演以及特殊事件有关的纪念品店或其他物品销售的运营允许面向用户收费[3]519-523。

### 3.4　针对不同人群的区别收费

国外常见的区别性收费如公共图书馆针对非会员或非服务区域内用户收取使用费等,这体现出纳税人和非纳税人的区别。英国的《公共图书馆与博物馆法》规定图书馆主管机构的职能不包括为不在本服务区内居住、工作的人或者不在本服务区内接受全日制教育的人提供类似设施[7]。另一方面,公共图书馆也针对特殊人群提供全免费服务,如英国什鲁斯伯里图书馆(Shrewsbury Library)就对特殊人群(如肢体残疾或其他类型残疾、有学习障碍或阅读障碍的人士、从事特殊职业的人群)发放优惠卡,持卡用户可以免费享受公共图书馆的所有服务[4]。

### 3.5　私立公共图书馆收费

私立公共图书馆,一般认为是由公民、法人、其他组织设置的并面向公众开放的图书馆。私立公共图书馆多为自愿设立、自主管理、自筹经费,因此,为保障图书馆事业的持续、稳定发展而收取部分入馆费、服务费、使用费的制度等也为部分国家的用户所认可。如日本《图书馆法》、韩国图书馆法实施令都明确规定私立图书馆可征收入馆费及资料利用费。

## 4　我国公共图书馆的优惠服务及其规范

依据《公共文化服务保障法》的规定,我国的公共图书馆在全面落实《公共图书馆法》免费开放规定的基础上,可以适当开展优惠收费服务,即降低收费标准,按照成本价格为群众提供服务[2]。这就要求我们在后续工作中明确优惠服务的项目及其规范。

### 4.1　公共图书馆优惠收费的项目

根据公共图书馆的功能特点、国外实践经验,目前阶段可以优惠收费形式提供的服务项目主要包括:

4.1.1　资料复印收费

如对手稿、特藏等特殊资源的复印、打印和缩印;对普通书籍、期刊文献、未公开发布内容的复印、打印(须遵《中华人民共和国著作权法》相关规定)。

4.1.2　多样化、个性化服务收费

如面向特定人群的高端讲座、体验型互动性服务的耗材收费、兴趣或技能培训等。

### 4.1.3　深度参考咨询服务收费

如用以支持研究提供的收集专题信息,编写参考数据,代查、代译,专业知识参考咨询,决策指导、战略分析等服务。

### 4.1.4　设施、场地使用收费

公共图书馆的设施、场地在满足公益服务需要的前提下,提供给社会性机构、组织举办与公共图书馆社会功能相适应的各类活动,如学术会议、展览、培训等,可以适当收费。

## 4.2　公共图书馆优惠收费的规范

优惠收费工作需要严格的规范。"二法"对于应当免费提供的服务收费或者变相收费的行为作出了处罚规定,公共文化服务保障法对于优惠收费的程序和用途也作出了明确规定。这为公共图书馆的优惠开放服务划定了底线,指明了方向。

### 4.2.1　严格收费程序

《公共文化服务保障法》规定公共文化设施开放或者提供培训服务等收取费用的,应当报经县级以上人民政府有关部门批准(第三十一条)。这就要求公共图书馆应当事前将收费项目、标准、规模等情况,如实向县级以上人民政府的文化主管部门和物价管理部门提出申报,经核准后实施收费[10],确保将各类优惠服务收费标准、收费规模控制在合理范围之内。

### 4.2.2　严管收费用途

《公共文化服务保障法》规定公共图书馆开展优惠服务收取的费用应当用于公共文化设施的维护、管理和事业发展,不得挪作他用(第三十一条)。这就要求公共图书馆开展的配套收费服务或者增值服务所收取的资金,应按相关规定纳入监管,并在当地文化主管部门和财政部门指导和监督下,合理用于公共图书馆的维护、管理和事业发展,如设施维护、设备添置、资源采购、服务推广、专业研究、业务交流、品牌建设、人员培训等[10]。

### 4.2.3　公开收费规则

按照《公共文化服务保障法》和文化部、财政部《关于推进全国美术馆、公共图书馆、文化馆(站)免费开放工作的意见》的要求,公共图书馆应当公示服务项目。

公共图书馆除公示免费开放内容外,也应将收费项目、收费额度、豁免方式等向社会公布,使公众能够了解收费的具体情况,接受公众监督[11]。

### 4.2.4　动态调整收费方案

收费方案应定期调整,根据服务内容、服务手段、服务条件、人员、地点的变化进行及时调整,推进优惠服务向基本服务转变,实现优惠服务随公众文化需求的变化而动态调整。

### 参考文献

[1] 李国新.公共文化服务保障法的制度构建与实现路径[J].图书情报工作,2017,61(16):8-14.

[2] 文化部、财政部关于推进全国美术馆、公共图书馆、文化馆(站)免费开放工作的意见[EB/OL].[2018-04-30].http://zwgk.mcprc.gov.cn/auto255/201102/t20110210_465998.html.

[3] 卢海燕.国外图书馆法律选编[M].北京:知识产权出版社,2014.

[4] 英国什鲁斯伯里图书馆—价格与会员卡[EB/OL].[2018-04-16].http://www.shrop-shire.gov.uk/libraries/prices-and-pins/.

[5] 日本图书馆法[EB/OL].[2018-04-16].www.jla.or.jp/portals/0/html/law-e.html.

[6] 秋田县立图书馆—使用指南—资料复印[EB/OL].[2018-04-16].http://www.apl.pref.akita.jp/guide/riyou.html.

[7] 英国公共图书馆与博物馆法[EB/OL].[2018-04-16].http://www.legislation.gov.uk/uk-pga/1964/75/contents.

[8] 美国纽约公共图书馆—研究服务[EB/OL].[2018-04-16].https://www.nypl.org/help/get-what-you-need/research-services.

[9] 美国纽约公共图书馆—文献传递费用[EB/OL].[2018-04-16].https://www.nypl.org/help/get-what-you-need/document-delivery-fees.

[10] 柳斌杰,雒树刚,袁曙宏.中华人民共和国公共文化服务保障法解读[M].北京:中国法制出版社,2017:142-148.

[11] 李国新,段明莲.国外公共图书馆法研究[M].北京:国家图书馆出版社,2013:59-60.

原载《图书馆》2018年7期

# 公共图书馆开放时间：走向规范化、法制化

陆金燕(西北师范大学)

新颁布的《中华人民共和国公共图书馆法》(下文简称《公共图书馆法》)对我国公共图书馆的设立、运行、服务、法律责任等做了详细规定。服务方面，要求公共图书馆秉承平等、开放、共享的原则提供专业服务，满足多方需求。在服务的众多因素中，开放时间也是衡量公共图书馆服务效能的一个重要指标。《公共图书馆法》的出台，为公共图书馆开放时间走向规范化、制度化提供了法律保障。

《公共图书馆法》第三十八条规定："公共图书馆应当通过其网站或者其他方式向社会公告本馆的服务内容、开放时间、借阅规则等；因故闭馆或者更改开放时间的，除不可抗力外，应当提前公告。公共图书馆在公休日应当开放，在国家法定节假日应当有开放时间。"

## 1  服务公示中的开放时间

法律规定公共图书馆必须公示的内容，包括服务内容、开放时间、借阅规则、告知对象及告知方式。

服务内容。根据本法第三十三条规定，公共图书馆需免费提供的服务包括："文献信息查询、借阅；阅览室、自习室等公共空间设施场地开放；公益性讲座、阅读推广、培训、展览；国家规定的其他免费服务项目。"公共图书馆向社会公众提供的服务是平等的、开放的、共享的。

开放时间。开放时间要遵循足额、错时原则。"所谓足额，是说开放时间应满足规定的时间长度。"[1]在 2012 年 5 月发布的《公共图书馆服务规范》中，第 6.1.1

节规定:"公共图书馆应有固定的开放时间,双休日应对外开放。其中省级馆每周开放时间不少于 64 小时;地级馆每周开放时间不少于 60 小时;县级馆每周开放时间不少于 56 小时。各级独立建制的少年儿童图书馆每周开放时间不少于 40 小时。"[2]所谓错时,是指开放时间应尽量避免与读者一般的工作时间完全相同,确保读者在闲暇时间有利用图书馆的机会。

目前,我国各公共图书馆的开馆时间略有不同,以省级馆、地级馆、县级馆、少儿馆抽取的样本为例,如表 1 所示。

**表 1　部分各级公共图书馆开馆时间表**

| 级别分类 | 图书馆名称 | 开放时间 | 周开放时长 |
|---|---|---|---|
| 省级图书馆 | 首都图书馆 | 周一至周日　9:00—19:30 | 70.5 小时 |
|  | 上海图书馆 | 周一至周日　8:30—20:30 | 84 小时 |
|  | 海南省图书馆 | 周一至周日　9:00—20:30<br>每周五下午闭馆 | 72 小时 |
| 地级图书馆 | 广州图书馆 | 9:00—21:00,每周三闭馆 | 84 小时 |
|  | 沈阳市图书馆 | 周二至周日<br>夏季:8:30—19:00<br>冬季:8:30—18:30 | 夏季 72 小时<br>冬季 65 小时 |
|  | 苏州图书馆 | 周一至周日　9:00—21:00 | 84 小时 |
| 县级图书馆 | 阳江市图书馆 | 周二至周日<br>上午 8:30—12:00<br>下午 14:30—17:30<br>晚上 19:00—21:00 | 51 小时 |
|  | 余姚图书馆 | 周二至周日<br>上午　8:00—11:30<br>下午　13:30—17:00<br>晚上　18:30—21:00 | 57 小时 |
|  | 楚雄市图书馆 | 周一至周日　8:00—18:00<br>每周三上午闭馆 | 65 小时 |

续表

| 级别分类 | 图书馆名称 | 开放时间 | 周开放时长 |
|---|---|---|---|
| 少年儿童图书馆 | 合肥市<br>少年儿童图书馆 | 周三至周五<br>9:00—12:30;14:30—18:00<br>周六、周日　8:30—18:00 | 40 小时 |
| | 南宁市<br>少年儿童图书馆 | 周六至周四　9:00—18:00 | 54 小时 |
| | 武汉市<br>少年儿童图书馆 | 周二至周五 10:00—18:00<br>周六、周日　9:00—17:30 | 49 小时 |

从表 1 可以看出,样本中公共图书馆的开馆时间均符合足额、错时原则,达到了法律规范的要求。但除了表中所列举,其他有个别图书馆开放时间未达要求。截至 2017 年 12 月 10 日,某省级公共图书馆网站主页显示开馆时间为周二至周日,9:00—17:30,周开馆时长只有 51 个小时,远比规定的省级馆每周开放时间不少于 64 小时要少得多。

借阅规则。公共图书馆的借阅规则包括借阅手续、借阅册数、借阅期限、逾期处理、赔偿规定、文明公约等。借阅规则明确了读者享有的权限,也对读者遵守规则作出了要求。

告知对象与告知方式。告知的对象是社会公众,非本馆职工、非小范围群体,因此,告知的方式应是公开的。公共图书馆应通过其网站及其他方式如微博、微信公众号、宣传栏、报纸媒介等向社会公告本馆的服务事宜,提高公众知晓度。因故闭馆或者更改开放时间的,除不可抗力之外,应提前公告。因故闭馆的情况诸如区域调整、系统升级、临时修缮。不可抗力,根据我国《民法通则》第一百五十三条规定指"不能预见、不能避免并不能克服的客观情况。"[3] 提前公告,在提前的时效上,《公共文化体育设施条例》第十八条作了规定,"公共文化体育设施因维修等原因需要暂时停止开放的,应当提前七天向公众公示。"[4]

公共图书馆是我国公共文化服务体系的重要组成部分,服务项目、开放时间等除了《公共图书馆法》的规定外,《公共文化服务保障法》第三十一条也提到了:"公共文化设施管理单位应当公示服务项目和开放时间;临时停止开放的,应当及时公告。"[5]公共文化设施包含图书馆(《公共文化服务保障法》第十四条作了界定)，因此，公共图书馆的行为准则也要参照《公共文化服务保障法》的要求。

## 2　公休日和法定节假日的开放时间

科学的开放时间是保证用户有效利用图书馆的前提，也是衡量图书馆服务效能的重要指标之一。在工作日之外，法律规定了公休日和法定节假日的开放时间，从以人为本的理念出发，用法制手段最大化地满足人民群众的文化需求。

公休日应当开放。"公休日"也称"公休假日"，指法律或者依据法律规定的每工作一定时间后的休息时间。通常来讲，公休日就是周六周日。"应当"，在法律上讲就是"必须"。因此，公共图书馆在周六周日必须开放。只开放周六或周日的某一天不行，缩短开放时间也不行，需同周内正常开馆。公休日必须开馆，但并不等同一周七天都要开馆。各个公共图书馆可以根据本馆实际在工作日作适当调整，如天津图书馆、沈阳市图书馆每周一上午闭馆；南京图书馆、深圳图书馆每周一闭馆，周二至周日开馆；广州图书馆每周三闭馆，其余时间正常开馆。工作日调休闭馆，一是可以进行网络维护设备检修，二是平衡馆员的休假权益。当然，也有部分公共图书馆周一至周日均开馆，如首都图书馆、上海图书馆、成都市图书馆，周开放时间长达七八十个小时。

国家法定节假日应当有开放时间。根据国务院发布的《全国年节及纪念日放假办法》规定，我国法定节假日包括三类："全体公民放假的节日(新年、春节、清明节、劳动节、端午节、中秋节、国庆节)；部分公民放假的节日及纪念日(妇女节、青年节、儿童节、中国人民解放军纪念日)；少数民族习惯的节日。"[6]本法中法定节假日指全体公民放假的节日。"应当有"，是指开放时间可以有弹性，范围区域可以做调整。比如春节有3天法定假日，公共图书馆不能3天都闭馆，但可以通过减少开放天数、缩短日开放时间、关闭部分区域的方式调整本馆的时间安排。减少开放天数，如开2天闭1天、开1天闭2天；缩短日开放时间，目前国内大多公共图书馆在法定节假日的开馆时间一般为7小时/天，较工作日12小时/天的时间要短；关闭部分区域，可以关闭古籍部、工具书阅览区等读者相对较少的片区，只开放大厅及常用区域。国家法定节假日往往是人们团圆相聚、访亲会友、休息或出游的时候,到访图书馆的读者较少。适时调整开放时间,既能满足人民群众使用图书馆的需求,也从人文关怀的角度保障了图书馆员的休息权。图书馆员工作与休息的权益,应体现社会的进步,符合社会伦理。在全民皆休的假日,图书馆员作为社会成员的一分子,也有着人伦亲情、身心放松的需要,非调休可以替代。

在20世纪末,我国出现了全年开放不闭馆的公共图书馆,有人拍手叫好,有人发文反对。相比于以往实行的机关坐班制,公共图书馆的开放时间往往与读者工作时间重叠,常常是"读者上班我开馆,读者下班我闭馆,读者休息我休息"的状况。365日天天开馆呼声的出现,在当时的社会背景下,是对服务观念的一种破除与创新。它打破了服务行政化、服务淡薄化的状态,而迎来一种崭新的服务理念。从这个意义上说,全年无休开馆,在特殊的时代里有其时代的进步性。但从更符合现实的角度出发,从公众需求、公共资源投入产出效益、维护馆员休息伦理等因素考虑,没有必要也不可能所有公共图书馆全天24小时、全年无休开馆。作为公益性服务机构,公共图书馆应以保障基本权益、满足基本需求为基础,而不是满足所有人的所有需求。正如北京大学信息管理系教授李国新所说"公共图书馆的开馆天数和开放时间,应在综合考虑方便公众利用、投入产出效益、资源条件制约、持续稳定运营的基础上,因地制宜、因馆制宜地加以确定。"[7]现如今我国公共图书馆开放时间延长已成日常,也应适时参照国际通行,走向理性化、规律化。

## 3 法律责任

《公共图书馆法》规范了公共图书馆的行为,与此相呼应的,《公共文化服务保障法》也设立了条文保障公共文化服务规范运行。"《公共文化服务保障法》是公共文化领域的综合性、全局性和基础性的法律,《公共图书馆法》是关于公共文化领域中的单一领域的专门性法律。"[8]两者一道,为我们提供了公共服务规范运行有法可依、有法必依的根据。

以上两部法律,对公共图书馆服务项目、开馆时间等事项都作出了硬性规定,未按法律条款执行的,将处以相应的责罚。《公共图书馆法》第五十条规定:"公共图书馆及其工作人员有下列行为之一的,由文化主管部门责令改正,没收违法所得:……(五)其他不履行本法规定的公共图书馆服务要求的行为。""公共图书馆及其工作人员有前两款规定行为的,对直接负责的主管人员和其他直接责任人员依法追究法律责任。"《公共文化服务保障法》第六十一条:"违反本法规定,公共文化设施管理单位有下列情形之一的,由其主管部门责令限期改正;造成严重后果的,对直接负责的主管人员和其他直接责任人员,依法给予处分:(一)未按照规定对公众开放的;(二)未公示服务项目、开放时间等事项的。"

以上条款的责任追究,其法律措施为责令限期改正、依法处分责任人员。未履行职责、未按规定开放和公示的,责令限期改正;履行职责但违规的,责任较轻的限期改正,情节严重的给予处分。图书馆属于事业单位,对事业单位工作人员的处分,参照《行政机关公务员处分条例》的有关规定办理,处分方式包括警告、记过、记大过、降级、撤职、开除。透过《公共图书馆法》责罚条款的说明,可以看出,当问题出现的时候,不应简单闭馆或停业整顿,而应追究相关人员责任,依法给予处分。因为公共图书馆关闭或停止服务,损害的是社会公众的利益,不能以政府停止履行提供基本公共服务的责任、损害公众利益为代价来惩罚政府设立的公共图书馆的违法行为。

## 4　结语

"新颁布的《公共图书馆法》体现了新时代中国特色社会主义文化的制度优势。"[9] 服务是公共图书馆的立身之本,开放时间是服务的基石。法律用明文条款赋予了开放时间规范性和制度性,在制度的保障中,公共图书馆服务将会走得更远、更好。

但《公共图书馆法》的表述仍有小小的不足,以本文论及的开放时间为例,条款中"公共图书馆在公休日应当开放,在国家法定节假日应当有开放时间"。这句话开头如若加上限定语,改成"政府设立的公共图书馆在公休日应当开放,在国家法定节假日应当有开放时间"。想必会更好、更精准。政府设立的公共图书馆和社会力量举办的图书馆,公示服务内容、开放时间等是必要的,但公休日和节假日是否都必须开放,则不宜一概而论。政府从资金投入、人员配备上给了政府设立的公共图书馆更多的保障,对社会力量办的图书馆暂未能给予同等的支持,若像要求政府设立的公共图书馆那样去要求社会力量办的图书馆,怕是难以实现。对社会力量举办的图书馆的更多细节,法律还有待进一步的规定。

## 参考文献

[1] 柳斌杰,雒树刚,袁曙宏.中华人民共和国公共文化服务保障法解读[M].北京:中国法制出版社,2017:149.

[2] 国家质量监督检验总局,标准化管理委员会.公共图书馆服务规范(GB/T28220—2011)[S/OL].(2014 – 06 – 18)[2017 – 11 – 10]http://www.mcprc.gov.cn/whzx/bnsjdt/ggwhs/201407/t20140704_434289.html.

[3] 中华人民共和国民法通则[EB/OL].(2000 – 12 – 06)[2017 – 11 – 25]http://www.npc.gov.cn/wxzl/wxzl/2000-12/06/content_4470.htm.

[4] 公共文化体育设施条例[EB/OL].(2005 – 05 – 23)[2017 – 12 – 08]http://www.gov.cn/zwgk/2005-05/23/content_157.htm.

[5] 中华人民共和国公共文化服务保障法[EB/OL].(2016 – 12 – 25)[2017 – 12 – 02]http://www.npc.gov.cn/npc/xinwen/2016-12/25/content_2004880.htm.

[6] 全国年节及纪念日放假办法[EB/OL].(2008 – 02 – 26)[2017 – 12 – 11]http://www.gov.cn/test/2008-02/26/content_901723.htm.

[7] 李国新.公共图书馆开放时间与馆员休假形态研究——考察日本公共图书馆的思考[J].图书馆建设,2009(3):79 – 82.

[8] 柯平.《公共图书馆法》的时代性和专业性[J].图书馆杂志,2017(11):7 – 11.

[9] 吴建中.夯实人民群众对公益性公共文化服务的获得感[J].图书馆杂志,2017(11):6.

*原载《图书馆》2018 年 1 期*

# 《公共图书馆法》未成年人服务条款：
# 基于托马斯"五因素"理论的阐释

张丽（北京语言大学）

　　《公共图书馆法》呼应新时代社会主要矛盾转化的历史要求，着力解决文化需求保障不平衡不充分的问题，未成年人作为人群服务均等化的重点关注对象出现在立法中。本文基于美国学者托马斯提出的儿童图书馆服务专业化的"五个专门"因素，聚焦《公共图书馆法》中的未成年人服务条款进行研究性阐释。

## 1　公共图书馆未成年人服务发展进程：从忽视到正视再到重视

　　无论在东方还是西方，公共图书馆的未成年人服务都不是从来就有的，未成年人曾长期被排斥在图书馆服务之外。早期，人们对于儿童缺乏正确的认识，年龄的概念在人们的头脑中是模糊的。在西方，儿童被看作是发育完成了的微型成人；在中国，儿童被看作是缩小的成人。周作人曾说："中国向来对于儿童，没有正当的理解……不是将他作当作缩小的成人，拿'圣经贤传'尽量的灌下去，便将他看作不完全的小人，说小孩懂得甚么，一笔抹杀，不去理他。"[1]那时在图书馆员的眼中，儿童活泼、好动的性格与"安静、整洁"的公共图书馆形象是格格不入的，因此，通过年龄门槛将儿童拦在公共图书馆门外是常见的现象。

　　伴随西方文艺复兴的兴起，人们开始认识到儿童与成人的不同，儿童本位观逐步形成，各个领域开始将儿童单独区分开来，出现了儿童医院、儿童公园、儿童剧院等，公共图书馆的大门也开始向儿童敞开，不过此时的图书馆都会设定儿童的入馆年龄，儿童进出图书馆需接受严格的监督，借阅图书也必须在父母的陪同下才能完成[2]。在中国，五四新文化运动促进了人的发现，而人的发现归根结底要看处于社会结构最底层的人,只有当处于弱势地位的妇女和儿童的个体独立价值被肯定的时候,人的发现才是完整的。先觉者开始将目光投向儿童,作为人生命中独特阶段,儿童的本能和本性得到了社会的重视,"儿童本位"的儿童观在中国形成[3]。

伴随儿童的发现和儿童权利意识的崛起,儿童本位观开始形成,儿童阅读作为人生阅读的起点受到重视,未成年人成为公共图书服务的一类重要而特殊的群体。伴随儿童优先、儿童利益最大化原则的提出,未成年人作为弱势群体的代表成为公共图书馆服务的重要组成部分。

公共图书馆未成年人服务的发展过程就是儿童被不断发现的过程,可以说没有对儿童的认识和儿童观的形成,图书馆的未成年人服务不可能从其他群体服务中凸显出来。与儿童逐步被发现的过程一样,公共图书馆未成年人服务走过了由忽视、正视再到重视的一段漫长历程。

## 2    公共图书馆未成年人服务的政策演进

未成年人服务逐步发展成为公共图书馆服务的重要组成部分之后,未成年人服务条款开始出现在国内外公共图书馆与公共文化的相关政策中。

### 2.1    国际图书馆界政策法规中的未成年人服务条款

国际图书馆界最有影响的两部纲领性文件——《公共图书馆宣言》和《图书馆权利宣言》,均涉及未成年人,提出了"取消年龄限制"的主张,保障未成年人与成年人一样平等享有图书馆的权利。"公共图书馆应不分年龄、种族、性别、宗教、国籍、语言或社会地位,向所有的人提供平等的服务"〔《公共图书馆宣言》(1994 年版)〕[4];"个人利用图书馆的权利不应因为出身、年龄、背景或观点的原因而受到拒绝或消减"(《图书馆权利宣言》第 5 条)。通过这两份文件的广泛传播和影响,年龄不再成为限制未成年人进入和使用图书馆的障碍。取消年龄限制的理念得以在公共图书馆领域普及。

此外,《公共图书馆宣言》提出的十二项使命中有两项与未成年人密切相关——"从小培养和加强儿童的阅读习惯"和"激发儿童与青年的想象力和创造力",前者更是被列为公共图书馆十二项使命之首。《图书馆权利宣言》二十一个配套性解释文件中与儿童和青少年图书馆服务相关的就有四个:《儿童和青少年利用非印刷资料》(Access for Children and Young Adult to Nonprint Materials)、《学校图书馆媒体计划中资源与服务的利用》(Access to Resources and Services in the School Library Media Program)、《未成年人自由利用图书馆》(Free Access to Library for Minors)、《未成年人与网络的互动性》(Minors and Internet Interactivity)[5]。这四个阐释性文件分别从不同角度对未成年人服务提供了政策保障。

国际图书馆界另一个对未成年人服务产生较大影响的文件是国际图联出台的三部未成年人图书馆服务指南(《婴幼儿和蹒跚学步儿童图书馆服务指南》《儿童图书馆服务指南》《青少年图书馆服务指南》),专门针对未成年人制定,并细分为婴儿和学步儿、儿童和青少年三个群体。三部指南分别从馆员、经费、资料、空间、服务、合作网络、宣传、评估等角度论述如何来提高和改善三类人群的服务。

## 2.2　我国公共图书馆与公共文化政策中的未成年人服务条款

我国图书馆政策文件中最早提及未成年人且对我国少儿图书馆事业发展产生重要影响的是20世纪80年代颁布的两个文件:一个是1980年5月26日中央书记处第23次会议通过的《图书馆工作汇报纲领》,另一个是1981年7月24日国务院办公厅转发的文化部、教育部、共青团中央《关于全国少年儿童图书馆工作座谈会的情况报告》(国办发〔1982〕62号)。两个文件中都明确指出"要在中等以上的大城市建立少年儿童图书馆,凡新建公共图书馆要考虑儿童阅读设施的安排"[6][7]。两个文件的出台对未成年人服务空间的设置提供保障,带来了我国少儿图书馆事业发展的一个高潮。

2008年颁布的《公共图书馆建设标准》(建标108—2008)第二十二条规定,"少年儿童图书馆的建筑面积指标包括在各级公共图书馆总建筑面积指标之内,可以独立建设,也可以合并建设。独立建设的少年儿童图书馆,其建筑面积应依据服务的少年儿童人口数量确定;合并建设的公共图书馆,专门用于少年儿童的藏书与借阅区面积之和应控制在藏书和借阅区总面积的10%—20%[8]。"这是我国首次对少儿阅览空间面积的量化表述,规定应根据服务人口的数量来确定阅览空间面积的大小。

2010年文化部《关于进一步加强少年儿童图书馆建设工作的意见》是专门针

对少年儿童图书馆建设的文件,提出要在政策、经费投入、人才培养等方面予以重点支持,促进少年儿童图书馆事业的快速发展。2011 年国务院发布《中国儿童发展纲要(2011—2020)》,确立了儿童优先的服务原则。在此原则的指导下,《纲要》指出要不断完善公共图书馆未成年人服务体系,增加社区图书馆和农村流动图书馆数量,公共图书馆设儿童阅览室或读书角,有条件的县(市、区)建儿童图书馆[9]。2015 年初,中共中央办公厅、国务院办公厅印发《关于加快构建现代公共文化服务体系的意见》,将儿童与农民工群体、农村留守妇女、老人一起作为具有时代特点的特殊群体,要求公共图书馆创造出具有针对性的服务内容与方式,并将学龄前儿童基础阅读促进工作作为公共图书馆在"十三五"时期的任务部署,凝练成相关项目并加以落实。2016 年 12 月 25 日,《中华人民共和国公共文化服务保障法》获得表决通过,未成年人作为公共文化服务的特殊人群被提及,第九条规定"各级人民政府应当根据未成年人、老年人、残疾人和流动人口等群体的特点与需求,提供相应的公共文化服务"。我国已经颁布实施的主要公共图书馆和公共文化政策和文件分别从空间设置、面积大小、经费投入、人才培养等方面对未成年人服务进行规定,在儿童优先原则的指导下,未成年人作为弱势群体的代表,已经成为公共图书馆与公共文化政策制定中优先考虑和必不可少的一类特殊人群。

## 3 《公共图书馆法》中的未成年人服务条款

《公共图书馆法》中的未成年人服务条款的设立是为了呼应新时代社会主要矛盾转化的历史要求,主要解决公共图书馆服务人群发展不平衡和不充分问题[10]。

### 3.1 几个重要概念的含义

#### 3.1.1 少年儿童 VS 未成年人

《公共图书馆法》中交替使用"少年儿童"和"未成年人"两个名词来表明与成人相对的群体。"少年儿童"出现了四次,集中在第三十四条中,"未成年人"出现两次,分别出现在第三十七条和第五十条中。"未成年人"属于法律术语,关于这个术语的界定,通常出现法律条文中,《中华人民共和国未成年人保护法》中规定

"未成年人是指未满十八周岁的公民"[11]。少年儿童是按生理年龄对未成年人的划分,根据国际图联发布的《儿童图书馆服务发展指南》和《青少年图书馆服务指南》的规定以及英美国家惯常的分法,儿童和青少年以十二岁为分界线,十二岁以下为儿童,十二岁以上为少年(青少年)[12][13]。因此少年儿童和未成年人外延等同,都是指未满十八周岁的公民。

### 3.1.2　独立建制少年儿童图书馆

独立建制的少年儿童图书馆可谓是中国特色产物,英美等国不设专门的少儿图书馆,而是在公共图书馆中设单独的少儿区[14]。所谓独立建制就是指有独立的法人资格,独立的财务核算,独立的人员编制,能独立承担民事责任的少儿图书馆;通常独立建制的少儿馆有自己独立的建筑,服务的对象以十八岁以下的少年儿童为主[15]。相比于公共图书馆中的少儿阅览室,独立建制的少年儿童图书馆专业性和针对性更强。

### 3.1.3　学校图书馆

《公共图书馆法》中所指的学校图书馆应该涵盖高校图书馆和中小学图书馆两类。本文的学校图书馆选取的是与未成年人服务相关的中小学图书馆。参照周文骏主编的《图书馆学情报学词典》的定义,"中小学图书馆为中、小学校的有机组成部分,是学校教学和图书资料中心。为在校的全体师生服务。其工作内容为配合学校教育和教学任务,宣传图书和指导阅读,以加强对学生的思想教育,巩固学生的科学基础知识,进一步扩大知识视野,培养学生参加社会活动的能力和独立利用图书馆的习惯;根据教学大纲的要求,补充学生课内、外读物和教师日常工作所需的教学参考书及直观教学资料"[16]。

## 3.2　《公共图书馆法》中未成年人服务条款的具体内容

《公共图书馆法》中与未成年人相关的条款主要集中在第三十四条:"政府设立的公共图书馆应当设置少年儿童阅览区域,根据少年儿童的特点配备相应的专业人员,开展面向少年儿童的阅读指导和社会教育活动,并为学校开展有关课外活动提供支持。有条件的地区可以单独设立少年儿童图书馆。"[17]该条款位列第四章服务的第一条总则之后,显示出未成年人服务在公共图书馆服务中的重要地位,该条款主要从专门空间、专业人员、专业指导的角度展开。"政府设立的公共图书馆应当设置少年儿童阅览区域"表明公共图书馆要为未成年人开辟专门的空间；"根据少年儿童的特点配备相应的专业人员"表明公共图书馆要为未成年人配置专业人员；"开展面向少年儿童的阅读指导和社会教育活动"表明公共图书馆要为未成年人提供专业指导；"有条件的地区可以单独设立少年儿童图书馆"可以看作是公共图书馆少儿阅览室之外的一种空间设置的补充。

《公共图书馆法》中与未成年人相关的其他条款分别是第三十七条、第四十八条和第五十条。其中，第三十七条和第五十条是相互呼应的，是从公共图书馆应该为未成年人提供专门馆藏的角度提出的。第四十八条强调了公共图书馆要与学校图书馆开展联合服务，加强合作，与第三十四条中"为学校开展有关课外活动提供支持"都是从开展专业合作的角度论述的。

## 4 基于托马斯"五因素"理论解读《公共图书馆法》中的未成年人服务条款

美国学者托马斯（Fannette H. Thomas）在 1982 年完成的博士论文《美国公共图书馆未成年人服务发展起源：1875—1906》（The Genesis of Children's Services in the American Public Library：1875 – 1906）中提出了影响图书馆未成年人服务的五大因素：专门馆藏（Specialized Collections）、专门空间（Specialized Space）、专业人员（Specialized Personnel）、专项服务（Specialized Programs/Service Designed for Youth）、合作网络（All Existing within a Network of Other Youth Services Organizations and Agencies）[18]。五大因素提出后，成为评判美国儿童图书馆服务是否专业化的参考标准之一。美国伊利诺伊大学厄巴纳-香槟分校的 C. A. Jenkins 在《图书馆未成年人服务研究文献的历史回顾与总结》（The History of Youth Services Librarianship：A Review of the Research Literature）一文中指出"托马斯提出的这五个要素已经成为其他学者进行儿童图书馆服务研究的框架，是图书馆儿童服务绕不开的关键因素"[19]。《公共图书馆法》中未成年人服务条款与托马斯"五因素"理论相吻合。

### 4.1 专门空间:设立未成年人服务区域

《公共图书馆法》第三十四条第一款明确了儿童空间设置的规定，指出"政府设立的公共图书馆应当设置少年儿童阅览区域"，以法律的形式规定了以政府出资兴办的公共图书馆内必须设定少年儿童的专门区域。该条款的最后一句"有条件的地区可以单独设立少年儿童图书馆"，可谓是对公共图书馆内设立儿童阅读区域的补充。

目前我国为未成年人提供图书馆服务主要是两种形式：一个是以馆中馆形式存在于公共图书馆中的儿童阅览室，另一个就是独立建制的少年儿童图书馆。后者承袭自苏联的图书馆体制，成为具有中国特色的产物。随着我国公共图书馆未成人服务和少年儿童图书馆事业的快速发展，单独设立少年儿童图书馆所带来的弊端显现出来，独立建制的少年儿童图书馆是否是保障图书馆少年儿童服务最为科学有效的手段引发了人们的讨论和思考。支持者认为相比于公共图书馆内的儿童阅览空间，独立建制的少年儿童图书馆专指性更强、服务更专业，是图书馆未成年人服务事业发展的推动者和领导者。反对者则认为"公共图书馆与少年儿童图书馆之间在文献资源建设、设施设备配备等方面存在重复与交叉，两者并存无疑增加了建设和管理成本，成为我国图书馆少儿服务滞后的一个重要原因"[20]。基于这些认识，《公共图书馆法》将这一表述修改为"有条件的地区可以单独设立少年儿童图书馆"[21]。

### 4.2 专业人员：配备专业儿童图书馆员

《公共图书馆法》第三十四条第一款明确的另一个规定是，"根据少年儿童的特点配备相应的专业人员"。由于服务对象的特殊性，儿童馆员除了成人馆员所应具备的一些基本素质外，还需要针对未成年人的特点掌握一些特殊的职业技能（如讲故事、手工制作、作业辅导等）；除了具备图书馆学领域的基本知识外，还需要掌握教育学、心理学和儿童文学等领域的知识。在英美等国，儿童图书馆员是与分类编目馆员、参考咨询馆员一样，由接受过专业化训练、具备专业知识的人士来承担的。

为了规范儿童馆员的职业管理，国际图联和英美等国都出台了相关的政策文件对儿童图书馆员所应具备的个人品质、专业知识和职业精神进行规定。由于未成年人是一个不断发展的有机体，不同阶段的儿童呈现出不同的特点，因此对服务不同年龄段儿童的馆员要求也不同。国际图联出台的三部图书馆服务指南，分别对服务婴儿和学步儿、儿童和青少年馆员作出了相关的职业要求;美国则出台了《公共图书馆儿童服务馆员能力》(Competencies for Librarian Service Children in Public Libraries)、《青少年服务职业的核心职业价值观》(Core Professional Values for the Teen Services Profession)和《图书馆员青少年服务能力》(2017 年版)(Teen Services Competencies for Library Staff)等文件,明确儿童和青少年馆员所应具备的能力。为了培养专业的儿童馆员,英美等国的图书馆学专业中专门开设儿童图书馆学分支[22]。

相比于国外的儿童馆员,我国的儿童馆员专业化水平较低,大多是"半路出家",缺乏系统专业的教育和训练,在实际工作中多半是凭借经验来开展服务。对于未成年人服务开展中儿童馆员的重要性,早在 20 世纪 20 年代,我国图书馆学家刘国钧先生就意识到了。他在《儿童图书馆和儿童文学》一文中首次提出"一个完善的儿童图书馆所必须具备的三大要素之一为适宜的管理员"[23]。由于儿童图书馆学教育的缺失,我国始终缺乏专业儿童馆员。《公共图书馆法》第十九条"公共图书馆应当根据其功能、馆藏规模、馆舍面积、服务范围及服务人口等因素配备相应的工作人员",是图书馆配备专业馆员的总体要求,此处再次指出为少年儿童配备专业人员,也可看作是对第十九条的呼应和具体阐释,希望通过立法的形式在人力资源上对图书馆未成年人服务提供政策保障。

### 4.3　专门服务:提供阅读指导和社会教育活动

《公共图书馆法》第三十四条第一款明确的第三个规定是,"开展面向少年儿童的阅读指导和社会教育活动,并为学校开展有关课外活动提供支持",围绕公共图书馆为未成年人提供的专门服务展开。阅读指导是公共图书馆为未成年人提供的传统服务方式之一。最初阅读指导的出现是基于日益增长的儿童读物对孩子阅读造成的冲击,儿童馆员凭借自己的专业知识和实际工作经验成为为孩子选书和阅读的好帮手,搭建起儿童和图书之间的联系。"将合适的图书送到适合的孩子手中"是阅读指导开展的理念。阅读指导永远是公共图书馆服务未成年人的重要方式之一,只不过新时期的阅读指导加入了分级阅读的理念以及各种新技术手段。

教育使命是早期公共图书馆的基本使命。在美国,杜威将大众教育分为两类:一类是公立学校教育,一类是公共图书馆教育。学校教育提供的是正规教育,而公共图书馆教育则主要提供的是非正规教育<sup>[24]</sup>。在我国儿童图书馆发展的肇始时期——民国时期，儿童图书馆就是以辅助学校教育的姿态出现的。随着教育界、图书馆界对儿童图书馆认识的不断深入，图书馆作为一种社会教育机关对儿童教育负有直接且重要责任的观念开始形成<sup>[25]</sup>。时至今日，儿童图书馆的社会教育机构的形象早已确立，公共图书馆应在社会教育使命的指导下向未成年人广泛开展各项社会教育活动。

### 4.4　专门馆藏：提供适合未成年人的文献资源

馆藏是图书馆未成年人服务开展的基础和前提，也是公共图书馆未成年人服务中最具特色的部分。不仅为未成年人提供的文献资源与成人不相同，就是未成年人之间不同年龄段的馆藏资源也不一样。馆藏资源作为图书馆未成年人服务开展的一项重要因素，在多个文件中出现，主要围绕"为未成年人提供符合其年龄特点的读物"（分级阅读）观点展开。《公共图书馆法》中没有正面强调文献资源的重要性，而是从"不得向未成年人提供内容不适宜的文献信息"进行反面论述，提醒公共图书馆在向社会公众提供文献信息时，应当遵守有关法律、行政法规的规定，不得向未成年人提供内容不适宜的文献信息。《公共图书馆法》第五十条作为第三十七条的补充，将向未成年人提供内容不适宜的文献作为公共图书馆员违法行为之一的表现列出。

### 4.5　专业合作：与学校图书馆开展联合服务

《公共图书馆法》第四十八条第一款规定，"国家支持公共图书馆加强与学校图书馆等各类型图书馆的交流与合作，开展联合服务"。作为两类专门为儿童提供图书馆服务的机构——公共图书馆和学校图书馆，由于服务目标的相似性和服务人群的重叠性，使得学校成为与公共图书馆关系最密切的合作伙伴之一。两者通过"图书馆之旅""走进图书馆""图书馆阅读推广进校园"等方式启蒙未成年人的图书馆意识和阅读意识，通过在学校设立分馆和服务点的方式合作建馆，通过班级读书会、故事会、征文比赛、经典诵读等方式推广阅读。第三十四条"为学校开展有关课外活动提供支持"指出公共图书馆要发挥自身空间、人员和资源的优势，为学校课外活动（阅读活动）提供支持，让教师和学生意识到公共图书馆作为社会教育机构的重要性。

　　第四十八条第二款是"鼓励学校图书馆向社会公众开放"的规定。在《中华人民共和国公共文化服务保障法》中也有类似规定："国家鼓励和支持机关、学校、企业事业单位的文化体育设施向公众开放"(第三十二条)。学校图书馆同公共图书馆一样,是国家精神财富的重要组成部分,是全社会的共同财产,应该为全体人民共用,应该同公共图书馆一起参与到公共文化服务体系的建设中,面向公众开放。

　　目前所谓的学校图书馆向公众开放更多指的是大学图书馆。由于资源条件和安全管理等问题的制约,我国中小学图书馆对公众开放得较少。2003年教育部颁布的《中小学图书馆(室)规程(修订)》规定："各地要采取有效措施,积极开展各种读书活动,鼓励各地中小学图书馆(室)对社区、学生业余时间开放,提高图书的借阅率、使用率,充分发挥中小学图书馆(室)的使用效益。"虽然目前我国中小学图书馆对外开放的比例较低,但逐步开放学校的公共资源却是未来发展的趋势[26]。《公共图书馆法》以立法的形式明确提出学校图书馆要向社会公众开放,顺应了公共文化发展的大趋势。

## 参考文献

[1] 彭斯远.儿童化与成人化——中国当代儿童文学悖论现象考察[J].昆明师范高等专科学校学报,2002(1):1-4.

[2] McDowell K. Open Wide the Doors:The Children's Room as Place in Public Libraries,1876-1925[J]. Library Trends,2014(winter):519-529.

[3] 王黎君.儿童的发现与中国现代文学[M].北京:中国社会科学出版社,2009:3-27.

[4] 国际图联,联合国教科文组织.公共图书馆宣言[EB/OL].[2018-02-09]. http://www.chnlib.com/News/yejie/2827.html.

[5] 程焕文.图书馆权利的界定[J]中国图书馆学报,2010,36(2):38-45.

[6] 图书馆工作汇报纲领:1980年5月26日中央书记处第23次会议通过[G]//河北大学图书馆学系.图书馆法规文件汇编.保定:河北大学图书馆学系,1985:222.

[7] 国务院办公厅转发文化部等单位关于全国少年儿童图书馆工作座谈会的情况报告的通知[G]//河北大学图书馆学系.图书馆法规文件汇编.保定:河北大学图书馆学系,1985:252.

[8] 公共图书馆建设标准[EB/OL].[2018-02-09]. https://www.douban.com/group/topic/6532301/.

[9] 刘兹恒,武娇.公共图书馆未成年人服务的指导文件——学习《中国儿童发展纲要(2011—2020年)》[J].图书与情报,2012(1):1-3,66.

[10] 李国新.《中华人民共和国公共图书馆法》的历史贡献[J]中国图书馆学报,2017,43(6):4-15.

[11] 中华人民共和国未成年人保护法(主席令第六十号)[EB/OL].(2006-12-29)[2018-02-09].http://www.gov.cn/zhengce/2006-12/29/content_2602198.htm.

[12] IFLA. Guidelines for Children Library Service[EB/OL].(2003-12)[2018-02-09].https://www. ifla. org/files/assets/libraries-for-children-and-ya/publications/guidelines-for-childrens-libraries-services-zh. pdf.

[13] IFLA. Guidelines for Library Service to Young Adults(Revised)[EB/OL].(2015-09-22)[2018-02-09].https://www. ifla. org/files/assets/libraries-for-children-and-ya/publications/ya-guidelines2-en. pdf.

[14] 陈敏捷,方瑛.美国公共图书馆少年儿童服务现状概述[J].图书馆研究与工作,2007(1):63-69.

[15] 张铁柱.我国少儿图书馆服务的发展对策研究[D].北京:北京大学信息管理系,2010.

[16] 周文骏.图书馆学情报学词典[M].北京:书目文献出版社,1991:508.

[17] 中华人民共和国公共图书馆法[EB/OL].(2017-11-04)[2018-02-09].http://www. npc. gov. cn/npc/xinwen/2017-11/04/content_2031427. htm.

[18] Thomas F H. The Genesis of Children's services in the American Public Library:1875~1906[D]. USA:University of Wisconsin-Madision,1982.

[19] Christine A. Jenkins. The History of Youth Services Librarianship:A Review of the Research[J], Literature Libraries & Culture,2000,35(1):103-140.

[20] 范兴坤.20世纪50年代中苏图书馆事业交流及其影响研究[J].图书情报工作,2009,53(3):132-136,95.

[21] 李丹,申晓娟.《中华人民共和国公共图书馆法》立法侧记(上)[EB/OL].(2018-01-06)[2018-02-11].http://kns.cnki.net/kcms/detail/23.1331.G2.20180210.1032.002.html.

[22] 张丽.图书馆儿童服务需要专业化的图书馆员[G]//中国图书馆学会.中国图书馆学会年会论文集,2014年卷.北京:国家图书馆出版社,2014:173-178.

[23] 刘国钧.儿童图书馆和儿童文学[G]//刘国钧.刘国钧图书馆学论文选集.北京:书目文献出版社,1983:4-10.

[24] 于良芝.探索公共图书馆的使命:英美历程借鉴[J].图书馆,2006(5):1－7,31.

[25] 黄洁.民国时期儿童图书馆服务思想研究[J].图书与情报,2013(5):48－52.

[26] 叶莎莎,倪晓建.公共文化服务视角下国内外学校图书馆开放服务研究[J].图书馆,2012(5):37－39,60.

原载《图书馆》2018 年 4 期

# 引导公民积极参与图书馆服务提供

## ——关于《公共图书馆法》中"志愿服务"条款研究*

陈洁　金武刚（华东师范大学信息管理系）

志愿服务是指志愿者、志愿服务组织和其他组织自愿、无偿向社会或者他人提供的公益服务。开展志愿服务，应当遵循自愿、无偿、平等、诚信、合法的原则，不得违背社会公德、损害社会公共利益和他人合法权益，不得危害国家安全[1]。公共图书馆鼓励公民参与提供志愿服务，倡导"奉献、友爱、互助、进步"的志愿精神，鼓励志愿者以自己的时间和知识、技能、体力等，在公共图书馆提供志愿服务。《图书馆服务宣言》中强调图书馆要与一切关心图书馆事业的组织和个人真诚合作，鼓励社会各界通过志愿者活动的方式，一方面，帮助公共图书馆实现和保障公民基本阅读权益，满足公民基本信息需求，另一方面，鼓励他们帮助公共图书馆满足公众多样化的信息需求，为特定用户提供专门化服务，提高图书馆的社会服务效率[2]。

2017 年 11 月正式出台的《公共图书馆法》，在第四十六条中提到了关于鼓励和支持公共图书馆志愿服务的规定，指出"国家鼓励公民参与公共图书馆志愿服务"，要求"县级以上人民政府文化主管部门应当对公共图书馆志愿服务给予必要的指导和支持"[3]。《公共图书馆法》的出台，将公民参与图书馆服务提供的共识和理念转化为法律规定，为开展公共图书馆志愿服务提供了法律保障，也指明了公共图书馆志愿服务的发展方向。

## 1　公共图书馆开展志愿服务的意义价值

公共图书馆引入志愿服务具有很强的现实意义。首先，公共图书馆开展志愿

* 本文系教育部人文社会科学研究青年基金项目"中国图书馆法律制度建设的实践及成效研究"（批准号：13YJC870010）研究成果之一。

服务丰富了公共图书馆服务内容,有效地拓宽了服务的广度和深度。其次,对于志愿者来说,可以提升其自身综合素养。最后,志愿服务活动开展,也是公共图书馆与社会联系的一个渠道,有助于提升公共图书馆的知晓度和认同度。

### 1.1　丰富公共图书馆服务内容

公共图书馆开展志愿服务,可以丰富公共图书馆服务内容。在新时代,社会发展主要矛盾是人民日益增长的美好生活需要和不平衡不充分的发展之间的矛盾。全面建成小康社会要求公共图书馆服务必须统筹考虑公众的基本文化需求和多样化文化需求,推动基本服务向优质服务转变,推动大众化服务向个性化服务转变。而公共图书馆作为公共财政支持的公共文化设施,只能提供与经济社会发展水平相当的基本服务。满足公众的多样化需求、个性化服务,需要社会力量的共同参与。志愿服务作为社会参与的重要方式,可以给公共图书馆注入新的活力,起到丰富服务供给、拓宽服务范围的作用。开展志愿服务可以动员不同行业、不同专业的专家学者、艺术家、优秀运动员等社会知名人士参与图书馆服务提供,还可以提升公共图书馆服务水平,扩大公共图书馆社会影响。

### 1.2　提升志愿者综合素养

公共图书馆开展志愿服务,可以提升志愿者的综合素养。随着社会进步和精神文明建设的发展,公民提供志愿服务、积极投入公益事业的意愿越来越强烈,越来越多的人已经参与到为公共图书馆提供服务的过程中,为公共图书馆事业发展贡献力量。一方面,志愿者参与公共图书馆志愿服务,有利于个人精神世界提升,对自身良好品德形成具有重要影响;另一方面,公共图书馆为公民参与志愿服务活动提供场所,发挥出图书馆作为志愿服务场所的空间价值。志愿者通过参与公共图书馆服务过程中,得以开阔眼界,丰富阅历和生活体验,学习到新技能;也有利于建立与他人的良好关系,提高沟通协调能力等。

### 1.3　加强公共图书馆与社会之间联系

公共图书馆开展志愿服务,可以加强与社会之间的互动联系。首先,志愿服务是引导公众参与图书馆服务与管理的方式,公众通过志愿服务可以充分了解公共图书馆工作内容和流程,可以提高对图书馆的认同度。其次,公共图书馆为公民提供志愿服务场地和机会,有利于引导更多热爱公益事业的人士,投身到图书馆公益服务活动中,激励社会各界参与;有利于提高公众对图书馆重视,起到宣传推广公共图书馆的作用,共同促进公共图书馆事业发展。

## 2　国家鼓励公民参与志愿服务

国家对志愿服务的鼓励与倡导,在公共图书馆事业发展中具有重要作用。志愿服务是精神文明建设重要内容之一,国家将志愿服务作为文明城市建设的评测标准并且建立扶持机制,为志愿服务提供资金和人才保障,实现志愿服务常态化、可持续化发展。

### 2.1　志愿服务是精神文明建设重要内容

志愿服务是精神文明建设重要内容,国家鼓励公民参与公共图书馆志愿服务,运用大众媒体弘扬"奉献、友爱、互助、进步"的志愿精神,宣传公共图书馆志愿活动,对优秀志愿服务项目予以表彰,鼓励和支持专业人士志愿提供专业服务,形成正确的舆论导向、价值观念和健康向上的文化志愿服务氛围,促进社会主义精神文明建设。

文明城市建设离不开志愿服务的发展。在全国文明城市(地级以上)测评体系中,国家要求文明城市开展志愿服务活动,确定社区志愿服务的活动项目和工作流程;开展关爱空巢老人、留守儿童、困难职工、残疾人志愿服务活动,开展党员志愿服务,开展文明旅游、文明交通、文明上网等志愿服务活动,组织专业志愿服务队开展志愿服务。此外,文明城市标准要求市民对志愿服务活动认同和支持率≥90%,注册志愿者人数占城市建成区常住人口比例≥10%,注册志愿者参加志愿服务活动的人数占注册志愿者总人数的比例≥70%,注册志愿者每年人均参加志愿服务活动的时间≥25个小时的标准;并且要建立健全组织协调、注册培训、活动运行、服务记录、回馈激励等机制[4],实现志愿服务的制度化建设。

### 2.2　国家建立志愿服务扶持机制,提供资金、人才保障

资金保障是志愿服务开展的基础条件。首先,政府建立志愿服务专项基金,并且逐步扩大财政资金对志愿服务发展的支持规模和范围,通过政府购买志愿服务

等形式为志愿服务活动提供必要的经费支持[1]。其次,除了拨款,国家还倡导通过企业、社会组织、个人捐赠等多种渠道来解决志愿服务中的资金问题,引导社会资金参与支持志愿服务发展。国家给捐赠志愿服务活动的企业税收优惠的政策,对捐赠的个人给予公开的表彰和嘉许,积极鼓励社会各界向志愿服务活动进行物资的捐赠,不断拓展志愿服务经费来源。再者,政府还为参与志愿者购买保险和提供物质保障[5],并且鼓励企业和其他组织在同等条件下优先招用有良好志愿服务记录的志愿者,公务员考录、事业单位招聘也可以将志愿服务情况纳入考察内容[6]。从而提高公众参与的积极性,促进志愿服务活动持续健康发展。

政府积极扶持发展国家机关、企业事业单位、人民团体、社会组织等成立志愿服务组织,积极推进各类志愿服务组织承接各类志愿服务项目,并且加强对组织的监督和管理,指导组织对志愿者的招募、注册、培训、服务记录、绩效考核等工作的展开。此外,政府要求图书馆志愿服务组织开展宣传、交流与合作,并强化优秀志愿服务组织的示范引领作用,通过推广志愿服务组织培育和管理经验、建设优秀志愿服务组织库和优秀志愿服务项目库等方式,引领带动志愿服务组织科学化规范化发展。政府要加大对志愿服务组织的支持力度,鼓励公民参与到志愿服务活动中,建立志愿服务组织体系,为志愿服务提供人才储备,形成志愿者团队的稳定力量。推动志愿服务的常态化、可持续化发展。

## 3　政府对公共图书馆志愿服务的支持与指导

近些年,在各部门的重视下,有关志愿服务的政策相继推出,政府对公共图书馆志愿服务的招募记录、培训考核、激励反馈等各个流程进行规范,指引公共图书馆志愿服务事业不断发展和完善。

### 3.1　政府规范公共图书馆志愿者招募和记录工作

政府指导公共图书馆要了解志愿服务的需要,及时发布招募信息,明确志愿服务所需的条件和要求,组织开展经常性招募和临时性招募,使公共图书馆的志愿服务有人做、做得好。鼓励社会组织、各大院校等社会团体与公关图书馆建立合作关系,形成固定的志愿队伍。此外,政府推出各种政策为志愿服务的记录工作提供保障,统一志愿服务记录证明的格式,对志愿者的个人基本信息、志愿服务信息、培训信息、表彰奖励信息、被投诉信息等内容进行记载[7];对志愿服务记录证明工作进行科学规范,规范志愿服务记录证明从申请、受理、开具证明和公示的流程工作,建立志愿服务虚假证明责任追究制度和监督检查制度,为公共图书馆开具志愿服务证明工作提供了指导[8]。

### 3.2　政府加强公共图书馆志愿者的培训及考核评估的指导

在志愿者培训考核方面,政府要建立健全公共图书馆志愿者的培训机制,以提升志愿者的基本素质和专业能力为目标,依托高等院校、党校、团校等教育培训机构建立公共图书馆志愿者培训基地,组织学习培训,开展研讨交流,加快培养一批长期参与公共图书馆志愿服务的志愿者骨干[9],不断提高志愿者对公共图书馆工作内容的理解,提升其服务意识和服务水平。参考志愿服务的记录,设立一些通用的考核和评估标准,比如志愿者的工作态度、工作时间、工作达成度以及工作的满意度等标准,对志愿者进行有效考核和评估,从而改善志愿服务中存在的一些问题,提高志愿服务效率。

### 3.3　政府建立健全公共图书馆志愿服务激励和反馈机制

在志愿服务的激励方面,文化主管部门推动志愿者在用工、教育、社会保障等方面享受本地区关于志愿者的优惠奖励政策。文化志愿服务组织单位建立文化志愿服务嘉许制度,要求对服务时间较长、业绩突出、社会影响较大的公共图书馆志愿者、公共图书馆志愿服务团队和公共图书馆志愿服务项目给予褒扬[10]。在开展2016年宣传和推选学雷锋志愿服务的先进典型活动中,国家图书馆、辽宁省图书馆和云南省图书馆的志愿服务项目得到"最佳志愿项目"的表彰,扩大了公共图书馆志愿服务的影响力[6]。在志愿服务反馈方面,政府要求建立志愿服务反馈制度,指导公共图书馆通过问卷调查、访谈、定期召开志愿者代表座谈会或是建立专门的志愿者风采网站等形式,记录志愿者的心得感想,了解志愿者对公共图书馆志愿服务开展过程中的意见,倾听并改善志愿者在志愿活动中遇到的问题,实现志愿服务的良性循环。

## 4 公民参与公共图书馆志愿服务的主要形式

志愿服务是公共图书馆工作的重要内容,志愿者也是公共图书馆运行不可或缺的一部分。公民参与公共图书馆志愿服务的形式可以分为三大类:社会教育、专业服务和辅助管理。公共图书馆引入志愿者并不是简单的人力替代,而是提升服务水平的有效途径。

### 4.1 社会教育

社会教育,相对学校教育而言,为公众提供知识普及等教育服务,主要包括讲解导览、公共教育、文化活动等形式。

#### 4.1.1 讲解导览

公共图书馆需要志愿者对馆舍公共空间设施的开放情况、文献信息资源等方面进行导览,就电子设备的使用,数字资源的获取,文献资源的借阅、查询等方面给读者进行讲解。如国家图书馆定期面向社会招募志愿者,负责前台接待,引导读者使用新型读书设备、自助办证机,为读者讲解如何使用馆藏检索系统查阅图书和电子资源,对国家图书馆的基本设施和基本政策作出解答。国家图书馆开展的"网络书香"阅读推广志愿服务活动中,招募文化志愿者并对其进行数字图书馆及数字图书馆推广工程的知识培训,由志愿者为公众提供数字图书馆的讲解服务,让公众亲身体验数字图书馆的最新技术应用,提高阅读素养,引导读者充分利用数字图书馆查阅信息、获取知识[11]。

#### 4.1.2 公共教育

公共教育通常可以体现为志愿者来馆举办公益性的讲座、读书会、培训会,或是走到馆外开展传播知识、推广阅读等活动。如国家图书馆为了发挥公共教育的职能,提升老年群体服务,深化数字服务效能,开设了一系列针对老年读者的培训会,需要大批志愿者,根据每月开设的培训课程,配合主讲老师,为参加培训的老年读者答疑解惑,实现"一对一"辅导[12]。苏州图书馆将公共教育的视角投向儿童,开展"悦读妈妈进社区"活动,培训幼儿园老师和家长作为志愿者,将他们就近分配到各分馆、社区或者书城等场地,给小朋友讲故事、唱歌谣,让孩子爱上阅读[13]。

重庆图书馆开展"行走的图书"志愿者行动,来自各所大学的 200 位大学生志愿者,以背包客的形式携带图书走进电影院、商场、轻轨等人流密集的公共场所,让市民利用通勤和休闲时间重拾阅读乐趣,引发全民阅读的热潮[14]。

### 4.1.3　文化活动

公共图书馆举办组织各种文化活动时,志愿者在组织、宣传等方面也都可以发挥重要的作用。如上海图书馆开展的"上图讲座"活动成为上海知名的公共文化平台,志愿者对上海图书馆工作人员的协助贯穿整场讲座,承担讲座通讯员、会场管理、双语主持人、现场摄影等工作,树立了良好的公益志愿文化形象,不断推广"上图讲座"特色文化活动在全国的公益品牌效应[15]。辽宁省图书馆开展名为"对面朗读"的一系列针对视障读者的主题文化活动,为盲人提供电话预约阅读服务、为盲童开设"社会实践课"等。在活动中,图书馆不仅直接参与文化助残服务,还组织社会上的志愿者加入到助残行列当中,让更多的人开始关注和走近这个特殊的群体,理解、尊重他们。截至 2017 年,辽宁省图书馆"对面朗读"活动共举办千余次,直接惠及视障读者达万余人次,来自社会各个领域的志愿者通过公共图书馆平台为保障视障读者阅读权益而贡献力量[16]。

## 4.2　专业服务

专业服务,指专业人士依托专业知识和专业技能,参与到图书馆志愿服务中。如图书馆文创开发、古籍整理专业研究等。

### 4.2.1　文创开发

文创开发通常可以体现在一些行业的专业人士利用自身知识、技术优势参与到图书馆志愿服务活动中,将各种专家团队引入公共图书馆,对图书馆馆藏文献信息进行挖掘、开发和创新。如上海图书馆使用关联数据技术、可视化技术,实现了面向知识发现的家谱数字人文服务,将家谱数据开放,给读者提供平台,让家谱研究的民间专家志愿参与家谱资源的开发,发现问题并修改数据库的内容,不断完善上图家谱知识服务。志愿者参与公共图书馆的文创开发可以让大众理解公共图书馆文创工作的意义并全力配合相关工作,鼓励志愿者参与进来,集思广益开发出更多更好的文创产品[17]。

### 4.2.2 专业研究

专业研究指各种专家学者在公共图书馆开展参考咨询或是在馆藏研究、读者服务等其他专业领域内提供帮助的志愿服务。如云南省图书馆少数民族古籍抢救修复文化志愿服务项目在全国开展 2016 年宣传推选雷锋志愿服务"四个100"先进典型活动中,入选了"最佳志愿服务项目"。云南省图书馆在全省范围内招募了有较好古籍修复技术的 86 名志愿者,组织志愿者采用面对面、手把手辅导,集中培训与远程培训相结合,举办师父带徒弟的跟班培训等方式,对彝文、藏文和东巴文等文字的古籍进行抢救性修复研究工作,并且不断探索云南不同少数民族古籍的修复方法与技术,志愿者们对少数民族古籍抢救修复工作作出了很大的贡献[18]。

## 4.3 辅助管理

辅助管理,包括图书日常借还、馆内日常运行维护等工作。

### 4.3.1 日常借还

志愿者在图书馆从事书刊借阅、书籍整理、整理上架、图书修补等馆内常规工作等。如国家图书馆的志愿者广泛参与到图书馆的日常借还服务工作中,定期招募志愿者在阅览室进行图书借还、新书上架、图书整理等服务,帮助工作人员减轻负担。

### 4.3.2 运行维护

图书馆的阅览室、自习室等区域都需要保持安静,给读者提供一个良好的阅读环境。上海图书馆招募志愿者对读者的不文明举动如打电话、嗑瓜子、喝含有色液体的饮料、大声喧哗、损坏书籍等行为进行提醒,维护图书馆的秩序。

## 5 公共图书馆志愿服务完善发展对策

根据对公民参与公共图书馆的实践进行研究,并对公共图书馆志愿服务的发展进行思考,笔者发现,对公共图书馆志愿服务的重视程度及认知水平、公众参与的方式以及激励措施等方面还存在着相应的问题。需要从政府、公共图书馆和个人的角度提升对公共图书馆志愿服务的重视程度和认知水平;创新志愿服务的形式,打造具有图书馆行业特色的志愿服务项目;建立健全激励机制,实现公共图书馆志愿服务可持续发展。

## 5.1　提升对公共图书馆志愿服务重视程度和认知水平

首先,虽然《公共图书馆法》以及其他各项政策法规的颁布,给公共图书馆志愿服务指明了方向,但对志愿服务开展、管理及保障等方面的具体实施细则还尚未明确,各地方政府需要针对本地情况、针对不同公共图书馆的馆情,建立健全相应的落实方案,加快公共图书馆志愿服务的发展进程。

其次,公共图书馆对志愿服务项目的重视程度不够,在公共图书馆的官方网站上很难找到关于志愿服务的独立界面和板块,馆内的志愿服务工作也没有专门的管理机构或部门,存在无人监管或是任务分工不明确的情况。公共图书馆亟须重视志愿服务工作,加强管理,充分利用志愿者资源来丰富和拓展本馆的服务,提升志愿服务的效率和质量。再者,公众要提高对公共图书馆志愿服务的认知,明确自己参与图书馆服务提供的动机和目的,了解自身具备的条件和技能,将图书馆项目与自身需求匹配,从而实现志愿服务效能的最大化。

## 5.2　创新公共图书馆公众参与方式,打造志愿服务品牌项目

公众参与公共图书馆志愿服务方式仍然存在较大的局限,往往会忽视不同志愿者的能力和背景,提供的志愿服务岗位多数为书刊借阅、书籍整理、整理上架、图书修补、卫生清洁和秩序维持等馆内常规工作等,而涉及参考咨询、文献资源整理与开发、阅读推广活动等具有图书馆特色的、满足公众文化需求的志愿服务项目有限,造成志愿者人才浪费,并对志愿者积极性产生影响。

公共图书馆应该拓宽志愿服务活动的广度和深度,参与公共图书馆志愿活动的志愿者各自拥有着不同的知识、技能、年龄、教育背景等,志愿者以不同的方式参与到不同的岗位中,公共图书馆需要结合不同的馆情、志愿者人员情况,做到人尽其才,才尽其用,开发多层次的志愿服务项目。

公共图书馆引入志愿服务是提高服务质量,提升服务层次的有效途径,公共图书馆应该充分发挥行业优势和公共文化资源优势,在公共参与志愿服务三种形式的基础上创新思维,积极打造具有图书馆行业特色的志愿服务项目。在推选学雷锋志愿服务先进典型"最佳志愿服务项目"的评比中,得到表彰的云南省图书馆少

数民族古籍抢救修复文化志愿服务项目、辽宁省图书馆"对面朗读"文化助残志愿服务项目和国家图书馆"网络书香"阅读推广志愿服务活动,都是从满足读者和基层群众需求出发,有力地提升了公共图书馆文化志愿服务的社会效益,扩大了公共图书馆的社会影响,推动了全民阅读活动的进程。公共图书馆需要不断丰富服务内容,创新服务形式,培育出具有鲜活生命力、为读者和基层群众所喜闻乐见的图书馆志愿服务品牌项目。

### 5.3　建立健全公共图书馆志愿服务激励机制,实现可持续发展

公共图书馆志愿服务激励机制不畅,不利于提升志愿者积极主动性,造成人才流失,形成不了稳定的志愿者团队,从而使得公共图书馆提供的志愿服务质量得不到保障。

公共图书馆应该建立健全志愿服务激励机制。首先,建立星级认定制度。可以根据对志愿者志愿服务的时间、内容等各方面的记录,按照不同的标准把参与图书馆志愿者服务的志愿者分为几个级别,对于不同星级的志愿者,公共图书馆给予某些权利或优惠政策,比如星级高的志愿者享有优先参加图书馆阅读活动、图书馆收费项目费用减免等激励政策,吸引更多志愿者加入进来。其次,建立公共图书馆志愿服务嘉许制度。在国家层面,目前中共中央宣传部等11部门每年会对优秀的公共图书馆志愿服务项目进行公布和表彰,鼓励和支持具备图书馆等其他相关专业知识、技能的志愿者提供专业图书馆志愿服务。公共图书馆也应该创建志愿服务专栏,向全社会公开褒扬和嘉奖本单位招募的优秀志愿者,还可以发放志愿服务证明、证书或颁发荣誉称号等来进行嘉奖。此外,建立公共图书馆志愿者回馈制度,比如公共图书馆志愿者可以利用参加志愿服务的工时,换取一定的社区服务,同时在就学、就业、就医等方面享受优惠或优待[6]。公共图书馆通过建立健全激励机制,推动志愿服务可持续发展。

公共图书馆应当贯彻落实《公共图书馆法》关于"志愿服务"的规定,积极动员和鼓励公民参与公共图书馆志愿服务,不断提升公共图书馆志愿服务水平,促进公共图书馆事业发展。

**参考文献**

[1] 志愿服务条例[EB/OL].(2017-9-06)[2018-09-01].http://www.gov.cn/zhengce/con-

tent/2017-09/06/content_5223028. htm.

［2］公共图书馆宣言（1994 年）［EB/OL］.［2017 – 12 – 31］. http：//archive. ifla. org/VII/s8/unesco/chine. pdf.

［3］中华人民共和国公共图书馆法［EB/OL］.（2017 – 11 – 04）［2018 – 09 – 01］. http：//www. npc. gov. cn/npc/xinwen/2017-11/04/content_2031427. htm.

［4］全国文明城市（地级以上）测评体系［EB/OL］.［2016 – 07 – 14］. http：//www. scwmw. gov. cn/zlzx/wj/cjzl/201607/t20160714_618357. htm.

［5］关于支持和发展志愿服务组织的意见［EB/OL］.（2016 – 07 – 11）［2018 – 09 – 01］. http：//www. gov. cn/xinwen/2016-07/11/content_5090259. htm.

［6］关于推进志愿服务制度化的意见［EB/OL］.（2014 – 02 – 26）［2018 – 09 – 01］. http：//www. gov. cn/jrzg/2014-02/26/content_2622299. htm.

［7］志愿服务记录办法［EB/OL］.（2012 – 10 – 31）［2018 – 09 – 01］. http：//www. gov. cn/zwgk/2012-10/31/content_2254469. htm.

［8］关于规范志愿服务记录证明工作的指导意见［EB/OL］.（2015 – 08 – 31）［2018 – 09 – 01］. http：//www. gov. cn/xinwen/2015-08/31/content_2922650. htm.

［9］关于公共文化设施开展学雷锋志愿服务的实施意见［EB/OL］.（2016 – 12 – 04）［2018 – 09 – 01］. http：//www. gov. cn/xinwen/2016-12/04/content_5142838. htm.

［10］关于公布 2016 年宣传推选雷锋志愿服务"四个 100"先进典型活动名单的通知［EB/OL］.（2017 – 02 – 23）［2018 – 09 – 01］. http：//www. wenming. cn/specials/zyfw/4g100_39622/gongshimingdan/.

［11］国家图书馆"网络书香"阅读推广志愿服务活动荣获中宣部、中央文明办"最佳志愿服务项目"［EB/OL］.（2017 – 03 – 13）［2018 – 09 – 01］. http：//reader. gmw. cn/2017-03/13/content_23958632. htm.

［12］国家图书馆数字共享空间"关爱夕阳"老年课堂［EB/OL］.［2017 – 01 – 02］. http：//www. nlc. cn/gaxy/zyzbm/.

［13］苏图"悦读妈妈"团队开展志愿活动［EB/OL］.（2016 – 05 – 27）［2018 – 09 – 01］. http：//www. suzhou. gov. cn/zt/2016ydj/tthlb/201605/t20160527_723231. shtml.

［14］重庆图书馆推出"行走的图书"［EB/OL］.（2017 – 12 – 14）［2018 – 09 – 01］. http：//www. cqlib. cn/?q = node/49402.

［15］2017 年"上图讲座"志愿者招募［EB/OL］.（2017 – 07 – 17）［2018 – 09 – 01］. http：//www.

sohu. com/a/155364263_701599.

[16] 辽宁省图书馆"对面朗读"文化助残服务[EB/OL]. (2016 – 11 – 03) [2018 – 09 – 01]. http://www. wenming. cn/specials/zyfw/4g100_39622/zjzyfwxm/201611/t20161103_3862957. shtml.

[17] 上海图书馆藏家谱全文选览[EB/OL]. (2017 – 12 – 28) [2018 – 09 – 01]. http://www. library. sh. cn/tsgc/gcjp/.

[18] 云南省图书馆"少数民族古籍抢救修复志愿服务项目"获中央宣传部表彰[EB/OL]. (2017 – 03 – 03) [2018 – 09 – 01]. http://www. ynlib. cn/Item/80142. aspx.

原载《图书馆》2018 年 4 期

# 公共图书馆法中的古籍保护和利用

王莞菁(北京大学信息管理系)

古籍是指书写或印刷于 1912 年以前具有中国古典装帧形式的书籍[1]。近年来,优秀传统文化创造性转化、创新性发展的现实需求,促使古籍的保护和利用受到全社会的关注。但是,当前我国古籍保护工作还不同程度地存在着认识不足、重视不够,法规不完善、机制不健全,保护利用低效等问题[2]。作为公共文化服务体系重要组成部分的公共图书馆,是重要的古籍收藏机构,在保障古籍资源安全、传承利用古籍内容方面肩负着重要的使命。2017 年 11 月 4 日,十二届全国人大常委会第三十次会议表决通过了《中华人民共和国公共图书馆法》(以下简称《公共图书馆法》),已于 2018 年 1 月 1 日起正式施行。《公共图书馆法》对公共图书馆的古籍保护、研究、宣传和利用作出专门规定,对今后公共图书馆古籍保护利用有着重要的指导意义。

## 1 《公共图书馆法》中关于古籍保护利用的主要规定

### 1.1 遵守文物保护法和档案法的相关规定

《公共图书馆法》作为公共文化领域的一部专门法律,明确了公共图书馆在推动古籍保护事业过程中应当遵守有关文物保护、档案管理的法律、行政法规规定(第十条)。

《中华人民共和国文物保护法》规定图书馆等文物收藏单位应贯彻保护为主、抢救第一、合理利用、加强管理的方针(第四条);须区分文物等级,设置藏品档案,建立严格的管理制度,并报主管的文物行政部门备案(第三十六条);修复馆藏文物，不得改变馆藏文物的原状，复制、拍摄、拓印馆藏文物，不得对馆藏文物造成损害（第四十六条）；应当按照国家有关规定配备防火、防盗、防自然损坏的设施，确保馆藏文物的安全（第四十七条）；工作人员不得借用国有文物，不得非法侵占国有文物（第四十九条）[3]。《中华人民共和国档案法》规定档案工作实行统一领导、分级管理的原则，维护档案完整与安全，便于社会各方面的利用（第五条）；博物馆、图书馆、纪念馆等单位保存的文物、图书资料同时是档案的，可以按照法律和行政法规的规定，由上述单位自行管理（第十二条）；应当建立科学的管理制度，便于对档案的利用；配置必要的设施，确保档案的安全；采用先进技术，实现档案管理的现代化（第十三条）[4]。此外，国家还发布一系列与古籍保护相关的规范性文件，如 2007 年国务院办公厅发布的《关于进一步加强古籍保护工作的意见》（国办发〔2007〕6 号），明确指出我国古籍保护存在老化、破损严重、修复手段落后等突出问题[5]，提出了在"十一五"期间大力实施"中华古籍保护计划"[6]；2011 年文化部发布《关于进一步加强古籍保护工作的通知》（文社文发〔2011〕12 号），提出确保在"十二五"期间更加深入、扎实地开展古籍保护工作[7]；2017 年文化部关于印发《"十三五"时期全国古籍保护工作规划》，指出要贯彻落实中央关于传承和弘扬中华优秀传统文化的重要决策部署，深入做好"十三五"时期中华古籍保护工作[8]。

## 1.2　古籍与版权保护

版权即著作权，是指文学、艺术、科学作品的作者对其作品享有的权利。我国现行著作权法规定，著作权保护期限是作者死亡后第五十年的 12 月 31 日[9]，可以说目前绝大多数的古籍都已经超过了著作权保护期限，进入了公有领域，因此有观点认为，古籍应作为文化遗产被纳入公共知识的范畴，也就是"古籍无版权"，这种现状在一定程度上为古籍的共享提供了极大的便利，推动了古籍出版的繁荣。另一方面，古籍的时间下限是 1912 年，从理论上来说存在古籍作者去世至今不满五十年的可能，这部分古籍的版权仍然受到法律保护，对这些古籍的整理利用就必须取得相关授权。此外，古籍整理工作包括考辨疑误、校勘、翻译、标点等工作，是加工古籍使之成为可靠的、便于阅读和正确理解的出版物的基础性工作，需要相关工作人员拥有相应的专业知识素养并付出智力创造，具有独创性。《中华人民共和国著作权法》第十二条规定改编、翻译、注释、整理已有作品而产生的作品，其著作权由改编、翻译、注释、整理人享有，但行使著作权时不得侵犯原作品的著作权；第十四条规定古籍整理与出版的成果受法律保护[9]。

《公共图书馆法》第十条规定公共图书馆应遵守有关知识产权保护的法律、行政法规规定，依法保护和使用文献信息，按照著作权法的有关规定，在利用数字化、影印等技术推进整理、出版和研究利用古籍文献的同时，依法给予属于非公共资源古籍的版权所有者和受让者相应报酬，维护其权益。

### 1.3　妥善保存馆藏文献

纸张是古籍资料的主要载体，寿命本身具有有限性，此外，文献贮藏环境的影响以及利用过程中的不当，不论载体质地如何精良，都会逐渐破坏古籍资料本身的完整，甚至直接影响其使用年限。

由于资金以及技术的限制，我国部分公共图书馆中的古籍资料保藏条件较为简陋，甚至仅仅堆放于温湿度并不适宜的库房之中，直接导致酸、虫、霉、光等因素对于古籍的损害。《公共图书馆》第二十八条规定"公共图书馆应当妥善保存馆藏文献信息……应当配备防火、防盗等设施，并按照国家有关规定和标准对古籍和其他珍贵、易损文献信息采取专门的保护措施，确保安全"。国家有关规定和标准，主要包括《公共图书馆建设标准》（建标 108—2008）[10]、《图书馆古籍书库基本要求》[11]、《图书馆古籍特藏书库基本要求》[12]、《汉文古籍特藏藏品定级　第 1 部分：古籍》[13]等，根据当地水文气象等具体情况，选择适宜地点，确定合理构造，并对光线、空气、温湿度等进行调节和调控以达到古籍保护标准，从而能够对古籍进行妥善保管。这为我国古籍文献保护工作由传统方式向科学型、系统型、创新型转变提供了一定的法律依据，变被动性保护的补救性工作为主动性保护的预防性工作。公共图书馆需要不断更新现代科学技术，根据图书馆馆藏特点、文献资料的相对重要性、使用频率等，提供温湿度及光照条件合宜的存放环境，准备紧急情况下的预防方案，比如灾难、损毁、盗窃等[14]。

### 1.4　加强古籍的开发利用

古籍兼具文物收藏价值和文化研究价值，是人类共有的财富。2013 年，习近平总书记在谈到文化发展时也特别强调古籍文献的传承利用，指出要"让书写在古籍里的文字活起来"。《公共图书馆法》第四十一条规定,政府设立的公共图书馆应当加强馆内古籍的保护,根据自身条件采用数字化、影印或者缩微技术等推进古籍的整理、出版和研究利用,并通过巡回展览、公益性讲座、善本再造、创意产品开发等方式,加强古籍宣传,传承发展中华优秀传统文化,这是让古籍里的文字活起来的法律要求和实现方式。数字化包括建立目录系统和清晰准确地录入古籍文献;微缩技术是利用专门的设备、材料和工艺,将原始纸质信息原封不动地缩小并记录在缩微胶片上的信息处理技术,包括传统的摄影方式和新兴的数字存档方式[15]。数字化和微缩技术可以对古籍文献进行精密完整的记录,且储存密度较大、保存时间较长,是保护古籍内容的重要方式。在这种现代化信息技术的基础之上对古籍进行影印,一方面向大众提供了完整保留原貌的再生性古籍资源,包括其内容与版本,为其研究的展开提供了便利;另一方面降低了文献本身的流通量,减小了人为损失的概率,行之有效地推进了古籍的保护利用工作。

数字化建设是当前公共图书馆的重点工作,古籍数字化是图书馆资源数字化的重要组成部分。《"十三五"时期全国古籍保护工作规划》也提出要建立中华古籍数字资源库和中华古籍综合信息数据管理平台,扩大古籍数字资源开放,促进资源共享,提高利用效率[8]。国家图书馆于2012年启动了"国家图书馆藏善本缩微胶片数字化"项目,建设"中华古籍资源库",该数据库依托国家图书馆囊括缉熙殿、文渊阁、内阁大库等皇家珍藏的丰富馆藏,将宋元旧椠、明清精刻、方志家谱等特色资源转换为高清图片呈现于数字资源库中,"使珍本秘笈为广大读者和研究者所利用,让中国传统文化精粹得到共享"[16]。

此外,国家图书馆以及许多公共图书馆通过巡回展览、公益性讲座、善本再造、创意产品开发等方式,使古籍资源走向大众。如由国家图书馆多次举办的"国家珍贵古籍特展",将珍贵典籍系统地展现在大众面前,把观者引进博大精深的传统文化宝库,重温民族记忆,使民众在展览中受到传统文化的教育与熏陶;2016年,国家古籍保护中心、中国图书馆学会联合各省市公共图书馆、古籍保护中心等单位举办的国家珍贵古籍系列讲座活动相继进行,在广大读者及社会公众中进行国家珍贵古籍的普及和宣传推广[17]。善本再造是指通过大规模、成系统地复制出版古籍,为学界所应用,为大众所共享[18],2002至2006年间,国家累计投入资金2亿元,利用现代印刷技术仿真复制出版了 758 种 8990 册唐宋金元时期珍稀古籍善本,将留存于世的历代典籍中最有价值的一部分原貌展示于大众面前[19]。依托丰富的文献典藏,提取其中深厚的文化内涵,设计出具有传播性的文化创意产品,近年来取得明显成效,如国家图书馆依托馆藏清廷戏曲人物图谱《庆赏昇平》开发的卡通形象钥匙链、印有《十竹斋笺谱》中梅兰竹菊清雅造型的笔记本、字迹清晰造型古朴的甲骨文皂等[20]。

《公共图书馆法》体现的古籍保护原则是从"以藏为主"转变为"重藏不轻用",明确了可以利用科技手段,整理出版影印版、复制版,建设数字资源库,保护原生资料的同时开发利用古籍资源、满足读者的各种需求;同时提供讲座、展览、培训等服务,系统全面地向民众展示古籍的魅力,宣传保护古籍文献的重要性以及简单的保护方式,培养全民的古籍保护意识,鼓励民众了解古籍知识、学习古籍文化、利用古籍资源,从而传承华夏文明,让古籍真正走入大众。

### 1.5　收藏单位之间的共享与合作

我国古籍分藏于图书馆、博物馆和档案馆,三馆同属文化机构,具有保护、收集并向公众传播文化信息、提供文化服务的职责。目前这三大文化机构的资源大多独立成库,互相隔绝,少有共享,基于古籍文献的数量及版本繁多,一馆难以悉数囊括,且各公共图书馆的藏品也有重复的可能性,为了便利研究、避免资源的重复开发和浪费,建立馆际合作信息共享是十分必要的。《公共图书馆法》第三十二条规定"公共图书馆馆藏文献信息属于档案、文物的,公共图书馆可以与档案馆、博物馆、纪念馆等单位相互交换重复件、复制件或者目录,联合举办展览,共同编辑出版有关史料或者进行史料研究",这一规定完全适用于古籍。公共图书馆应充分开发本单位的古籍藏品并与相关机构进行合作,建立知识共享机制。

古籍内容的共享主要是通过公共图书馆之间以及公共图书馆同其他收藏单位之间的沟通合作,利用信息数字技术共建数字资源库。一方面,将各馆的资源汇集于一个操作平台,可以尽可能完整地呈现古籍的内容和不同版本面貌,减少用户搜寻时间;另一方面则避免出现同一文献的多次重复,从而优化整合各馆的馆藏资源,在避免浪费的前提下,为读者提供简明便捷的查阅方式和高质量的文献材料,通过提供丰富完整的古籍资料和便利的获取方式吸引更多读者,扩大文化机构的影响力。

各馆间的合作除了资源共享向公众提供丰富古籍资料外,还可利用各馆的特色进行古籍的推广,如公共图书馆与博物馆合作,利用博物馆的展示功能向公众展示图书馆所藏古籍,通过图书馆的知识信息让大众更加深入地了解古籍,领略传统文化,既可以丰富博物馆展品内容,又可以拓展公共图书馆的服务方式以及古籍的宣传途径[21],从而实现合作共赢。

各文化机构之间通过合作建立共享机制可以实现资源共享,互通有无,节省人力物力,重点开发各馆特色资源,为公众提供数量丰富且最具价值的文献资源,对于保护我国珍贵古籍文献、传承中华文明的灿烂文化和带动文化产业进步都有积极意义。

### 1.6　国家图书馆具有组织全国古籍保护的职能

2007 年 5 月 15 日中央机构编制委员会办公室批准国家图书馆加挂"国家古籍保护中心"牌子(中央编办复字〔2007〕53 号),5 月 25 日国家古籍保护中心正式挂牌成立[22],国家图书馆开始在推动全国古籍保护和文化繁荣兴盛的事业中承担重要责任。《公共图书馆》第二十二条规定国家图书馆区别于一般公共图书馆的独特功能,其中包括组织全国古籍保护,表明国家图书馆的法定职责之一是统筹组织全国古籍保护工作,这为国家图书馆统筹规划全国的古籍保护工作提供了法律依据。

国家图书馆的统筹规划、协调组织对促进全国公共图书馆的古籍保护利用工作有着重要意义,比如古籍资源数字化建设,如果缺少宏观规划,公共图书馆各自为政,势必造成资源分散、版本不全,乃至重复建设、利用不便等问题。有了国家图书馆的统筹规划、协调组织,就可以有效避免资源割裂、平台孤岛现象,有利于形成全国共建共享的古籍资源利用体系。

## 2　关于今后古籍保护利用工作的思考

### 2.1　采用新兴技术,促进古籍传承

自"中华古籍保护计划"实施以来,国家对古籍的重视程度不断加强。目前,公共图书馆逐渐采取便捷的阅览服务措施,其多数馆藏古籍已通过现代技术影印出版或数字共享,极大地便利并服务了读者。然而古籍的推广利用中仍然存在一

些问题亟待解决,如目前备受关注的古籍数字化,即存在内容重复、无统一标准、资源库失效等问题,造成浪费,同时也不利于读者的阅读研究,影响了古籍的传播。因此公共图书馆应有选择地整理数字资料,避免重复浪费,对数字资源库的日常维护也必不可少。

据国家图书馆统计资料,古籍读者中,51 岁以上的读者约占六成以上,而20 岁至 30 岁的读者则不到一成[23],读者主要是老年人,如何让古籍为更多的年轻人所接受,是古籍推广的重要任务。公共图书馆主要采用讲座、展览、开发创意产品等方式向年轻人推广古籍。国家图书馆于 2017 年 9 月 12 日举行"全国图书馆文化创意产品开发联盟"成立大会,以提高图书馆文创研发整体水平,实现图书馆文创产品文化价值与实用价值的有效统一,会议还展示了部分创意产品,如四川省图书馆的"杜甫与熊猫",河北省图书馆创意纸抽盒等[24]。公共图书馆的特色馆藏无疑是创意产品开发的重要依托,将藏书特色及内容与文化产品有机结合,开发出兼具趣味性和文化性的创意产品,是图书馆文创产品开发的思路。

北京大学中文系教授张颐武曾强调"文化产业要与新兴产业相结合,开辟出一条新的路径"。将互联网与虚拟现实技术等高新科技运用于创意产品开发,也可以成为公共图书馆推广古籍、传承文化的切入点,如国家图书馆与阿里巴巴合作推出的智能书法"翰墨书香"文具盒,书法字帖的内容选自国家图书馆藏碑帖,下载软件扫描字帖即可观看名家的书写示范和内容讲解,这样独树一帜的智能传统文化教育平台对于古籍内容推广和文化传承大有裨益。此外,目前正在大力发展的多媒体传播技术也应该为古籍的推广利用所重视,如将古籍内容可视化、动漫化等,将文献所承载的厚重文化内涵、民族智慧和精神以轻松活泼的方式展现在大众面前,为他们所理解并接受,从而吸引和培养青少年,让他们感受中华文化的无穷魅力,使存载于其间的文化得到传承,更好地发挥社会效益。

## 2.2　建立国际合作,拓展资源共享

中国数千年文化积淀下的古籍文献浩如烟海,由于种种原因,不少古籍善本流落海外,被海外图书馆所收藏。钱存训先生曾指出,中国最早的写本、印本和拓本等中国书籍发展史上最重要的原始资料,现多保存在欧洲各大图书馆之中,如存世最早的写本敦煌卷子,其中八千件在伦敦,四千件在巴黎,还有部分孤本或罕本,国内早已失

传[25]。虽然目前不少西方图书馆开始着手古籍数字化的工作，但是由于中国古籍在当地属于外文文献，本地读者少，许多古籍或许并不会被数字化[26]。这些流散于海外的珍贵文化载体对于研究著述和传承文化有同样重要的意义。公共图书馆等古籍收藏单位应该选择开放合作的发展模式，积极地联合国外图书馆开展国际合作，建立与海外的资源共享，共同开发中文古籍的数字资源。国家图书馆已经开始着手国际合作相关工作，如与美国哈佛大学图书馆协议共同开发哈佛大学哈佛燕京图书馆藏中文善本古籍特藏，建立"哈佛大学哈佛燕京图书馆藏善本特藏资源库"，哈佛燕京图书馆的这批藏书以其质量之高、数量之大著称于世，以数字化的形式保存这批精品，极大地方便了海内外学者对这批文献的研究[27]。国家应当大力促成海内外古籍收藏机构的合作，形成联合性的全文图像数据库，以数字化方式向读者提供服务，使这些流散在外的古籍资源得到充分的利用，传统文化得到真正的传承和发扬。

### 2.3　完善配套规章，推行寄存制度

古籍保护利用从根本上来说并不是简单的技术问题，而是包含方方面面的管理问题，因此，完善古籍保护相关规章制度，建立完善古籍保护体系十分必要。《公共图书馆法》第二十三条规定，须按照国家有关规定和标准对古籍文献信息采取专门的保护措施，然而由于受到馆舍面积、资金技术、专业人才等方面的限制，许多中小型公共图书馆没有能力为古籍单设专库保藏，甚至没有能力对已经破损的古籍进行修补，此外，中小型图书馆所藏古籍数量往往较少，甚至可能只有数本，为寥寥无几的藏品建立标准库房及配套设备并不利于资源的优化配置，同时也会加重图书馆的运营负担。因此，古籍的保护也需要从现实出发，考虑各类古籍收藏机构的需求，采取灵活的手段对古籍加以保护并最终实现研究利用，比如加强区域中心公共图书馆，如省图书馆、市图书馆等的监督和指导工作，提供技术、人员等以支持中小型公共图书馆的古籍保护利用工作，采取古籍寄存制，等等。

其中，古籍寄存制是保护中小型公共图书馆所藏古籍的灵活方式，能够在不改变藏书所有权的前提下，实现古籍文献的保护并使资源得到充分利用。我国图书馆开展图书寄存服务由来已久，如国立北平图书馆曾于1930年制定《国立北平图书馆收受寄存图书暂行规则》[28]，并于当时吸纳包括梁启超生平所藏等多种寄存图书，丰富了馆藏。从具体操作层面来说，没有古籍保护能力的机构可以将古籍寄存

或者有偿交给拥有相应资金技术水平的公共图书馆,一方面古籍文献能够得到更好的保存环境,被寄存单位也可完善收藏体系,提升自己的服务能力,向公众提供更加全面的文献资料,满足读者需求;另一方面中小型图书馆可以节省资金,用以发展本馆其他事务,或者得到资金、书籍资源等相应补偿,比如免费使用上移图书馆的古籍资源,实现资源共享,从而达到保护文献、利用文献的双重目的,取得双赢。

**参考文献**

[1] 中华人民共和国国家质量监督检验检疫总局,中国国家标准化管理委员会.古籍修复技术规范与质量要求(GB/T 21712—2008)[S].北京:中国标准出版社.2008:1.

[2] 卢云辉.加快古籍保护立法[EB/OL].[2017 – 12 – 17].http://www.sohu.com/a/128370272_562249.

[3] 中华人民共和国文物保护法实施细则[EB/OL].(2015 – 08 – 21)[2018 – 01 – 10].http://www.gov.cn/banshi/2005-08/21/content_25090.htm.

[4] 中华人民共和国档案法[EB/OL].[2018 – 01 – 17].http://www.npc.gov.cn/wxzl/gongbao/1996-07/05/content_1479973.htm.

[5] 国务院办公厅关于进一步加强古籍保护工作的意见[EB/OL].(2007 – 01 – 29)[2017 – 12 – 17].http://www.gov.cn/zwgk/2007-01/29/content_511825.htm.

[6] 中华古籍保护计划[EB/OL].[2017 – 12 – 22].http://www.nlc.cn/pcab/bhjh/jj/.

[7] 文化部关于进一步加强古籍保护工作的通知[EB/OL].(2011 – 03 – 29)[2017 – 12 – 17].http://www.mcprc.gov.cn/whzx/ggtz/201111/t20111121_420553.html.

[8] 文化部关于印发《“十三五”时期全国古籍保护工作规划》的通知[EB/OL].(2017 – 08 – 07)[2017 – 12 – 17].http://www.gov.cn/xinwen/2017-09/06/content_5223039.htm.

[9] 中华人民共和国著作权法[EB/OL].(2010 – 02 – 26)[2018 – 01 – 10].http://www.npc.gov.cn/npc/xinwen/2010-02/26/content_1544852.htm.

[10] 公共图书馆建设标准[EB/OL].(2012 – 08 – 24)[2018 – 01 – 10].http://www.zj.gov.cn/art/2012/8/24/art_14513_50741.html.

[11] 中华人民共和国国家质量监督检验检疫总局,中国国家标准化管理委员会.图书馆古籍书库基本要求(GB/T 30227-2013)[S].北京:中国标准出版社.2014.

[12] 中华人民共和国文化部.图书馆古籍特藏书库基本要求(WH/T 24—2006)[S].北京:北京图书馆出版社.2007.

［13］中华人民共和国国家质量监督检验检疫总局,中国国家标准化管理委员会.汉文古籍特藏藏品定级　第1部分:古籍(GB/T 31076.1—2014)［S］.北京:中国标准出版社.2015.

［14］张淑平.谈古籍保护策略［J］.古籍保护,2017(1):47－50.

［15］宁三香.传统缩微技术与数字存档技术的差异性分析——以国家图书馆为例［J］.农业图书情报学刊,2016(2):103－105.

［16］中华古籍资源库［EB/OL］.［2017－12－17］.http://mylib.nlc.cn/web/guest/shanbenjiaojuan.

［17］中国图书馆学会关于申办国家珍贵古籍系列讲座活动的通知［EB/OL］.(2016－04－08)［2017－12－28］.http://www.lsc.org.cn/c/cn/news/2016-04/08/news_8821.html.

［18］中华再造善本数据库［EB/OL］.(2017－04－17)［2017－12－28］.http://library.fjnu.edu.cn/e4/41/c6404a123969/page.htm.

［19］论古籍保护［EB/OL］.(2008－07－22)［2017－12－28］.http://www.literature.org.cn/article.aspx?id=33910.

［20］惠梦.文创产品,为古籍插上想象的翅膀——中国国家图书馆文创开发实践［EB/OL］.(2016－08－04)［2017－12－28］.http://www.cfen.com.cn/zyxw/bjtj/201608/t20160804_2375302.html.

［21］朱蓓,王鑫.浅谈博物馆与图书馆的合作共建［J］.现代交际,2016(14):97－99.

［22］国家古籍保护中心［EB/OL］.［2017－12－21］.http://www.nlc.cn/pcab/bhjh/gzjg/201412/t20141204_93451.htm.

［23］刁其麟.浅谈古籍图书的收藏与利用［J］.出版与就业(就业版),2012(1):97－98.

［24］"全国图书馆文化创意产品开发联盟"成立［EB/OL］.(2017－09－13)［2017－01－11］.http://www.nlc.cn/dsb_zx/gtxw/201709/t20170913_157504.htm.

［25］钱存训.欧美各国所藏中国古籍简介［J］.图书馆学通讯,1987(4):57－84.

［26］姚远,李莎,沈东婧.国内外古籍开放获取实践进展［J］.知识管理论坛,2017(2):120－127.

［27］哈佛大学哈佛燕京图书馆藏善本特藏资源库［EB/OL］.［2017－12－26］.http://mylib.nlc.cn/web/guest/hafoyanjing.

［28］北京图书馆业务研究委员会.北京图书馆馆史资料汇编(1909—1949)［M］.北京:书目文献出版社,1992:1065－1069.

# 呈缴本制度完善之路

## ——关于《公共图书馆法》"交存"制度研究*

任宋洁　金武刚(华东师范大学信息管理系)

## 1　引言

呈缴本制度,是指国家用法律或政令形式规定全国所有出版机构或负有出版责任的单位,凡出版一种出版物,必须向指定机构免费缴送一定数量的样本,此样本就叫呈缴本,此制度就叫呈缴本制度。呈缴本制度建立的意义在于全面、完整地保存民族文化遗产。在我国实践中一直实施这种制度,但存在不同的称谓。在中央法规层面,多称为"送交样本",在地方法规层面多称为"呈缴本制度"。2017 年11 月 4 日第十二届全国人民代表大会常务委员会第三十次会议通过的《中华人民共和国公共图书馆法》(以下简称《公共图书馆法》)[1],称之为"交存"。我国很早就建立了出版物呈缴制度,但一直以来执行情况差,正如有学者指出"有法可依"但"恶法难行"[2]。《公共图书馆法》作为我国第一部图书馆专门法律,其中也涉及了呈缴本问题,并且在法律层面上,规定了呈缴本的接受单位是国家图书馆和省级公共图书馆,这为我国完善呈缴本制度提供了依据。

## 2　我国呈缴本制度的建设现状

我国不同政府部门之间职能交叉重叠,部门之间缺少协作和共享机制,这导致我国呈缴本制度在不同制度体系中都作出了规定,分别为:基于出版法规的呈缴本

　　* 本文系教育部人文社会科学研究青年基金项目"中国图书馆法律制度建设的实践及成效研究"(批准号:13YJC870010)研究成果之一。

制度体系和基于图书馆法规的呈缴本制度体系[3]。

## 2.1　基于出版法规的呈缴本制度体系

基于出版法规的呈缴本制度体系，主要由三部分组成，分别为国务院颁布的行政法规、国务院相关行政部门颁布的部门规章，以及地方政府颁布的相关政府规章和规范性文件。

国务院颁布的行政法规主要是《出版管理条例》和《音像制品管理条例》。《出版管理条例》第二十二条规定，"出版单位应当按照国家有关规定向国家图书馆、中国版本图书馆和国务院出版行政主管部门免费送交样本"[4]。《音像制品管理条例》第十二条规定，"音像出版单位应当按照国家有关规定向国家图书馆、中国版本图书馆和国务院出版行政主管部门免费送交样本"[5]。这两个行政法规中，都明确规定了出版单位应该向国家图书馆、中国版本图书馆和国务院出版行政部门免费呈缴样本，但对呈缴物的范围、呈缴的方式，如呈缴时间、数量、方式等没有进行具体规定。

国家新闻出版广电总局（新闻出版总署），是 2018 年国务院机构调整前新闻出版行业的行政主管部门，以部门规章形式对行政法规中的相关规定进行了细化。涉及的现行有效的部门规章主要包括：1979 年颁布的《关于征集图书、杂志、报纸样本的办法》[6]、1991 年颁布的《关于调整向北京图书馆缴送杂志样本数量的通知》[7] 以及 2007 年颁布的《新闻出版总署关于加强音像制品和电子出版物样本缴送工作的通知》[8]。

上述部门规章中有关呈缴本制度的主要内容可以归纳为：

（1）对呈缴物的范围进行了界定。呈缴物的范围包括图书、杂志、报纸、音像制品和电子出版物。关于图书，出版单位公开发行、只限国内发行和内部发行的图书，其每版次、每印次以及同一种图书的不同装帧、开本、版式、纸张、字号的版本出版时，均需按规定呈缴。关于杂志，出版社、杂志社编辑、出版的定期、不定期或有连续期号的杂志，并通过邮局、书店或自办发行的（包括公开发行、只限国内发行和内部发行）的都属于呈缴范围；并且还对非呈缴范围也进行了说明，即活页形式的"供领导参考""内部资料""情况反映""情况简报""科技情报"及打字、油印和报纸形式的非正式刊物，均不属缴送样本范围。关于报纸，中央、中央直辖市、省、自治区及省会所在的市一级出版的报纸的合订本，《解放军报》，国务院各部委或省、自治区所属厂矿、企业、学校编辑出版发行的报纸的合订本,均应按规定缴送[6]。关于音像制品和电子出版物,缴送样本为新版音像制品和电子出版物,对于再版的音像制品和电子出版物,凡是节目内容有变动、包装有更换或使用新的条形码的,均需缴送样本。此外,对于配合本版出版物出版的音像制品和电子出版物,也要按规定缴送样本。

(2)明确了呈缴的数量。图书、杂志、报纸的呈缴数量如表 1 所示。对于音像制品和电子出版物,规定出版单位应向国家图书馆、中国版本图书馆和国务院出版行政主管部门缴送样本各 1 套。

**表 1  图书、杂志、报纸缴送数量**

| 单位 | 图书 | | | | | 杂志 | 报纸合订本 |
|------|--------|---------------------------|--------|------|------|------|------|
| | 初版新书 | 不同装帧、开本、版式、字号的版本 | 重印书 | 租型 | | | |
| 新闻出版署 | 1 份 | — | 1 份 | 1 份 | 1 份 | — | |
| 版本图书馆 | 1 份 | 1 份 | 1 份 | 1 份 | 1 份 | 1 份 | |
| 国家图书馆 | 3 份 | — | — | — | 3 份 | 1 份 | |

(3)对不履行缴送义务处罚措施的规定。主要在《新闻出版总署关于加强音像制品和电子出版物样本缴送工作的通知》中进行了规定,具体措施为:每半年通报一次音像、电子出版单位样本缴送情况,对不缴送样本或不按期缴送样本的出版单位,将视情节轻重给予通报批评、核减中国标准音像制品编码或中国标准书号,情节严重的,予以停业整顿或吊销出版许可证。此外,各音像、电子出版单位缴送样本的情况,将被列为音像、电子出版单位考核和年检的重要内容,对不按期缴送样本或不缴送样本的出版单位,年检时将予以暂缓登记或不予以登记[8]。

有的地方政府也颁布了相关的政府规章和规范性文件。如威海市、洛阳市、平顶山市人民政府都颁布了关于建立地方文献呈缴本制度的通知。以洛阳市为例,洛政办〔2009〕140 号文件《洛阳市人民政府办公室关于建立地方文献呈缴本制度的通知》[9]中规定,呈缴本的范围包括:洛阳市各单位编制的图书资料(如地方志、本地区的家谱、编制成册的重要会议文献等)和洛阳籍(或寓居洛阳)人士的各种著作及史料。具体呈缴时间为各类资料出版、发行后 30 日内,缴送数量为 2—3 册(套)。

## 2.2　基于图书馆法规的呈缴本制度体系

基于图书馆法规的呈缴本制度体系主要由两部分组成，分别为《公共图书馆法》中的相关规定、各地方颁布的图书馆法规或规章中的相关规定。

《公共图书馆法》第二十六条规定，"出版单位应按照国家有关规定向国家图书馆和所在地省级公共图书馆交存正式出版物"[1]。与出版法规体系不同，《公共图书馆法》的颁布，突破了原先只向国家图书馆呈缴的规定，从立法上明确了接受呈缴本的图书馆还包括省级公共图书馆。

此外，还有一些地方公共图书馆法规或规章，已经对呈缴本制度进行了相关规定，包括北京、深圳、湖北、内蒙古、广州、四川、上海、浙江、河南等，对这些规定中有关呈缴本制度的规定进行归纳，如表2所示。

表2　地方图书馆法规或规章中有关呈缴本制度规定

| 相关法规 | 呈缴时间 | 呈缴数量 | 呈缴物接受单位 |
| --- | --- | --- | --- |
| 《北京市图书馆条例》[10] | 出版之日起2个月内 | 2套 | 首都图书馆 |
| 《深圳经济特区公共图书馆条例》[11] | — | 2本 | 深圳图书馆 |
| 《湖北省公共图书馆条例》[12] | 出版之日起30日内 | 2册（套） | 省图书馆<br>市、州图书馆 |
| 《内蒙古自治区公共图书馆管理条例》[13] | 出版之日起30日内 | 1—3册（份） | 盟市以上公共图书馆 |
| 《广州市公共图书馆条例》[14] | 出版之日起60日内 | 2、4册（件）（根据出版物不同） | 广州图书馆、广州少年儿童图书馆、各级公共图书馆 |
| 《四川省公共图书馆条例》[15] | 出版之日起30日 | 不少于2册（套、件） | 省公共图书馆和所在地公共图书馆 |
| 《上海公共图书馆管理办法》[16] | 出版之日起30日内 | — | 上海市图书馆 |
| 《浙江省公共图书馆管理办法》[17] | 编印之日起30日内（非合订本报纸出版之日起7日） | 1册（件） | 省图书馆、所在地市、县（市、区）图书馆 |
| 《河南省公共图书馆管理办法》[18] | 出版之日起30日内 | 2部 | 当地公共图书馆（按行政区划分） |

各地颁布的公共图书馆法规或规章中的呈缴本制度,可以总结为以下几点:

(1)在呈缴物范围的界定上,除广州市明确规定了呈缴物包括:图书、报纸、期刊、音像制品、缩微制品、电子出版物等,其他地区都没有明确规定呈缴物的范围,但从规定中可以看出大部分指图书和报刊。

(2)在呈缴数量上,各地的规定不一。特别值得注意的是,广州市规定不同出版物的类型,呈缴数量不同。一般出版物应向广州图书馆呈缴 2 册(件),少年儿童出版物要同时向广州少年儿童图书馆呈缴 2 册,各级人民政府以及所属职能部门编印的内部资料性出版物,应向本级公共图书馆呈缴 4 册[14]。

(3)在呈缴本的接受单位上,主要可以分为三类,分别为一级,即规定省市级公共图书馆为接受单位,如北京、深圳、上海;二级,即规定省和地市级公共图书馆都是呈缴本接受单位,如湖北、内蒙古;三级,即规定省、市、县级都为呈缴本接受单位,如浙江、河南、四川。

(4)设定了信息公开和鼓励呈缴的条款。如北京市规定"首都图书馆应当在接到出版物之后进行公开展陈,展陈时间不得少于 2 个月"[10]。广州市规定,"鼓励自然人、法人或者其他组织通过各种方式向公共图书馆捐赠其出版或者编制的各类出版物和资料。受缴、受赠公共图书馆应当向出版、编制单位出具接受呈缴或者捐赠凭证,定期编制呈缴本、受赠本目录并向社会公布"[14]。

## 3　呈缴本制度现有弊端探究

一直以来,我国呈缴本制度落实执行情况并不尽如人意。特别是现有制度在呈缴数量、呈缴方式等方面存在一些不合理规定,争议颇多。

### 3.1　多头呈缴,数量众多

我国呈缴本制度,涉及两大体系,因此规定的呈缴本接受单位众多,出版单位要多头缴送。根据出版法规,需要向新闻出版署、版本图书馆、国家图书馆分别缴送。根据图书馆法规,在国家层面的《公共图书馆法》出台之前,我国已有一些地方立法和政府规章对呈缴本制度进行了规定,有的规定了出版机构向省、市、县一级公共图书馆分别缴送的义务。如浙江省规定,地方文献资料呈缴单位应当在地方文献资料出版、编制之日起 30 日内向省图书馆及所在地市、县（市、区）公共图书馆送缴样本 1 册[17]。这就使出版单位不仅要向省级还要向地市、县（市、区）公共图书馆进行缴送，越是基层的出版单位，承担的呈缴义务越重。如果从数量上进行统计，就更能反映当前我国呈缴本制度的突出问题所在。本文选取了北京、湖北、内蒙古、广州、浙江五个地区，以图书呈缴为例进行数量统计，结果如表 3 所示：

表 3　部分地方规定呈缴数量情况

| 地区 | 基于出版法规呈缴数量 | 基于图书馆法规呈缴数量 | 合计 |
|---|---|---|---|
| 北京 | 5 册 | 2 册 | 7 册 |
| 湖北 | 5 册 | 省级公共图书馆：2 册；所在地市、州图书馆：2 册 | 9 册 |
| 内蒙古 | 5 册 | 盟市及以上公共图书馆至少 1—3 册 | 7—11 册 |
| 广州 | 5 册 | 一般出版物：2 册；少年儿童出版物：4 册 | 一般出版物：7 册；少年儿童出版物：9 册 |
| 浙江 | 5 册 | 省级公共图书馆：1 册；所在地市、县（市、区）公共图书馆：1 册 | 县级出版单位：7 册 |

由此可见，在上述五个地区，出版单位每出版 1 册书，在当地至少需要向不同机构呈缴 7 本。在内蒙古，如果按照 3 本进行足额呈缴，出版单位共需呈缴 11 本。再加上向国家层面的有关机构呈缴，出版单位呈缴数量较多，负担较重，进而造成呈缴积极性不高、缴送率较低的现状。

### 3.2　出版物类型复杂多样，配套制度不完善

呈缴物不仅包括传统的纸质出版物，还包括数字出版物。纸质出版物中还分为一般出版物和特殊出版物（指特殊种类和出版数量较少的）。数字出版物又分为两大类型：一类是离线数字出版物，另一类是在线数字出版物。离线数字出版物有实体型载体，可以独立存在于网络之外，而在线数字出版物指可以连接到更大范围的网络或系统的数字对象[19]。出版物的类型多样，特别是纸质出版物中的特殊出版物，因其成本较高，数量较少，如果不加区分和一般纸质出版物一样按照相关规定数量呈缴，显然不合适。从现有法规来看，除上海对特殊出版物进行区分外，其他地区都没有单独进行规定。

对于电子出版物的呈缴,一直以来都没有相关条款对其进行规定。主要原因在于随着信息技术的不断变化发展,使得电子出版物的信息记录格式也呈现出多样化的特点。对于需要呈缴的电子出版物,因为其需要长期保存并能为后人所读取,因此其数据格式应当相对统一,并且要随着技术的发展而不断更新,但我国目前还没有规定统一的电子出版物呈缴格式。即使规定了统一格式,也会面临一些问题。规定统一的电子出版物格式后,出版机构在进行缴送前就需要进行格式转换,而格式转换一方面可能会改变出版物的原始表现形式,从而造成某些信息丢失,不能保证信息保存的完整性;另一方面,转换工作烦琐,需要成本,出版机构考虑到自身利益,不愿进行转换工作[20]。对于电子出版物的另一种类型网络出版物,因其本身具有海量、内容类型复杂等特殊性,呈缴一直以来都是难题。呈缴本制度是保存世界文化遗产的重要保障措施。相对于数字资源,出版商往往出于自身利益,只允许数字图书馆获取数字资源的存储使用权。为了数字文化资源的合理、有效收藏,有关网络呈缴制度的建立完善,须早日提上议事日程[21]。

### 3.3　呈缴方式单一,出版单位权益得不到保障

我国的呈缴本制度是一律采用法定呈缴和免费呈缴的方式,在当前市场经济体制下,出版单位作为自负盈亏、自主经营的经济实体,长期无偿进行呈缴,负担过重,呈缴本制度执行效果不太好。对于一些特殊出版物,出版成本较高,规定免费呈缴难免引起出版单位的不满。而对于电子出版物,因为其具有很强的共享性,向一个公共图书馆呈缴,很容易与其他图书馆共享,这对出版单位的市场影响很大。出版单位考虑到自身利益,也有不愿意进行呈缴的情形[22]。

### 3.4　执法力度不够,惩罚威慑不够

《公共图书馆法》第五十一条规定:"出版单位未按照国家有关规定交存正式出版物的,由出版行政主管部门依照有关出版管理的法律、行政法规规定给予处罚。"[1]在我国相关规定中,有对拒不缴送出版单位的处罚措施,但这些处罚规定属于行政处罚的范围,法律效力不够,执行效果难以令人满意。

## 4　国外呈缴本制度经验借鉴

英国、美国的呈缴本制度主要依附于版权法,法国依附于著作权法,日本依附

于图书馆法,各国情况不一。分析各国呈缴本制度,能为我国呈缴本制度完善提供可资借鉴的思路与做法。

## 4.1　呈缴类型

对于呈缴物范围的界定,法国的做法较为突出。法国规定的呈缴物范围广泛,包括图书、期刊、制图材料、乐谱、照片和唱片、视频资料、多媒体图像和资料、一些原始资料、电子出版物等。法国国家图书馆网站上将呈缴物分为 9 大类[23],每类中具体规定了所涵盖呈缴物的范围和非呈缴物的范围,但并没有采用简单罗列式的方式,这就为将新的出版物纳入呈缴范围提供了保障。这种做法既能使呈缴者明确应呈缴的范围,也避免了今后修改法律可能带来的不稳定性。对于电子出版物的呈缴,特别是在网络出版物的保存方面,法国也处于领先地位,不仅将其纳入呈缴范围,并且与其他国家的图书馆合作,于 2011 年 12 月颁布了网络出版物的呈缴法令。

对于特殊出版物,应当从立法层面对特殊出版物作出特殊规定。美国著作权法中明确规定:"著作权局于下列情形得免除任何种类资料之缴送,或要求其仅送缴一份:如图表、插图或雕刻作品,以及作品发行量在五份以下,或作品发行量甚少,送缴两份造成负担太重,以及不公平或不合理等情形。"[24]

对于同一种出版物的不同版本呈缴,国外也有不同的做法。如日本的有关做法是:记录某一特定著作及信息运用同一原版或木板,以及同一时期发行的两个以上的版本(如精装本、平装本),以适用性为原则,规定呈缴其最优版本,而免除其他版本的呈缴[25]。最优版本是指最适合以保存和利用为目的的呈缴本,美国、日本还有专门针对"最优版本"的适用标准[26]。

## 4.2　呈缴方式

我国出版单位需要向多个单位进行呈缴,并且都为强制免费呈缴。而国外关于呈缴本制度的规定中涉及多种缴送方式。

在英国,实行强制呈缴和申请呈缴相结合的办法。英国著作权法中规定了有权接受呈缴的图书馆有六个,分别为大英图书馆、牛津大学博德利图书馆、剑桥大学图书馆、国立苏格兰图书馆、都柏林三一学院图书馆、国立威尔士图书馆。其中大英图书馆是强制呈缴图书馆,即出版机构每出版一种出版物应在一个月内向该图书馆提供呈缴本。而其他五个图书馆可通过提交呈缴申请的方式要求出版机构提供呈缴本。但需要注意的是,不管是强制呈缴还是申请呈缴,出版单位拒不呈缴的都将受到一定程度的制裁[27]。

在呈缴方式上,值得一提的还有日本的相关做法。日本建立了呈缴经济补偿机制,对于一些特殊出版物,如成本较高的出版物,在呈缴出版物一方提出要求的情况下,国立国会图书馆通常支付补偿金给出版物出版及呈缴应需的费用,以减轻出版单位的负担。并且,出版者向国立国会图书馆寄赠样本时,能够获赠刊载该出版物的全日本出版物国家书目[28]。

### 4.3　处罚措施

国外对于拒不履行呈缴义务的处罚措施明确具体,执法力度强。

美国的惩罚制度明确,主要是处以罚金。在法国不履行呈缴义务的出版者,将被追究法律责任,除了被处以罚款之外,情节严重者会被视为犯罪,受到刑事制裁。并且,法国有专门推行出版物法定呈缴本制度的总负责机构——法定呈缴本科学委员会,在很大程度上可以保证呈缴本制度的贯彻执行。

## 5　呈缴本制度的完善之路

《公共图书馆法》的颁布,从法律层面为完善呈缴本制度提供了基本依据。但是,想要改变我国呈缴本制度当前落实情况较差的现状,还需要从制度上进行创新,构建合理可行的呈缴本制度执行机制。

### 5.1　共享制度

在我国当前的呈缴本制度中,出版单位需要多头缴送,且缴送数量过多,究其根本是因为我国长期存在的部门割裂问题。应当遵循共享发展理念,通过部门之间的共建共享,减轻出版单位负担。

按照相关规定,出版单位应当向国家图书馆、中国版本图书馆和国务院出版行政部门免费送交样本。其中,版本图书馆隶属于国务院出版行政部门,接受呈缴本的目的是进行收藏,但并不对外进行开放。而国务院行政部门接收呈缴本的目的,是通过汇集而来的样书从宏观上掌握出书动向、规模及发展趋势,检查出版物的良莠甚至违规的出版行为,因此二者完全可以共享一本呈缴物。如由出版行政部门接受的呈缴物,交由版本图书馆收藏,从而可以直接减少出版单位的缴送数量。

另外,《公共图书馆法》已经明确规定国家图书馆具备"国家文献信息战略保存、国家书目和联合目录编制"等基本职能,在本质上与版本图书馆功能基本重合。因此,应当充分利用《公共图书馆法》实施之际,推动现有版本图书馆与国家图书馆的融合发展。在出版行政部门需要调阅相关呈缴物时,可以直接从国家图书馆中获取,为出版单位呈缴出版物减负。

### 5.2 补偿制度

在市场经济体制下,一味地让出版单位履行呈缴义务而不给予相应的补偿,不免出现出版单位为了自身利益而拒不履行呈缴义务的现象。因此,为了完善我国的呈缴本制度,需要建立合理有效的经济补偿制度。补偿制度可以进行以下规定:

(1)国家图书馆和省级图书馆以外的公共图书馆,希望获得呈缴物,可以向出版单位提出书面请求,并且要给予出版单位一定的经济补偿,出版物价格可以由主管部门统一规定,或由出版单位和申请方协商决定。

(2)对于出版成本较高的出版物,如单册图书定价超过 500 元、成套定价超过 5000 元的出版物,或者出版数量较少的出版物,如少于 100 册(件)的特殊出版物,可以接受 1 册(件)的免费呈缴,其余部分则需要接受单位另行购买。

### 5.3 公开制度

在我国,除北京市规定"首都图书馆应当在接到出版物之后进行公开展陈,展陈时间不得少于 2 个月"外,其他地区都没有有关信息公开的规定。而对呈缴情况相关信息进行公开,一方面能对出版单位履行呈缴义务起到督促作用,另一方面又能对一些出版单位起到激励作用。为了促进出版单位积极履行呈缴义务,建立信息公开制度需要包含以下几个要点:

(1)明确规定呈缴本接受单位在接受呈缴物后,应该向出版单位提供书面收据,以证明其履行了相应的呈缴义务。对于在规定时间内没有履行呈缴义务的出版单位,呈缴接受单位有义务进行催促,可以向出版单位寄送书面通知,对于催促后仍不及时缴送的可以进行公示。

（2）一些地方法规鼓励出版单位或个人自愿呈缴，对于主动进行呈缴的出版单位和个人，要向公众进行特别公示，这种做法的目的，是向公众表达国家对于主动呈缴的鼓励和认可。

（3）省级图书馆作为呈缴物接受单位，应该定时编制刊载有出版单位呈缴出版物的本省呈缴本总目录，寄送给呈缴者，并在馆内进行公开展陈，展陈时间不得少于2个月。这种做法的目的，一方面可以作为呈缴情况的定时记录，另一方面又是对履行呈缴义务的出版单位的褒奖，在一定程度上可以起到激励作用。

## 5.4 惩罚与监督制度

明确的惩罚制度是提高呈缴效率的有力保障，我国对于拒不履行呈缴义务的出版单位虽然有相应的处罚规定，但效力不够，不能起到督促出版单位积极呈缴的作用。我国要构建有效的惩罚制度，首先要明确呈缴制度执行的监督单位。在我国，虽然图书馆作为主要呈缴物接受单位，但是由于没有实际执法权，权威性不够，应该由主管部门进行监督管理。对拒不履行呈缴义务的出版单位，落实相应的处罚措施，加强对呈缴本制度的监督管理。

惩罚制度的关键要做到有法必依、执法必严。必须将惩罚措施贯彻落实，不能将惩罚措施流于形式。具体的惩罚措施可以从两方面进行规定，一方面，我国已有的处罚规定，即对不缴送样本或不按期缴送样本的出版单位，将视情节轻重给予通报批评、核减中国标准音像制品编码或中国标准书号，情节严重的，予以停业整顿或吊销出版许可证。另一方面，将缴送情况列为对出版单位考核和年检的重要内容，对不按期缴送样本或不缴送样本的出版单位，年检时将予以暂缓登记或不予以登记。总之，就是要让出版单位把出版物呈缴作为日常工作内容之一。另一方面，就是要进行经济处罚，国外普遍采取经济处罚，对拒不履行呈缴义务的出版单位，根据应缴送出版物的价格处以相应的罚款，对于屡次故意不履行呈缴义务的出版单位，要加强处罚。

《公共图书馆法》的出台，对于图书馆事业发展具有里程碑式的意义，其中关于"交存"制度的规定，对于今后制定具体呈缴本制度具有重要指引作用。总之，不断完善呈缴本制度，科学合理且最大效率地发挥保存我国文化遗产的作用，是我们责无旁贷的共同的社会责任。

## 参考文献

[1] 中华人民共和国公共图书馆法[EB/OL]. (2017 – 11 – 04)[2018 – 08 – 01]. http://www. npc. gov. cn/npc/xinwen/2017-11/04/content_2031427. htm.

[2] 李国新. 中国图书馆法治建设的成就与问题(下)[J]. 图书馆建设,2004(2):1 – 6.

[3] 冯守仁,肖维平,董海,等.《公共图书馆法》呈缴本制度的立法研究[J]. 中国图书馆学报, 2010,36(6):67 – 74.

[4] 出版管理条例(2016 年修正本)[EB/OL]. (2016 – 02 – 06)[2018 – 08 – 01]. http://www. sapprft. gov. cn/sapprft/govpublic/6681/356061. shtml.

[5] 音像制品管理条例(2016 年修正本)[EB/OL]. (2016 – 02 – 06)[2018 – 08 – 01]. http:// www. gapp. gov. cn/sapprft/govpublic/6681/356067. shtml.

[6] 关于征集图书、杂志、报纸样本的办法[EB/OL]. (1979 – 04 – 01)[2018 – 08 – 01]. http:// www. law-lib. com/lawhtm/1949—1979/1923. htm.

[7] 关于调整向北京图书馆缴送杂志样本数量的通知[EB/OL]. (1991 – 11 – 04)[2018 – 08 – 01]. https://www. lawxp. com/statute/s1200898. html.

[8] 新闻出版总署关于加强音像制品和电子出版物样本缴送工作的通知[EB/OL]. (2007 – 01 – 24)[2018 – 08 – 01]. https://www. lawxp. com/statute/s537533. html.

[9] 洛阳市人民政府办公室关于建立地方文献呈缴本制度的通知[EB/OL]. (2009 – 12 – 07) [2018 – 08 – 01]. http://www. ly. gov. cn/zwgk/gkwx/0601/2009n/dsej/280563. shtml.

[10] 北京市图书馆条例[EB/OL]. (2002 – 07 – 18)[2018 – 08 – 01]. http://www. 34law. com/ lawfg/law/1797/3021/print_461638171717. shtml.

[11] 深圳经济特区公共图书馆条例[EB/OL]. (2008 – 09 – 24)[2018 – 08 – 01]. http://www. 34law. com/lawfg/law/1797/3122/law_890916898909. shtml.

[12] 湖北省公共图书馆条例[EB/OL]. (2001 – 07 – 27)[2018 – 08 – 01]. https://wenku. baidu. com/view/152f7d200722192e4536f645. html.

[13] 内蒙古自治区公共图书馆管理条例[EB/OL]. (2007 – 07 – 08)[2018 – 08 – 01]. http:// www. nmgrd. gov. cn/cwgb/2000/4/200707/t20070708_58957. html.

[14] 广州市公共图书馆条例[EB/OL]. (2017 – 03 – 02)[2018 – 08 – 01]. http://www. gzlib. gov. cn/policiesRegulations/78168. jhtml.

[15] 四川省公共图书馆条例[EB/OL]. (2013 – 07 – 26)[2018 – 08 – 01]. http://www. sccnt.

gov. cn/zwxx/dtxxzwxx/201307/t20130731_12013. html.

［16］上海市公共图书馆管理办法［EB/OL］. (2011 – 06 – 03)［2018 – 08 – 01］. http://www. shanghai. gov. cn/nw2/nw2314/nw2319/nw2407/nw26170/u26aw27319. html.

［17］浙江省公共图书馆管理办法［EB/OL］. (2003 – 08 – 06)［2018 – 08 – 01］. http://www. zjwh. gov. cn/zcfg/xzgz/szf/2007-05-24/30066. htm.

［18］河南省公共图书馆管理办法［EB/OL］. (2002 – 07 – 23)［2018 – 08 – 01］. http://www. 34law. com/lawfg/law/1797/3497/law_2409381617. shtml.

［19］吴钢. 网络出版物呈缴制度研究［J］. 情报理论与实践,2006(4):406 – 408.

［20］吴钢. 数字出版物法定呈缴制度客体研究［J］. 中国图书馆学报,2014(1):93 – 102.

［21］倪菁,郑建明. 数字图书馆的基本职能论［J］. 图书馆理论与实践,2014(5):14 – 16,44.

［22］纪晓平,周庆梅. 我国呈缴本制度的立法思考［J］. 大学图书馆学报,2006(3):18 – 23.

［23］BnF Dépôt légal［EB/OL］.［2018 – 01 – 14］. http://www. bnf. fr/fr/professionnels/depot_legal. html.

［24］Copyright Law of the United States［EB/OL］.［2018 – 01 – 14］. https://www. copyright. gov/title17/title17. pdf.

［25］任大山. 中外呈缴本制度及思考［J］. 图书馆建设,2007(6):64 – 66.

［26］Best Edition of Published Copyrighted Works for the Collections of the Library of Congress［EB/OL］.［2018 – 01 – 14］. https://www. copyright. gov/circs/circ07b. pdf.

［27］Copyright Act 1911［EB/OL］.［2018 – 01 – 14］. http://www. legislation. gov. uk/ukpga/Geo5/1-2/46/enacted.

［28］邵文杰. 出版物缴送制度立法［J］. 中国图书馆学报,1995(1):8 – 16,52.

# 论公共图书馆的多元合作发展

## ——关于《公共图书馆法》中"交流与合作"条款研究<sup>*</sup>

李霜　刘旭灿　金武刚(华东师范大学信息管理系)

公共图书馆历来被视作区域性信息中心,用以满足公众的文献信息和知识需求[1]。但是,由于文献信息数量增长很快,而图书馆经费、馆舍、设备赶不上文献信息增长势头,难以满足公众所有文献信息查询、借阅等需要,这就是许多图书馆普遍面临的尖锐矛盾,即文献信息收藏的有限能力与日益增长的文献信息需要的矛盾。另外,由于公共图书馆服务对象主要是社会公众,提供一般通用型文献信息,缺少系统的学科文献信息,难以满足部分专业化需求。因此,我国图书馆界一直秉持"愿意与一切力量合作"的基本理念[2],积极开展交流和合作,通过共知共建共享等方式,为公众提供满意的服务。

2018年1月正式实施的《公共图书馆法》,进一步强化了这一基本理念,有多个条款直接规定公共图书馆应当积极开展交流与合作,包括公共图书馆与公共图书馆之间,公共图书馆与其他类型图书馆之间,公共图书馆与其他机构之间,公共图书馆在国际上的交流与合作。法律的明确规定,为公共图书馆开展多元合作明确了发展方向。

## 1　公共图书馆之间交流与合作:促进文献信息有效利用

《公共图书馆法》第三十条规定"公共图书馆应当加强馆际交流与合作。国家支持公共图书馆开展联合采购、联合编目、联合服务,实现文献信息的共建共享,促

---

\* 本文系教育部人文社会科学研究青年基金项目"中国图书馆法律制度建设的实践及成效研究"(批准号:13YJC870010)研究成果之一。

进文献信息的有效利用"。

馆际交流与合作,是指两个及两个以上图书馆之间,由于地理或资源等优势互补而形成的一种互动方式。在资源建设方面,主要体现在文献信息的日常采编和服务的提供方式上。文献信息包括图书报刊、音像制品、缩微制品、数字资源等。馆际交流与合作,有助于解决公共图书馆使命完成与能力欠缺之间存在的矛盾,即解决文献信息的公众需求与有限的文献信息馆藏之间存在的矛盾。

馆际交流与合作的主要方式,体现在联合采购、联合编目、联合服务"三大联合"上,根本目的是实现文献信息资源的共知共建共享。联合采购,也称协同采购或集团购买,是指图书馆之间在现有合作馆藏的基础上,通过统一谈判、统一购买,将使用权的授权范围涵盖到所有合作馆的一种合作建设馆藏的方式。对文献信息进行有规划的联合采购,能够在增强购买力的同时,降低资源购置的时间、人力和资金成本。联合采购还有助于合作馆之间差异化发展,各有所侧重,减少重复工作和重复购买。

联合编目,又称联机共享编目,是指两个或两个以上图书馆通过联机的方式合作编目,共同建立一个能够储存每一个合作馆馆藏信息的联机联合目录数据库。有上载权限的合作馆有义务对联合数据库中尚不存在编目记录的文献资源进行高质量的原始编目[3]。除了实体图书文献之外,网络信息资源在当前文献资源中的价值比重越来越大,公共图书馆要想协调合作馆共同组织和提供尽可能多的文献信息资源,也需要对其进行切分、归类、著录、标引和提取等处理,完善基于非结构化文档、内容管理和全文检索的图书馆文献资源揭示平台建设。

联合服务是指两个或两个以上的图书馆,为了改进服务、减少成本,本着互利原则而合作开展的文献、书目、人员、服务、发展规划等的交换或安排[4]。联合服务的内容不一,形式多变,不仅包括馆际互借、文献传递、联合参考咨询,也包括合作研发、馆员培训、宣传推广等。联合服务可以是有正式协议的长期合作,也可以是非正式的短期资源共享,核心理念是以公众需求为中心,促进文献信息的有效利用[5]。例如,成立于1997年10月的全国图书馆联合编目中心,就是以实现全国书目数据资源共建共享工作为目标,建立了以国家图书馆为中心、33个省级图书馆为地区分编目中心、下设成员馆的三级组织结构。各图书馆根据需要,可以随时查询和下载目录资源，或通过异构接口上载、更新编目数据。联编中心的使用单位超过 3200 家，发展成员馆 2600 余家[6]。再如，厦门市公共图书馆服务联合体由政府支持，拨付特定的文献采购和数字资源更新资金，由厦门市图书馆实际拥有并负责采购、编目和配送，满足联合体内各成员馆的服务提供需求，借助通借通还和一站式的检索平台等完善文献类型，显著提高了联合体内各馆的服务效能[7]。

## 2　公共图书馆与其他类型图书馆交流与合作：促进社会开放

在我国，不同地区拥有大量的学校图书馆、科研机构图书馆以及其他类型图书馆，其中收藏着大量的文献信息。这类图书馆数量庞大、覆盖面广，长期以来主要服务特定单位，受益面不广。盘活用好这些图书馆，对于扩充公共图书馆文献信息资源总量，扩大公共图书馆服务覆盖范围，解决公共图书馆服务不平衡不充分问题具有重要意义。因此《公共图书馆法》第四十八条规定，"国家支持公共图书馆加强与学校图书馆、科研机构图书馆以及其他类型图书馆的交流与合作，开展联合服务"，"国家支持学校图书馆、科研机构图书馆以及其他类型图书馆向社会公众开放"，旨在推进公共图书馆之外的其他类型图书馆面向社会开放。

学校图书馆，主要指教育系统图书馆，包括教育部和各级教育行政部门主管的大、中、小学校图书馆（室），主要保障校内师生文献信息查询与获取需要。科研机构图书馆，主要指科学研究系统图书馆，包括中国科学院、中国社会科学院、中国医学科学院、中国农业科学院以及其他各部委及各专业研究机构所属的图书馆（室），一般而言，文献信息收藏高度专业化，学科内容专深，国外文献信息比重大、专业期刊和相关信息资料比重大。其他类型图书馆，还包括工会系统图书馆、党校系统图书馆、共青团系统图书馆、军事系统图书馆等。

公共图书馆加强与学校图书馆、科研机构图书馆以及其他类型图书馆之间的交流与合作，主要是为了改善公众的文献信息查询与获取效率并减少成本，本着互利原则，在文献信息采集与提供、信息组织整理、人员培训、服务等方面开展的共享或交换活动。

学校图书馆、科研机构图书馆以及其他类型图书馆，说到底是国有资产，在让本单位人员充分受益的基础上，进一步向社会公众开放，就近服务周边公众，既符合国有资产属性,又有助于提高资源利用效率,丰富资源供给总量,满足公众特定需求,有助于解决文献信息服务不平衡不充分问题。

在社会主义市场经济条件下,推动特定单位图书馆向社会公众开放,在大力倡导其为社会做奉献的同时,应积极探索并有效的激励措施和补偿机制。实施路径包括:(1)将学校图书馆、科研机构图书馆以及其他类型图书馆面向公众开放时纳入政府购买服务范畴,灵活采取购买服务、项目补贴、以奖代补等方式给予支持;(2)允许学校图书馆、科研机构图书馆以及其他类型图书馆在向公众开放时实施优惠收费政策,但不得以营利为目的,收取的费用主要用于支持公众服务的有效开展;(3)鼓励开展互惠互利的联合服务,学校图书馆、科研机构图书馆以及其他类型图书馆在向社会公众提供服务的同时,也可以让本单位工作人员能够获得公共图书馆系统的支持,并从中受益。

## 3　公共图书馆与其他机构之间交流与合作:促进珍贵文献保护与利用

《公共图书馆法》第三十二条规定,"公共图书馆馆藏文献信息属于档案、文物的,公共图书馆可以与档案馆、博物馆、纪念馆等单位相互交换重复件、复制件或者目录,联合举办展览,共同编辑出版有关史料或者进行史料研究"。其中,档案、文物型的文献信息,通常是需要特殊储藏的古籍和特种文献[8],由于稀少,一般可称之为"珍贵文献"。不少公共图书馆除了收集和保存普通文献信息之外,还藏有各种类型的珍贵文献,承担着保护和传承中华优秀传统文化的责任和使命。珍贵文献是重要的文化遗产,适当保护和合理利用,能够更好地体现出公共图书馆的文化传承职能。

由于历史发展及其他因素影响,我国珍贵文献散布在各类图书馆、博物馆、纪念馆、档案馆之中。例如,国务院批准的第一批全国古籍重点保护单位名单共有51个单位,其中有公共图书馆27个,高校科研机构图书馆17个,博物馆5个,档案馆2个[9]。可见,我国珍贵文献分布广泛。但是,由于不同收藏单位,分属于不同主管系统,相互之间往往缺乏有效的组织沟通渠道,容易造成珍贵文献在合作利用方面的困难,从而在一定程度上影响了中华优秀传统文化的传承发展。

根据《公共图书馆法》，现有多种途径可以实现珍贵文献的保护与利用。

首先，公共图书馆通过交换重复件、复制件或者目录，实现共享共知。即公共图书馆与档案馆、博物馆、纪念馆等单位之间，可以直接将本馆重复收藏的珍贵文献，与他馆交换，换取本馆所缺的珍贵文献；也可以交换珍贵文献的复制件，实现对珍贵文献所刊载信息内容的实际拥有，以方便本馆读者利用；退而次之，还可以互相交换珍贵文献目录，实现资源共知，从而指引本馆有需求的读者前往他馆合理利用相关珍贵文献。

其次，联合举办展览，以活动促进中华优秀传统文化传承发展。例如，2015年12月—2016年1月，由国家图书馆主办、湖南图书馆承办的"册府千华——湖南省藏国家珍贵古籍特展"在湖南图书馆开展。展览共展出湖南省国宝级古籍150多部，且七成以上为首次展出，是湖南省历年来展出古籍珍本数量最多、价值最高、规模最大的一次古籍特展。展览期间，湖南图书馆联合多家单位，共同举办一系列主题活动，如民间古籍版本鉴定活动、古籍版本与古籍收藏讲座、白石艺术及其作品鉴定概说讲座、"跟着专家看古籍"鉴赏会、"跟着专家看字画"鉴赏会等[10]。可见，举办珍贵文献展览及相关活动，不仅有助于揭示馆藏珍品，让珍贵文献重现光彩，而且搭建起普通公众近距离接触和了解中国传统典籍与文化的桥梁，在普及古籍保护知识、传承中华优秀传统文化等方面，起到显著成效。

第三，共同编辑出版有关史料或者进行史料研究。例如，民国时期文献种类丰富，数量众多，分藏地域广泛，各图书馆、档案馆、博物馆等都有大量珍贵的文献收藏。2017年4月11日，国家图书馆与中国第二历史档案馆共同签署了合作共建战略框架协议。国家图书馆是国家文献信息资源总库，中国第二历史档案馆是集中典藏民国时期历届中央政府及直属机构档案的中央级国家档案馆。两馆合作，将充分利用双方丰富馆藏和人才优势，有助于开展系统化合作，共同推进民国时期文献和档案资料的征集、整理、保护、研究和开发利用[11]。

## 4　公共图书馆在国际上交流与合作：促进中华文化传播

经济和文化全球化发展促进了国际知识和信息的交流。社会公众的国际化视野随之拓宽，国际化文化需求也不断增长，如获取境外生活、工作、投资、文化交流等方面的信息。而作为区域性知识和信息中心的公共图书馆,势必要加强国际交流与合作,满足社会公众日益增长的国际化知识和信息需求。同时,也有助于中华文化的国际性传播。因此,《公共图书馆法》第九条规定,"国家鼓励和支持在公共图书馆领域开展国际交流与合作"。

公共图书馆在国际上交流和合作,一是为了提升办馆水平,获得和利用更多的资源[12];二是因为公共图书馆具有公共性和知识特征[13]、公共空间属性和文化属性[14],是开放服务平台[15],可以成为公共外交的重要主体,肩负起和国际社会沟通的责任;三是利用公共图书馆这个平台,可以占据文化传播的前沿阵地,推动中国文化走出去[16],增强国家文化软实力[17]。

上海图书馆从 2002 年开始,尝试在境外图书馆内设立"上海之窗",通过向境外图书馆及藏书机构捐赠由国内出版的图书,全方位地向境外读者介绍中国历史和文化,宣传中国悠久文明与文化以及改革开放以来的新成就。截至 2016 年 10 月 31 日,上海图书馆在全球 6 大洲 66 个国家和地区的 138 家机构开设了"上海之窗",包括公共图书馆、大学图书馆、中国在海外各地开设的孔子学院以及各类专业藏书与研究机构等,向这些合作伙伴累计送出 93 274 册图书。上海图书馆的这一做法,不仅使海外华人社区读者备感亲切,也令海外读者对中国尤其是上海的风土人情、改革开放后日新月异的变化有了更加深刻的了解和认识[18]。

深入推进公共图书馆开展国际交流和合作,一是要树立国际化思维,具备全球化眼光,包括国际化管理意识、品牌服务意识、知识产权意识、创新意识、环境意识[19];二是要在管理上实现国际化,图书馆内设立相应的机构或部门,推动本馆国际交流[20];三是推动图书馆业务与国际接轨,如图书馆要具备双语服务等[21];四是图书馆的服务因图书馆服务对象越来越国际化要面向全世界开放[22];五是培养国际化的人才,并实现馆员互派,鼓励馆员在国际舞台上演讲、在国际组织任职,推动馆员在国际交流中发挥重要作用[23];六是要多开展图书馆的国际交流活动,如举办或参与国际组织,开设展览等[24]。

## 5　交流与合作中的存在问题与对策思路

推动公共图书馆的多元化、持续主动开展交流与合作,需要图书馆在理念认识、平台建设、技术突破和人才培养方面的努力和创新,更需要各级政府通过政策鼓励和经济措施双管齐下,积极探索和采取有效的激励措施和补偿机制,推进图书馆交流与合作的可持续发展。

## 5.1　理念认识

在政策指引和自身努力下,我国公共图书馆对于如何开展交流与合作拥有了较为深刻的理解和丰富的实践经验,但是还有不少图书馆对于交流合作的重要性的认识不够充分,主要表现在各种交流与合作活动参与度不高,人员投入不足,管理层畏难畏变,馆员故步自封、缺乏信心等等。尤其是在跨机构、跨系统的交流与合作中,不同属性部门的管理体制使得合作的周期更长、难度更大,管理层在协调过程中遭遇到更多关卡。即使意识到了交流与合作的重要性,对于有些中小型图书馆来说,实现起来仍是举步维艰。对此,从馆长到馆员,应当加强图书馆专业知识学习,从理念上正确认知交流和合作所带来的积极意义和巨大价值,从业务上掌握交流和合作的方式技巧。

## 5.2　资源整合

公共图书馆的交流和合作要想打破跨系统、跨行业、跨地区的障碍,向社会读者提供全方位、多元化的数字信息资源服务,应当以文献信息资源整合为基础,以满足用户需求为最终目标,建立更加完善的信息资源共享平台,为用户提供统一、简便的数据查询访问接口。

公共图书馆可以通过虚拟局域网的形式,访问各类文献信息资源库,实现跨库服务、信息统一发布及联合目录式检索;通过馆际互借、馆藏互借、文献传递、联合参考咨询等方式最大限度地利用现有的文献资源;也可以建立统一的数字资源存储平台。利用网络技术,构建好资源共享平台,提供数字化服务是实现现代公共图书馆文献信息资源共建共享的关键一步。

## 5.3　人才培养

公共图书馆应当引进和培养复合型人才,提供人才交流和馆员互派的机会,增强图书馆馆员的竞争意识;积极利用在职培训、继续教育等机会,鼓励和支持馆员通过自学、交换等方式不断提升自身专业素养。合作体系内部应当建立网络交流平台,利用即时通信工具建立各馆动态快速反应机制;邀请专家学者莅临指导和开设讲座,丰富馆员知识储备;基于慕课平台和网络社区等线上途径培养联合服务的人才梯队等[25]。除此之外,加强交流与合作过程中参与人员的业务沟通,提高团队内部的凝聚力和稳定性也是建设良好服务队伍的重要内容。

## 5.4　政府支持

中央和地方政府在鼓励和支持公共图书馆的交流与合作中主要发挥组织协调作用。例如,推动联合理事会制度、联席会议模式的应用等。政府委派相关部门代表参与协调机构,制定和调整图书馆联合服务体系的总体规划和短期目标,并监督和审查规划的实践进展和重点任务的完成情况。

当前已经出台的各类法规和部门规章,对于公共图书馆的交流和合作还停留在较为粗犷的宏观层面,能够落实到实处的具体政策措施,还有待进一步完善。为了有效指导当地图书馆开展交流和合作,各级政府还有必要继续发挥组织协调作用,完善相关政策保障,细化政府扶持流程。特别是利用不同层次和等级的激励和补偿等市场手段,如招标购买服务、项目补贴、以奖代补、税收优惠等[26],推动跨系统图书馆的开放。

公共图书馆开展多元交流与合作,应当始终"不忘初心",以满足公众知识和信息需求为己任,顶层设计、科学规划,在各级政府支持下,与各类机构建立馆际合作、跨界合作,实现文献信息的共知共建共享,促进文献信息有效利用,促进社会开放,促进珍贵文献保护利用,推进中华文化广泛传播。

**参考文献**

[1] 公共图书馆宣言(1994)[EB/OL].[2017 – 12 – 31].http://archive.ifla.org/VII/s8/unesco/chine.pdf.

[2] 中国图书馆学会.图书馆服务宣言[EB/OL].(2008 – 10 – 28)[2018 – 03 – 08].http://www.lsc.org.cn/contents/1166/696.html.

[3] 曾新红.联机联合编目——编目工作者面临的机遇与挑战[J].图书情报工作,2000(8):56 – 59.

[4] Kerslake,Kinnell.Reviewing the Literature on Public Libraries and Social Inclusion[J].Libri,1998,48(1):1 – 12.

[5] 于良芝.图书馆学导论[M].北京:科学出版社,2006:118.

[6] 全国图书馆联合编目中心简介[EB/OL].[2018-03-08].http://olcc.nlc.cn/page/about.html.

[7] 厦门市公共图书馆服务联合体2015年年报[EB/OL].[2018-03-08].http://www.xmlib.net/xtxh/fwlhtnb/201703/P020170308383892444246.pdf.

[8] 郑春汛,赵伯兴.合作储存:关于珍贵文献保护的思考[J].图书馆学研究,2009(6):36-40.

[9] 国务院关于公布第一批国家珍贵古籍名录和第一批全国古籍重点保护单位名单的通知(国发〔2008〕9号)[EB/OL].[2018-04-29].http://www.gov.cn/zwgk/2008-04/29/content_957266.htm.

[10] 湖南图书馆史上最大规模古籍珍本文献展正式开展[EB/OL].[2018-03-08].http://www.xinhuanet.com/house/cs/2015-12/28/c_1117599609.htm.

[11] 国家图书馆与中国第二历史档案馆签署合作共建战略框架协议[EB/OL].[2018-03-08].http://www.cssn.cn/zx/bwyc/201704/t20170412_3484365.shtml.

[12] 徐汉荣.谈图书馆的国际交流与合作[J].科技情报开发与经济,2006(17):15-16.

[13] 吴建中."上海之窗"——公共外交的成功案例[J].上海文化,2013(8):14-15.

[14] 潘拥军.试论图书馆与公共外交[J].图书馆论坛,2012(7):62-66.

[15] 蔡莉,沈虹,沈丽云,等.上海图书馆的公共外交实践与探索[J].图书馆杂志,2013(9):27-33.

[16] 刘樨.文化全球化中的公共图书馆[J].图书馆建设,2008(1):104-106.

[17] 刘燕.文化软实力视野下图书馆创新建设研究[J].科技创业家,2013(18):244.

[18] 上海图书馆的"上海之窗"概况[EB/OL].[2018-03-25].http://windowofshanghai.library.sh.cn/Default.aspx?tabid=150&language=zh-CN.

[19] 熊鹰.论图书馆的国际化意识及其培养[J].图书与情报,2005(1):33-35.

[20] 王东波."十三五":图书馆的发展趋势与战略转型[J].情报杂志,2016(10):76-80.

[21] 王世伟.关于图书馆工作全球化问题的若干思考[J].图书馆,2002(2):17-20.

[22] 詹福瑞.实施图书馆国际化发展战略,促进知识的全球共享[J].国家图书馆学刊,2010(2):15-20.

[23] 胡俊荣.论图书馆国际化[J].中国图书馆学报,2003(3):25-28.

[24] 吴建中.图书馆走向国际化的思考[J].图书馆建设,2003(1):1-3.

[25] 李杉杉,赵乃瑄.跨系统区域图书馆联盟馆员开放式合作模式研究[J].图书馆建设,2017

（6）：87 – 92.

［26］关于印发《中央补助地方美术馆、公共图书馆、文化馆（站）免费开放专项资金管理暂行办法》的通知［EB/OL］.（2013 – 06 – 07）［2018 – 03 – 08］. http://law-lib. com/law/law_view. asp?id = 423482.

原载《图书馆》2018 年 5 期

# 法治环境下私人图书馆治理模式研究

## ——以北京昌平圣学图书馆为例*

严贝妮　金鑫(安徽大学管理学院)

徐继新(北京昌平圣学图书馆)

## 1　引言

2017 年 11 月 4 日,我国颁布第一部图书馆专门法《中华人民共和国公共图书馆法》(以下简称《公共图书馆法》),标志着我国图书馆法治化治理正式有了法律依据。需要注意的是,在《公共图书馆法》颁布之前,为了推动图书馆管理体制创新,我国先后制定了多项政策,出台了一系列指导性文件。此外,国内许多专家学者通过借鉴国外图书馆治理先进经验,结合我国公共图书馆治理现状,将公司法人治理模式引用到图书馆治理方面,把公共图书馆的管理权力进行分配,构建一个决策权、监督权、执行权相互制约又相互协调的管理结构[1]。这些管理模式在公共图书馆治理方面取得了较大的成功。

公共图书馆和私人图书馆有许多相似之处,两者在发展中可以相互借鉴。我国民间诞生了一大批私人图书馆,因为是由创办者自费创立,所以创办者既是管理者又是服务者。在创办初期,图书馆的管理矛盾并不突出。但随着图书馆规模不断扩大,藏书日益增多,服务范围扩张,原先由创办者一人管理的模式不再符合现实图书馆运行的需求。因此,为了促进我国私人图书馆转型、更好地服务读者,除了借鉴公共图书馆成功的治理模式,构建符合本馆实际情况的管理体系之外,还可以借鉴一些较为成功的私人图书馆治理经验。本文选取了私人图书馆治理较为成功且具有代表性的北京昌平圣学图书馆,详细地剖析了其治理模式、治理特色,希

---

\* 本文系国家社会科学基金一般项目"文化精准扶贫中公共图书馆的参与机制研究"(批准号:17BTQ031)资助的研究成果。

望为我国私人图书馆治理模式转型提供参考与借鉴。

## 2　北京昌平圣学图书馆发展历程与现状

北京昌平圣学图书馆,坐落于北京市昌平区崔村镇大辛峰村,于 1999 年由徐继新个人出资创办。起初取名为崔村镇大辛峰村图书室,后于 2000 年改名为爱心图书室,次年 4 月改名为爱心图书馆。之所以取名为"爱心",是希望通过让村民读书的方式,让大家充满爱人之心。后于 2013 年,爱心图书馆引进法人治理模式时,因"爱心"一名已被他人注册,因此才改名为圣学图书馆[2]。

圣学图书馆馆舍最初是由徐继新个人出资建设的一个不足 50 平方米的小房子,当时的藏书非常少,只有 500 册左右。随着圣学图书馆被越来越多人知晓,其服务人群数量和藏书量也不断增加。截至 2017 年,圣学图书馆发展成馆舍近 1200平方米、年接待读者 12770 余人次、馆藏文献近 25 万册(件)的中型图书馆。此外,圣学图书馆非常注重对历史文物的保护与研究,馆内藏有历史文物共 20000 件,地方文献 80000 册(件),经常举办民俗文物的展览活动等[3]。表 1 是圣学图书馆自2013 年以来,近 5 年发展历程中的一些大事件。

表1　北京昌平圣学图书馆近 5 年发展成果

| 时间 | 大事件 |
| --- | --- |
| 2013 年 | 11 月,取得法人资格 |
| 2014 年 | 2 月,迁入新馆 |
| 2015 年 | 7 月,第二届"民间图书馆论坛"大会参会代表 |
| 2016 年 | 9 月,共青团圣学支部委员会成立;破格成为中国国家图书馆学会会员单位 |
|  | 10 月,昌平区图书馆圣学分馆挂牌成立;圣学图书馆"英伦馆"挂牌成立 |
|  | 11 月,圣学图书馆"汇美馆"揭牌 |
| 2017 年 | 3 月,圣学图书馆"凤山馆"揭牌,正式接待读者;成为昌平区崔村镇中心幼儿园"早教基地" |
|  | 10 月,被北京市民政局评为 4A 级社会组织;被北京妇联授予"家庭文明建设优秀合作机构"和北京市"市级示范儿童之家" |
|  | 11 月,注册成为北京志愿网站成员 |

续表

| 时间 | 大事件 |
|------|--------|
|  | 12 月,被授予"北京市级示范儿童之家" |
| 2018 年 | 4 月,获"2017 年度阅读北京·十佳阅读空间"的荣誉 |

## 3　北京昌平圣学图书馆法人治理模式解析

《公共图书馆法》第二十三条规定:"国家推动公共图书馆建立健全法人治理结构,吸收有关方面代表、专业人士和社会公众参与管理。"这标志着法人治理模式成为现代图书馆治理的发展趋势。法人治理模式是圣学图书馆迅速发展的制度保障,下面从理事会架构、监管、运行、外联四个方面对圣学图书馆法人治理模式进行解析。

### 3.1　圣学图书馆理事会架构

北京昌平圣学图书馆于 2013 年登记领取《民办非企业单位登记证(法人)》,正式建立了法人治理结构。法人治理结构有利于优化昌平圣学图书馆内部运行机制,提高服务质量,完善图书馆各项制度,增强发展动力,进而从"人治"转变为"法治"。此外,法人治理结构有利于促进图书馆工作人员依法办事,主动树立法治观念[4]。法人治理结构的核心是建立理事会制度。图书馆理事会制度是指由理事会来行使图书馆决策权力的图书馆内部管理体制,是当代图书馆治理发展的优选方向[5]。理事会的成立不仅为公众参与图书馆的管理和运行提供了渠道,还为图书馆今后的发展注入了新的力量,对进一步提升图书馆服务水平、推进文化事业的新发展起到积极的推动作用。圣学图书馆引进理事会制度,选举出理事会成员,规定各理事会成员的义务和职权,这标志着圣学图书馆进入了理事会治理时代。圣学图书馆起草撰写了理事会章程,该章程共有八章四十条规定。八章分别为:①总则;②举办者、开办资金和业务范围;③组织管理制度;④法定代表人;⑤资产管理、使用原则及劳动用工制度;⑥章程的修改;⑦终止和终止后资产处理;⑧附则。圣学图书馆理事会制度框架清晰,权责分明,不仅保证了职权和义务有效的结合,又可维持整体有秩序地运行。

构建理事会制度不仅是公共图书馆进行改革的重要措施,更是私人图书馆健康发展的一项艰巨任务。国内许多私人图书馆规模不大、服务覆盖范围小,若继续维持原有制度,不做改变,未来发展将会举步维艰。

### 3.2　圣学图书馆的监管

监督机制,是图书馆法人治理至关重要的一环。它可以及时发现图书馆管理过程中所存在的问题,又可以提高图书馆法人治理的科学性和有效性。

圣学图书馆在监督机制上分为三个部分:一是明确监督主体,即昌平圣学图书馆是受谁监督。建立理事会制度的公共图书馆,其监督主体主要是监事会和上级行政机关,监事会的成员大部分是由专业性很强的非馆员组成,他们监督的主动性很高;行政机关监督往往不能进行全面的监督,因为他们做好本职工作之后,很难再有精力投入到监督中去。私人图书馆不同于公共图书馆受上级行政机关领导,但这也不意味着私人图书馆就可以不受监督。圣学图书馆设立有监事会,规定成员共三人,监事任期与理事任期相同,任期届满,连选可以连任。监事在举办者、本单位从业人员中产生或更换。章程规定理事、馆长及财务负责人不得兼任监事。二是规定监督内容,北京昌平圣学图书馆规定监事会或监事行使下列职权:检查本单位财务;对本单位理事、馆长违反法律、法规或章程的行为进行监督;当本单位理事、馆长的行为损害本单位利益时,要求其予以纠正。监事列席理事会会议。监事会会议实行 1 人 1 票制。监事会决议须经全体监事过半数表决通过,方为有效。三是明确监督的依据,圣学图书馆监事会除了依据本馆章程之外,还严格按照国家法律法规进行监督,对本馆成员出现的任何违法违纪情况,依法向有关机关进行举报。

### 3.3　圣学图书馆的运行

图书馆运行效率受图书馆内部各要素影响,又决定着图书馆的发展前景。良好的运行模式,需要图书馆各部门相互配合、统筹兼顾,既能够独自完成任务,又能够联合处理事务。圣学图书馆设有办公室、活动策划部、对外联络部、后勤保障部、共青团圣学图书馆支部委员会等部门,同时对馆长和各个部门的职责有明确规定。这些部门在馆长的领导协调下,各司其职,相互配合,为圣学图书馆良性发展扮演着至关重要的角色。此外，为了保证图书馆平稳运行，还要有稳定的资金来源和新书进入，不断提升馆藏数量，扩展服务范围。圣学图书馆每年保守活动经费不低于15万元，其资金由创办者及其家庭成员承担，虽然资金数额较大，但较为稳定，能够维持图书馆日常的运行。圣学图书馆的藏书，除创办者自费购买外，大部分是由社会各界爱心人士或机构捐献。圣学图书馆活动策划部会定期举办活动，如亲子阅读活动、亲子绘画活动等。

### 3.4 圣学图书馆的外联

对外联系，简称外联，是图书馆治理的重要因素。一方面，外联不仅可以使图书馆扩大对外宣传，使读者能够更好地了解图书馆，还可以获取外界信息，进一步了解读者的需求动向。圣学图书馆设有外联部，其主要职责：负责接待工作；负责参加政府各部门会议；负责新闻媒体联络、接送，接受媒体采访；负责共青团工作；对外联络、整合一切社会可以利用资源，让外界了解图书馆、开发图书馆业务、投资图书馆等。近些年，在上级部门和爱心人士的资助下，圣学图书馆开通了官方网站和微信公众号，读者可以通过这些媒介了解圣学图书馆的动态，咨询相关信息，圣学图书馆工作人员也可以收集读者反馈的信息，及时对图书馆工作进行改进。另一方面，外联可以帮助图书馆获取赞助，减轻资金方面的压力[6]。仅2017年，圣学图书馆就接受社会各界爱心人士捐赠图书和物资178次，其中图书15822本，期刊8234本，社会捐款1700余元。

## 4 北京昌平圣学图书馆法人治理模式特色

图书馆法人治理模式起初是模仿企业法人制度，但这不意味着完全照搬企业法人治理模式。大部分私人图书馆都是创办者为服务当地群众、推动当地文化发展而创办的，其本意是公益性的。因此，公益性决定了它与以营利为目的的企业不一样，私人图书馆实行法人治理制度要结合实际情况，走适合本馆特色化的发展之路。

### 4.1 倡导理事会民主决策制度

虽然我国图书馆事业引进公司法人模式时间较短，经验尚缺，但从总体上看，图书馆法人治理模式还是取得了较为理想的效果。理事会制度是法人治理的核心,是图书馆的决策机构,规划图书馆发展方向,决定图书馆重大事项。北京昌平圣学图书馆是独立法人机构,设有理事会。在圣学图书馆章程中,规定无论人事任免还是其他事务,都必须要提请理事会决策商讨。召开理事会会议时,应由1/2以上的理事出席。理事会会议实行1人1票制。理事会作出决议,必须经全体理事过半数通过。重要事项的决议,须经全体理事的2/3以上通过方为有效。圣学图书馆理事会民主决策制度的实施,改变了以往图书馆一切事务由馆长一票决断的局面,不仅赋予员工权力,灵活地管理图书馆,有助于激发员工的积极性,自觉地履行职责,还能够减轻馆长的工作压力,缓解图书馆内部矛盾,促进图书馆事务决策科学化、民主化,提高图书馆整体运行效率。

### 4.2　建立内部治理和外部监督相结合制度

图书馆法人治理结构监督机制可以分为内部治理和外部监督两方面,是一种互补性的双重治理体制。内部治理即建立内部权力机关、监察机关、执行机关,它们之间形成一种权责明确、相互制约、统筹协调的机制,并根据法律法规进行制度化。外部监督机制即让图书馆接受外部监督,外部监督主体可以是政府机关、读者、专家学者以及捐赠者等[7]。外部监督机制可以保障图书馆健康、稳步地发展。北京昌平圣学图书馆设立的监事会,履行内部监督职责。在图书馆法人治理运行透明的基础上,圣学图书馆建立了信息披露、年度报告及相应成员大会、会议纪要、理事会成员信息对外开放等制度。除此之外,北京昌平圣学图书馆还开通了电话和网上信息反馈渠道,让读者和社会人士也成为监督主体,参与到对本馆的监督中来。内部治理和外部监督相结合制度,使圣学图书馆的运行更加规范化、科学化。馆员的积极性大大提高,读者成为监督主体。需要注意的是,在受外界监督时,圣学图书馆虽然是受监督方,但并不处于被动地位。考虑到这一点,圣学图书馆制定了《圣学图书馆章程》,来规定内部监督主体和外部监督主体监督的范围以及如何行使监督权。

### 4.3　设立功能划分治理服务结构

优秀的图书馆,除了要拥有良好的服务、丰富的馆藏、优秀的管理体系外,对图书馆功能的划分也非常重要。图书馆功能划分治理不仅可以便于馆员管理图书馆,精准地服务读者,提高工作效率,更能够让读者有多种选择,在查找文献时能够快速定位。2014 年,圣学图书馆顺利搬入新馆。新馆内共分为两厅、七室、六区。两厅为:多功能厅、民俗展厅;七室为:地方文献室、书画室、共青团活动室、电子阅览室、电脑培训室、办公室、报刊室;六区为:少儿活动区、阅览区、文献展区、荣誉区、农具展区、酒文化展区。采取分区治理之后,圣学图书馆的读者量大大提高,读者对图书馆的评价也逐渐提高。正如圣学图书馆的一位工作人员所说,以往读者读书、图书馆举办活动都在一个大厅里,不仅影响读者读书,有时活动还达不到理想的效果。自从搬进新馆,采取新的功能划分服务之后,读者阅读在读书室,绘画在书画室,亲子活动在少儿室,各种活动互不干扰,馆内一切服务可以有秩序地进行,馆员的工作效率也得到了提高。

### 4.4　参加学术交流与社会公益事业活动

积极参加学术交流是圣学图书馆发展宗旨之一。创办初期,圣学图书馆不仅定位为要为读者提供各种文化服务,更是上升到学术研究层次。圣学图书馆的工作人员积极参加各种学术研讨活动。如 2014 年 10 月圣学图书馆馆长徐继新参加"第六届信息技术与教育国际学术研讨会",发表论文演讲;2015 年 7 月参加全国民间图书馆论坛,发表《民间图书馆如何借助社会力量自我发展》演讲等。积极参加学术讨论,为图书馆事业发展出谋划策,不仅得到了专家学者的一致好评,更让圣学图书馆走进大家的视野,服务于更多的读者。

图书馆作为文化服务机构,其承担着公益的职能。投身到社会公益事业中去,是圣学图书馆回报社会的另外一种方式。在近 20 年的发展中,圣学图书馆得到了社会各界爱心人士的帮助和关心,共接受社会捐赠图书及衣物等 260 余次。因此,圣学图书馆怀感恩之心,努力回报社会,发起和参加公益事业活动。如每年向"北戴河爱辉""赵良弼"等民间图书馆捐赠图书,将爱心人士捐赠的衣物分批捐赠工人子弟学校及偏远山区等。

## 5　优化私人图书馆治理模式的启示与思考

### 5.1　善于借鉴,吸收公共图书馆治理经验

自 2013 年党的十八届三中全会提出要建立完善我国事业单位法人治理结构的要求后,国内出现了图书馆治理研究热。众多学者提出图书馆治理的概念,图书馆治理可分为三个要素,分别是主体、客体、过程。主体是图书馆利益相关者,客体是图书馆事务,过程是控制、组织、协调、决策等[8]。大部分公共图书馆开始进行法人治理改革,建立以法人为主体的治理制度,组建理事会进行管理、组织、控制、决策等,都取得了非常理想的效果。与公共图书馆相比较,我国私人图书馆治理结构不科学、不合理。大部分私人图书馆没有实行理事会制度,从而未能形成法人治理结构。《公共图书馆法》的出台,为私人图书馆发展提供了法律依据,私人图书馆将步入高速发展期。因此,私人图书馆应抓住机遇,优化治理模式,吸收和借鉴公共图书馆治理经验,立足本馆实际,制定出具备自身特色的治理措施。

### 5.2　扩大管理主体,构建多方力量参与的图书馆治理模式

传统的私人图书馆都是以创建者为管理核心,图书馆一切大小事务都由馆长一人决定。由于大部分私人图书馆馆长文化水平有限,对事务的认识能力往往达不到专业水平,因此作出的关于图书馆事务的决定往往不科学、不严谨,不利于图书馆的发展。扩大图书馆管理主体,让多方力量参与到图书馆的治理中来,构建多方力量参与的图书馆治理模式,可以减轻图书馆在资金、管理等方面的压力。因为,这些管理主体可以为图书馆带来更为丰厚的资金来源,提供科学的管理方案,引进先进的管理思想。此外,还可以有助于完善图书馆监督体系,促进图书馆朝着良好的方向发展。值得注意的是,引进馆外主体参与图书馆管理,必须要从图书馆的实际情况出发,不能盲目引进,否则会导致管理混乱等一系列问题。

### 5.3　立足实践,制定符合本馆特色的规章制度

于 2017 年 11 月 4 日颁布的《公共图书馆法》,是我国颁布的第一部图书馆专门法,这意味着我国公共图书馆在制定章程时要以此为法律依据。《公共图书馆法》第四条规定:"国家鼓励公民、法人和其他组织自筹资金设立公共图书馆。县

级以上人民政府应当积极调动社会力量参与公共图书馆建设,并按照国家有关规定给予政策扶持。"当前,我国私人图书馆的管理者和工作者大多为建立者本人或亲友,他们的专业性知识不高,这就导致私人图书馆难以融入公共文化服务体系,无法发挥其应有的作用。《公共图书馆法》为图书馆的运行规定了一系列义务,如果私人图书馆想取得公共图书馆的资格,获得公共图书馆的待遇,朝着更好的方向发展,就必须接受法律约束。同时,立足于本馆实际情况,制定符合本馆特色的规章制度,这是推进私人图书馆进行法人治理、设立理事会制度的前提,也是划分服务职能、发挥特长的指导性章程。

### 5.4　拓宽信息反馈渠道,构建信息交流模式

信息反馈作为影响图书馆工作的一个重要因素,对完善图书馆利用工作、提高图书馆服务质量、宣传图书馆工作等方面有着重要的作用。私人图书馆作为文化机构,致力于社会化的服务工作。因此,完善信息反馈机制具有极其重要的意义[9]。传统的私人图书馆由于规模限制,大部分没有设立信息交流渠道,这就导致了图书馆管理较为封闭,无法及时了解外界的变化以及读者的需求。为了促进图书馆发展,及时了解外界动态,私人图书馆可以通过定期举办座谈会、发放调查问卷、开设网上反馈通道如微信公众号等方式,提高工作透明度,加强与外界交流的频次与深度。

北京昌平圣学图书馆自从引进法人治理模式、构建理事会制度以来,在运行、管理、监督、对外交流等方面取得较大的进展,工作效率大大提高,图书馆建设不断发展。圣学图书馆治理模式,是我国私人图书馆治理改革具有代表性的案例。这种模式虽仍处于不断发展的过程中,但值得我国私人图书馆参考与借鉴,实现在法治环境下的可持续长远发展。

**参考文献**

[1] 蒋永福.公共图书馆治理结构及其优化策略——针对我国公共图书馆管理体制改革重点的分析[J].图书与情报,2010(5):18－22.

[2] 王子舟,王一帆,邱璐,等.京郊乡村文化的常青树:圣学图书馆田野调查手记[J].山东图书馆学刊,2015(1):2－5,18.

[3] 北京昌平圣学图书馆.北京昌平圣学图书馆2017年度工作报告[EB/OL].[2018－01－05]

http://mp. weixin. qq. com/s/JIzhCnLC9YexJlWE0R2-Qw.

［4］周建华.公共图书馆法人治理结构的分析与思考［J］.图书馆建设,2014(12):71 - 75,79.

［5］蒋永福.在我国实行公共图书馆理事会制度的理论思考［J］.山东图书馆学刊,2010(6):23 -
27,37.

［6］毛凌文.外联馆员略论［J］.新世纪图书馆,2003(3):52 - 54.

［7］魏丹.公共图书馆法人治理结构外部监督机制构建［J］.图书馆研究,2015(2):11 - 14.

［8］胡凤萍.图书馆治理研究综述［J］.图书馆建设,2015(2):35 - 38.

［9］周美玲.我国综合档案馆档案利用信息反馈机制建设研究［D］.福州:福建师范大学,2016.

原载《图书馆》2018 年 8 期

# 美国国家层面的图书馆未成年人服务政策与法规探析

李芙蓉(上海大学图书情报档案系)

周亚(华东师范大学经济与管理学部)

在美国各类图书馆中,公共图书馆和 K—12 学校图书馆是未成年人服务的两类图书馆主体。全美共有9082 家公共图书馆以及建立在 98460 所[1]中小学校的图书馆在未成年人服务领域发挥着作用。作为世界上图书馆法制建设最完善的国家之一,美国从联邦政府、各州政府到地方政府机构都制定了相应的法律。同时,包括美国图书馆协会(American Library Association,简称 ALA)在内的各类图书馆协会制定了一系列与未成年人服务相关的规范性文件。这些法律政策和规范性文件,从制度层面保障了未成年人享受图书馆服务的基本权利,并为图书馆未成年人服务提供着资金支持和政策保障。

按照图书馆未成人服务相关政策法规的制定主体和适用范围,可大致分为国家层面、地方层面、具体图书馆层面等类别。国家层面主要包括 ALA 等全国性图书馆协会发布的规范性文件,以及联邦图书馆法和相关法律政策。地方层面主要包括各州、县、市等各级政府制定的图书馆法规,以及各州和地区性图书馆协会制定的相关政策。具体图书馆层面则主要是适用于具体某一个图书馆的未成年人服务规章制度。由于国家层面的政策法规具有更为广泛的适用性、指导性和规范性意义,因此,本文将对美国国家层面的图书馆未成年人服务的政策与法规体系作一探析,并分析其对于未成年人服务的直接作用或重要影响。

## 1 全国性图书馆协会发布的规范性文件

图书馆协会的主要功能是促进图书馆事业和图书馆员的发展。作为全美图书馆界最大的专业组织，ALA 在制订图书馆法和图书馆标准、保护知识自由、促进业界交流合作、培训图书馆员、认证图书情报学硕士项目等方面发挥着重要作用。多年来，ALA 的决策和立法机构理事会发布了一系列以标准(standards)、指南(guidelines)、宣言(statements)、规章(rules)和准则(criteria)等命名的文件。这些文件构成了 ALA 的政策体系，虽不具备法律的强制性，但对图书馆实际工作有着较强的普遍适用性和政策约束力。

就专门的未成年人服务专业组织而言，ALA 将未成年人按照年龄严格区分为儿童和青少年，并据此成立了相应的分会。其下有三个与图书馆未成年人服务相关的专业协会：图书馆儿童服务协会(Association for Library Service to Children，简称 ALSC)、图书馆青少年服务协会(Young Adult Library Services Association，简称 YALSA)、美国学校图书馆员协会(American Association of School Librarians，简称 AASL)[2]。ALSC 现有 4000 多名会员，包括儿童和青少年图书馆员、儿童文学家、童书出版商、教师等职业[3]。YALSA 的会员达到 4800 个，包括青少年服务相关领域的图书馆员、教育工作者和研究者[4]。AASL 的会员则主要是 7000 多名学校图书馆员[5]。缘于未成年人服务工作的共通性，这三个协会经常联合召开会议。作为全美少儿图书馆员和学校图书馆员的职业团体，它们制定了一系列图书馆未成年人服务的标准、指南等政策文件，规范和引领美国图书馆未成人服务工作的发展。

据 ALA 标准与指南目录显示[6]，ALA 及其分会发布的未成年人服务相关规范主要有：ALA《图书馆权利法案》；ALSC《公共图书馆儿童图书馆员能力》(简称 ALSC-C)；YALSA《图书馆员青少年服务能力》(简称 YALSA-C)；AASL《学校图书馆员初级能力标准》(简称 AASL-S)。此外，这些协会还发布了其他未成年人服务相关文件(详见表1)。这些规范性文件涉及学校图书馆、儿童服务、青少年服务、知识自由、学校图书馆员认证、图书馆建筑、图书馆学教育、信息素养等多方面内容。

表 1 图书馆未成年人服务相关规范文件

| 规范原名/译名 | 发布者 | 发布年份 | 修订年份 |
|---|---|---|---|
| Library Bill of Rights<br>《图书馆权利法案》 | ALA | 1939 | 1944,1948,1961,<br>1967,1980,1996 |
| Competencies for Librarians Serving Children in<br>Public Libraries<br>《公共图书馆儿童图书馆员能力》 | ALSC | 1989 | 1999,2009,2015 |
| Designing a School Library Media Center for the Future:<br>Second Edition<br>《学校图书媒体中心设计:第二版》 | ALA | 2007 | |
| Empowering Learners:Guidelines for School Library<br>Media Programs<br>《学校图书媒体项目指南》 | AASL | 2009 | |
| Standards for the 21st-Century Learner<br>《21 世纪学习者标准》 | AASL | 2009 | |
| Standards for Initial Preparation of School Librarians<br>《学校图书馆员初级能力标准》 | ALA/<br>AASL | 2010 | |
| Teen Space Guidelines<br>《青少年空间指南》 | YALSA | 2011 | |
| The Future of Library Services for and with Teens:A Call<br>to Action<br>《图书馆青少年服务的未来》 | YALSA | 2013 | |
| Teen Programming Guidelines<br>《青少年服务活动指南》 | YALSA | 2014 | |
| Core Professional Values for the Teen Services Profession<br>《青少年服务馆员核心职业价值》 | YALSA | 2015 | |
| Teen Services Competencies for Library Staff<br>《图书馆员青少年服务能力》 | YALSA | 2017 | |

## 1.1 《图书馆权利法案》及相关解释文件

1939 年,ALA 理事会采用了位于艾奥瓦州的得梅因公共图书馆(Des Moines

Public Library）制定的《图书馆的权利法案》（Library's Bill of Rights）。1948 年,ALA 理事会对该法案进行了修订并将其更名为《图书馆权利法案》。该法案的修订及其解释工作由 ALA 知识自由委员会（Intellectual Freedom Committee,简称 IFC）负责[7]。

《图书馆权利法案》强调个人使用图书馆的平等和自由原则。它共有 6 项条款,均是一些简明扼要的基本原则。经过几次修订之后,其第一条款和第五条款明确所有人平等享受图书馆服务的权利:“为图书馆所服务社区的所有人提供图书与其他图书馆资源”;“一个人利用图书馆的权利,不得因其出身、年龄、背景或所持观点而被拒绝或削减”[8]。该法案关于年龄的条款是在 1967 年修订时加上去的。1996 年再次修订时,重申了不可因年龄而限制用户使用图书馆的权限。《图书馆权利法案》所确立的基本原则,对美国图书馆具有普遍的指导意义。美国公共图书馆近一半的用户是 18 岁以下的未成年人群体。该法案强调的平等原则,为图书馆未成年人服务的必要性和重要性奠定了基础。同时,它也是 ALA 各分会以及各州图书馆协会在制定未成年人服务标准时的基础文献和依据。各州图书馆协会根据本州的基本情况,在《图书馆权利法案》等通用型规范的基础上对具体领域进行细化。例如,马萨诸塞州图书馆协会（Massachusetts Library Association,简称 MLA）制定的《马萨诸塞州公共图书馆青少年服务标准》便是建立在 ALA《图书馆权利法案》等文件有关图书馆服务的理念和定义的基础之上[9]。

在用于指导具体的图书馆实践时,需要对《图书馆权利法案》的简明条款和基本原则作进一步解释。因此,IFC 制定了 26 份对该法案条款的具体解释,其中有四份与未成年人服务相关,如表 2 所示。这些解释对应具体的问题,根据环境的变化适时作出调整,为图书馆解决实际问题提供了政策指导。在强调未成年人图书馆权利的解释中,反映了图书馆实践领域面临的一些新问题。例如,随着媒介的革新,图书馆文献不仅有印刷型的,也有很多视听型资料。在《儿童及青少年非书资料的使用》解释中,ALA 认为图书馆应该保障未成年人自由使用所有图书馆服务、资源和设备的权利。只有父母有权利和义务对自己孩子获取图书馆服务进行限制[10]。数字环境使人们可以获取、创建及共享信息,社交媒体在未成年人中间越来越普及。在《未成年人与互联网活动》的解释中,ALA 认为教育工作者和图书馆员有责任监视那些侵犯未成年人知识自由的行为,限制那些违反《图书馆权利法案》宗旨的网络站点[11]。

表2　与未成年人服务相关的 ALA《图书馆权利法案》解释文件[12]

| 原名/译名 | 采用年份 | 修订年份 |
|---|---|---|
| Free Access to Libraries for Minors<br>《未成年人自由使用图书馆》 | 1972 | 1981,1991,2004,<br>2008,2014 |
| Access to Resources and Services in the School Library<br>Media Program<br>《学校图书馆资源与服务的利用》 | 1986 | 1990,2000,2005,<br>2008,2014 |
| Access for Children and Young Adults to Nonprint Materials<br>《儿童及青少年非书资料的使用》 | 1989 | 1991,2004 |
| Minors and Internet Activity<br>《未成年人与互联网活动》 | 2009 | 2014 |

《图书馆权利法案》确立的基本原则及其具体解释,为图书馆重视未成年人服务提供了依据,将全美图书馆界紧密地联系在一起,为各分会、各州、各图书馆制定细致、明确的图书馆未成年人服务标准规范提供了宏观政策指引。

## 1.2　ALSC-C

ALSC-C《公共图书馆儿童图书馆员能力》于1989年颁布,目前经过了三次修订。该能力标准适用对象包括所有儿童图书馆员,以及为0—14岁儿童提供公共图书馆服务的其他类型图书馆员。它从七个方面规定了儿童图书馆员所应该具备的知识素养和职业技能:客户群体的承诺(Commitment to Client Group)、咨询与用户服务(Reference and User Services)、规划(Programming Skills)、资料管理(Knowledge,Curation,and Management of Materials)、拓展与推广(Outreach and Advocacy)、管理(Administrative and Management Skills)、职业化与职业发展(Professionalism and Professional Development)。儿童图书馆员须习得以上素养和技能,以确保"儿童能够接受到 ALA《图书馆权利法案》及其解释文件和 ALA 与美国出版商协会联合发布的《阅读自由声明》中所定义的最高质量的图书馆服务"[13]。由此也可见《图书馆权利法案》对于其他未成年人服务政策的基础性指导作用。

一方面,ALSC-C 为美国各州图书馆协会制定和修订本州的区域性规范提供了参照;另一方面,ALSC-C 也往往与各州标准联合使用,规范和引导着各州的公共图书馆儿童服务,如马萨诸塞州。1988 年 5 月,MLA 正式通过《马萨诸塞州公共图书馆儿童服务标准》(Standards for Public Library Services to Children in Massachusetts),最新版本为 2012 年版。该标准从服务理念(Philosophy of Service)、服务标准(service)、馆员(staff)、馆藏(collections)、服务项目(programs)、设施(facilities)等五个方面,规定了该州公共图书馆儿童服务所应遵循的原则和需要达到的标准。该标准文件明确提到它将与 ALSC-C 等文件联合使用,以"指导当地图书馆儿童服务的不间断评估与发展"[14]。

### 1.3　YALSA-C

1981 年,YALSA 颁布实施《服务青少年的图书馆员能力》(Competencies for Librarians Serving Youth)标准,并先后在 1998 年、2003 年、2010 年对其进行了修订。它是美国最早的图书馆员职业能力标准,2010 年该标准更名为《图书馆员青少年服务能力》(Teen Services Competencies for Library Staff)。老版本的标准中,要求青少年馆员具备领导力与专业精神(Leadership and Professionalism)、用户群知识(Knowledge of Client Group)、交流、营销与拓展(Communication, Marketing & Outreach)、管理(Administration)、资料知识(Knowledge of Materials)、信息获取(Access to Information)、服务(Services)等方面的职业能力[15]。随着图书馆员在青少年的生活中扮演角色的转变,新版本中的要求增加到十项(详见表 3)。在这个标准中,图书馆员需要在青少年的学习中扮演"协同学习者"(co-learner)的角色,以促进其实践学习和基于兴趣的学习[16]。

表 3　2010 版 YALSA-C 十项技能中英文对照表

| Competencies | 能力标准 |
| --- | --- |
| Teen Growth and Development | 青少年成长与发展 |
| Interactions with Teens | 与青少年互动交流 |
| Learning Environments(formal & informal) | 学习环境(正式与非正式) |
| Learning Experiences(formal & informal) | 学习经验(正式与非正式) |

续表

| Competencies | 能力标准 |
|---|---|
| Youth Engagement and Leadership | 青少年参与与领导力 |
| Community and Family Engagement | 社区与家庭参与 |
| Cultural Competency and Responsiveness | 文化与反应能力 |
| Equity of Access | 公平获取 |
| Outcomes and Assessment | 效果与评估 |
| Continuous Learning | 持续性学习 |

美国大多数公共图书馆并没有全职的青少年图书馆员。因此,YALSA-C 的适用对象并非仅仅针对专门服务青少年的图书馆员,同样也包括图书馆学教育者、学生、图书馆管理者、图书馆培训协调人、人力资源员工、州图书馆机构员工、图书馆之外的青少年服务提供者,以确保公共图书馆和学校图书馆能够为青少年提供优质的服务。为此,YALSA 还发布了一系列配套文件,包括《图书馆青少年服务的未来》《青少年服务馆员核心职业价值》《青少年服务活动指南》《图书馆、学习与青少年国家研究日程》( The National Research Agenda on Libraries, Learning and Teens),以帮助图书馆员适应新角色,转变到新的青少年服务模式[17]。

### 1.4 AASL-S

依附于 K—12 学校的学校图书馆具有重要的教育职能,其制度规范和标准化建设的历史悠久。1918 年,美国首个全国性的中学图书馆量化评估标准《不同规模中学图书馆组织与设备标准》( Standard Library Organization and Equipment for Secondary Schools of Different Sizes)被职业团体和教育协会采纳[18],标志着美国学校图书馆在规范化建设方面取得重要进展。随着教育环境变化、课程变革、教学科目调整、教学日程改变以及新技术的发展,对学校图书馆的设施、资源、馆员等都提出了新的要求。例如,学校图书馆员工作重心从 20 世纪 50 年代的"为教学选择恰当的媒体",到 21 世纪变为强调其"为学而教、进行专业领导与行政管理以及对终生学习和社会发展"的长远影响,显示出学校图书馆员在教育中的作用和地位不断上升[19]。"teacher librarian""school library media specialist"等学校图书馆员的别称也可在一定程度上反映出这种变化。在学校教育与学校图书馆工作变革的推动之下,学校图书馆的制度规范也在不断发生改变。

最新版本的 AASL-S 由五个子标准构成,包括:①标准 1:教以促学(Teaching for Learning)。标准 1 充分体现出学校图书馆员作为教师的身份。具体包括:了解学习方式、学习者需求等有关学习和学习者的知识;有学识的教师和教学伙伴,能够将行之有效的教学原理、策略与手段等应用到与课堂教师和其他教育者的合作教育实践中,共同促进学生学习、课程发展、学校进步;整合 21 世纪技能与学习标准,包括与其他教师合作贯彻 AASL《21 世纪学习者标准》(Standards for the 21ˢᵗ-Century Learner)与州学生课程标准等。②标准 2:读写能力与阅读(Literacy and Reading)。标准 2 主要强调学校图书馆员在促进学生阅读中的作用,以更好地促进其信息获取、休闲娱乐、终身学习能力的提高。具体要素包括了解文献、阅读推广、尊重多样性与读写策略。③标准 3:信息与知识(Information and Knowledge)。标准 3 主要强调学校图书馆员对于实体、数字、虚拟等各类信息资源及服务的获取利用与研究能力,以更好地支撑多样化学习社区的需要,并改进学校图书馆实践。具体要素包括有效的和道德的信息搜寻行为、信息获取、信息技术、研究与知识创造。④标准 4:推广与领导力(Advocacy and Leadership)。这一点主要强调与各方(教师、管理者、社区、其他图书馆、图书馆协会及其他利益相关者)联系、沟通、合作、协调、斡旋的能力,以维护学校图书馆利益并为其发展营造良好的外部环境。具体要素包括与图书馆界建立联系、职业发展、领导力和推广能力。⑤标准 5:项目与行政管理(Program Management and Administration)。标准 5 主要强调根据图书馆学、教育、管理、行政方面的伦理与原则来规划、设计、实施、评估学校图书馆项目、资源与服务的能力。具体要素包括馆藏资源,职业伦理,人力、财务和设施管理,以及战略规划与评估[20]。

AASL-S 将学校图书馆员教学方面的能力置于首位,显示了学校图书馆员与公共图书馆未成年人服务馆员在角色定位上的不同,也进一步表明美国学校图书馆越来越紧密地嵌入到教学活动中,反映出学校教育。从该标准内容来看,虽然同为图书馆职业能力规范文件,但 AASL-S 与 YALSA-C、ALSC-C 的效用并不相同。YALSA-C 和 ALSC-C 只是从原则上来规范和约束图书馆员,列出图书馆员在服务未成年人时应该具有的知识和技能,带有“建议性”的特征。各州在对图书馆员进行认证时,或具体某个图书馆在招聘以及培训馆员时,可以把这些标准作为参考。而 AASL-S 则是用来对学校图书馆教育项目认证的标准,带有"规定性"的特点。美国学校图书馆教育项目 AASL 和美国教师培养认证委员会(Council for the Accreditation of Educator Preparation,CAEP)联合认证,这也体现出 AASL 对于学校图书馆员作为教师的角色定位。首先,由 CAEP 负责对教师培养机构进行认证,然后,AASL 以 AASL-S 为标准,负责对那些已经通过 CAEP 认证的教育机构中的学校图书馆学教育项目(主要是硕士项目)进行认证[21]。自 1989 年至今,AASL 共对 64 个学校图书馆教育项目进行了认证,其中,认证资格在有效期的有 38 个,另有 26 个已终止认证资格[22]。

## 2　联邦图书馆法及相关法律政策

美国联邦并没有一个专门的法律用以指导图书馆未成年人服务,但曾先后颁布三部图书馆专门法,包括 1956 年《图书馆服务法》(Library Services Act)、1964 年《图书馆服务与建设法》(Library Services and Construction Act)以及现行的 1996 年《图书馆服务与技术法》(Library Services and Technology Act,简称 LSTA),其中有些条款涉及图书馆未成年人服务。以上三部图书馆专门法制定于不同历史时期,前后相延续,本质上是一部法律的不同版本。其中心内容是拨款条例,保障图书馆可以通过一定程序获得联邦政府的资助[23]。

除联邦图书馆法以外,其他一些法律法规也与图书馆未成年人服务相关。1965 年,联邦政府颁布《中小学教育法》(Elementary and Secondary Education Act),规定为美国中小学提供拨款资助,也为中小学图书馆提供了经费保障。同时,该法还包括支持学校开展图书馆项目、延长图书馆服务时间、明确儿童服务包括图书馆服务等规定[24]。此外,还有一些适用于未成年人的联邦法案,包括《儿童在线隐私保护法案》(Children's Online Privacy Protection Act,1998)、《儿童互联网保护法案》(Children's Internet Protection Act,2000)、《让每个学生都成功法》(Every Student Succeeds Act,简称 ESSA)等法规。这些法案通过允许执行或禁止的条款影响到图书馆未成年人服务。例如,《儿童在线隐私保护法案》通过禁止网站运营者某些收集、使用、披露在线儿童个人信息的不公正或欺骗性的行为[25],以保护 13 岁以下儿童的权益。由此,该法案将不可避免地对图书馆面向儿童的信息服务或其他服务起到制约作用。《儿童互联网保护法案》要求受惠于教育优惠率项目(E-rate program)的 K-12 学校和图书馆采取包括技术保护措施在内的互联网安全政策,对淫秽的或有害的内容进行屏蔽或过滤[26]。可见,相比于《儿童在线隐私保护法案》,《儿童互联网保护法案》对图书馆未成年人服务的影响更为直接。

联邦层面的法律法规,对未成年人服务的影响主要体现在经费和政策支持两个方面。下文将以《图书馆服务与技术法》和《让每个学生都成功法》为例,探讨联邦图书馆专门法及相关法对未成年人服务的具体影响。

### 2.1　图书馆服务与技术法(LSTA)

美国公共图书馆主要依赖地方税收。这导致富裕地区图书馆的经费要充足一些,而偏远及贫困地区,相应经费就要少一些。经费上的地区差异导致各地区图书馆的服务质量和服务水平不一。而联邦层面的资金资助,则有助于缓解经费上的地区差异,促进公平。1996 年,克林顿政府颁布实施《图书馆服务与技术法》,后于 2003 年和 2010 年进行修订,是《博物馆和图书馆服务法》(Museum and Library Services Act)的重要组成部分。LSTA 是美国联邦层面唯一一部专门针对图书馆的法律。它的管理机构为美国博物馆图书馆服务管理署(Institute of Museum and Library Services,简称 IMLS),资助对象涵盖了为各年龄段人群服务的所有图书馆类型[27],其中自然包括为未成年人提供服务的公共图书馆与学校图书馆。

与侧重于资助图书馆实体建筑的《图书馆服务与建设法》相比,LSTA 更加注重对新技术的资助。同时,LSTA 保留了对欠发达地区和农村地区图书馆服务的资金支持[28]。LSTA 的基金用于保障儿童、家长、青少年、成年人、老年人、失业者等各类群体的需求,保障用户学习与信息获取,但优先资助和保障弱势群体的利益,尤其是贫困家庭中 17 岁以下的儿童能够获得图书馆和信息服务[29],从而起到促公平、"补短板"的作用。LSTA 还规定了联邦拨款的分配方式。首先须由各州的州图书馆管理部门提交一份本州的计划,包括对应州图书馆服务目标的五年规划,以及根据这一规划实施为期五年的评估报告。该计划获 IMLS 批准后方可获得拨款[30]。这一规划中亦应包含图书馆未成年人服务的目标,各州可根据自己的实际情况有所侧重。

LSTA 基金是美国图书馆从联邦层面获得的最主要经费来源。据 IMLS《州项目报告》(State Program Report)显示,2015 财年,全美共有 1439 个图书馆服务项目获得了超过 3.1 亿美元的资助,其中 41% 来自 LSTA 基金。2016 财年,全美共有 1195 个项目共获得了近 2.9 亿美元的资助,其中有 39% 来自 LSTA 基金[31]。在这些获得资助的服务项目中,有部分项目直接或间接涉及未成年人服务(详见表 4)。

表 4　获得 LSTA 基金资助的部分图书馆未成年人服务项目(2016 年)①

| 受资助者 | 项目名称 | 资助额度 |
| --- | --- | --- |
| 科罗拉多州立图书馆 | 未成年人服务 | $81835.30 |
| 佐治亚公共图书馆服务 | 未成年人服务 | $146265.00 |
| 肯塔基图书馆与档案馆 | 未成年人服务 | $49355.45 |
| 罗得岛图书情报办公室 | 未成年人服务 | $128233.00 |
| 华盛顿州立图书馆 | 未成年人服务 | $127794.84 |
| 马里兰教育局图书馆发展与服务处 | 马里兰图书馆未成年人服务 | $95725.63 |
| 俄亥俄州立图书馆 | 未成年人服务计划 | $91410.20 |
| 俄勒冈州立图书馆 | 未成年人服务最佳实践 | $122684.03 |
| 南达科他州图书馆 | 儿童与青少年服务 | $5512.76 |
| 弗吉尼亚图书馆 | 儿童与青少年服务培训 | $107149.99 |

## 2.2　让每个学生都成功法(ESSA)

在联邦发布的许多文件当中,被 AASL 援引较多的法规是《让每个学生都成功法》。2002 年,美国颁布《不让一个孩子掉队法案》(No Child Left Behind Act),以降低教育的不公平。这一法案要求图书馆为儿童早期阅读提供指导、通过图书馆提升学生素养。该法确立了美国教育的高标准,在促进美国教育事业发展方面有其成就和功绩,但实施效果并不尽人意[32]。2015 年 12 月 10 日,时任美国总统的奥巴马签署了《让每个学生都成功法》[33],以替代《不让一个孩子掉队法案》,并于 2016 年 1 月 6 日在全美实施。ESSA 规定了学校图书馆的相关内容,允许中小学校

---

① 本表根据 IMLS State Program Report (SPR) 检索平台整理得到:https://imlsspr.imls.gov/Public/Results/?rows=20&start=20&sort=0&q=youth+service&fiscalYear=2016.

为图书馆制定预算,认可学校图书馆员在学校教学中的作用,尤其是明确提出了"有效的学校图书馆项目"(effective school library program)。这一法案有利于学校图书馆的发展,得到了 AASL 的积极响应。根据 ESSA,AASL 整理出了其中与学校图书馆密切相关的条款。例如,该法案规定教育机构在制定地方教育规划时,要听取教师、校长及其他教学辅助人员的意见;ESSA 明确指出教学辅助人员包括学校图书馆员;州及地方教育机构在制定地方规划时,可将协助学校创建有效学校图书馆服务项目的办法纳入规划当中;教育机构需为学校图书馆开展教学服务活动提供资金支持[34]。

　　基于上述条款,AASL 制定了促进其实施的目标和行动步骤,以确立 AASL、AASL 附属机构以及图书馆员在其中的作用。试举一例,针对法令中关于促进州及地方教育机构运营的基础项目的规定,AASL 制定了包含如下内容的目标和行动步骤。对于 AASL 而言,其目标在于:①确保申请资金支持的图书馆能够获得什么是有效的学校图书馆项目的定义及标准;②确保能够开发评估学校图书馆项目有效性的工具,并使之可以被获取;③确保学校图书馆员具备数字素养技能评估工具;④确保能够为其他分支机构、教育机构、州政府官员及其他团体提供持续的沟通和指导。对于学校图书馆员而言,则需要确保学校图书馆被纳入州一级教育机构的规划、项目申请及资助流程当中。其行动包含了四项内容:①在相关法案条款的实施阶段,联系并与地区层级的人员代表合作,为创建和维持有效服务项目的重要性发声;②识别评估图书馆项目有效性的工具;③识别评估数字素养技能的工具;④决定是否需要对州教育机构推荐的或地方教育机构制定的标准进行评估[35]。同时,为了实现以上目标与行动,AASL 制定了包括《有效的学校图书馆项目的定义》《学校图书馆员的教学角色》《学校图书馆项目的角色》《学校图书馆员培养》等立场声明文件[36]。

　　可见,AASL 捕捉到了 ESSA 在项目申请、资金支持、学校图书馆员的地位和作用等方面带给学校图书馆的机会,并通过目标与行动步骤、立场声明等文件的制定,阐明了学校图书馆在提升学生学业成绩、数字素养技能、营造学校文化等方面所发挥的重要角色和作用,突出了其在中小学教育中基础性的地位,并为新法案环境下的美国学校图书馆职业群体提供了指导性的行动指南和政策支持。在 ESSA

所带来的有利的宏观政策环境之下，AASL 还将继续与 ALA 华盛顿办公室、图书馆推广办公室和其他教育组织（如美国教师联合会、国家教育学会）合作[37]，秉持"学校图书馆员助力学生成功"（School librarians ensure student success）的职业理念，共同推动 ESSA 的实施，以促进学校图书馆与学校图书馆员的发展。

### 2.3　其他联邦机构

除上述图书馆专门法及相关法之外，另有一些联邦机构对图书馆未成年人服务具有直接或潜在的政策影响力，如美国教育部、美国国会图书馆。

美国教育部联邦助学办公室（Federal Student Aid）设立了公共服务贷款免除（Public Service Loan Forgiveness）项目，鼓励个人从事公共图书馆、学校图书馆、儿童早期教育等公共服务工作[38]，有助于促进图书馆未成人服务事业的发展。教育部教育科学研究院（Institute of Education Sciences）是美国国家级的教育研究、评估和统计机构。其下属的国家教育研究中心（National Center for Education Research）、国家教育统计中心（National Center for Education Statistics）、国家教育评估与地区援助中心（National Center for Education Evaluation and Regional Assistance）、国家特殊教育研究中心（National Center for Special Education Research）和教育资源信息中心（Education Resources Information Center）承担着美联邦教育调查研究、教育方法试验、收集和分析相关数据、教育项目与政策评估、教育信息资源建设与服务等职责[39]，其中也包括与图书馆尤其是学校图书馆相关的调查研究与统计工作。该研究院的相关成果可以为制定和修订图书馆未成年人服务相关政策提供数据支撑与决策依据。作为美国的国家图书馆，美国国会图书馆的各项服务与政策可以产生广泛的辐射作用。国会图书馆的图书中心（Center for the Book）、国家图书节（National Book Festival）、国家盲人和肢体残疾人图书馆服务（National Library Service for the Blind and Physically Handicapped）[40]以及分类编目等业务工作或服务项目都涉及未成年人服务，并对全国其他图书馆产生不同程度的政策影响。

## 3　讨论与结语

在全国性的图书馆协会方面，ALA 及其分会制定的规范性文件，是图书馆员职业团体内部所拟定的制度规范,反映了图书馆职业共同体的集体立场。它们的强制效力虽然不及法律,但对于规范图书馆未成年人服务产生了实实在在的影响。《图书馆权利法案》及其具体解释,为各分会、各州及各图书馆制定图书馆未成年人服务标准规范提供了宏观政策指引,从而对美国全国范围的图书馆未成年人服务发展具有了基础性的作用和普遍性的意义。而 ALSC-C、YALSA-C 以及 AASL-S 均为关于图书馆员职业能力和知识素养方面的标准规范,以人力资源建设与职业发展为基础支撑着未成年人服务的发展,在定义和指引图书馆员未成年人服务的职业行为方面发挥着重要作用。这些标准规范的适用对象主要为公共图书馆和学校图书馆的馆员。相应标准规范可以从以下方面影响图书馆未成年人服务:首先,对于地方性图书馆协会而言,这些全国性的标准规范可以为各州、各地区性图书馆协会制定地方性的图书馆未成年人标准规范提供参照;其次,对于具体图书馆而言,这些标准规范为图书馆开展未成年人服务活动提供了指导原则和实践规范;再次,对于未成年人服务效果评估而言,这些标准可以作为评估服务质量和改进服务水平的工具;最后,对于未成年人服务馆员培养而言,又可作为图书情报学院系课程设计和协会职业培训与继续教育的内容框架。

在联邦法律法规方面,美联邦颁布的 LSTA、ESSA 等法律法规以及其他联邦机构的相关政策,为公共图书馆与学校图书馆开展未成年人服务提供了经费支撑与政策支持。联邦图书馆专门法 LSTA 有助于缓解各州图书馆经费上的地区差异,促进未成年人服务公平,保障弱势群体权益,从而起到"补短板"的作用。ESSA 明确提出"有效的学校图书馆项目",重视学校图书馆及馆员在中小学教育中的积极作用,为学校图书馆发展创造了有利的政策环境,并促使 AASL 制定了一系列行动目标与立场声明文件,进一步阐明了学校图书馆在中小学教育中的重要角色和作用,为美国学校图书馆员提供了指导性的行动指南和政策支持。此外,美国教育部所属的联邦助学办公室、教育科学研究院以及其他联邦机构,也通过制定相关政策、设立项目与开展调查研究等方式,对图书馆未成年人服务发展产生了直接或间接的政策影响。

需要指出的是,由于美国联邦制的政治体制,联邦法律和 ALA 及其分会制定的规范性文件,虽然能够从宏观上起到指导作用,但其所能发挥的作用可能仍主要是建议性和规定性的,而难以对具体地区和具体图书馆的实践产生直接的强制性作用。美国各州图书馆均按州图书馆法建立、管理和运作,联邦图书馆法仅通过拨款的方式进行协调和指导。在未成年人服务方面,公共图书馆仍主要依赖当地的税收。为了解决经费问题,地方必须建立一定的制度和规章来保障日常运营经费的持续性。在实际的图书馆未成年人服务工作中,各个地方所面临的环境更加具体,图书馆所面临的实际问题也更为细致和庞杂。例如地方经济状况与图书馆运营经费之间的关系,地区人口的变化,地方机构人事的变动等,都会对未成年人服务工作产生直接的影响。因此,在国家层面的政策与法规之外,仍需要各地方政府、各地方性图书馆协会与具体图书馆制定更为详细和更加切合本地实际的政策制度。实际上,除了上文所提到的马萨诸塞州,美国诸多州和图书馆都制定有专门的儿童或青少年服务政策。由于这些地方性政策的多样性和复杂性,需留待后续的专门研究和详细探讨了。

## 参考文献

[1] American Library Association. State of America's Libraries Report Promotional Tools[EB/OL]. [2018 – 07 – 21]. http://www. ala. org/news/state-americas-libraries-report-promotional-tools.

[2] American Library Association. ALA Divisions [EB/OL]. [2018 – 07 – 20]. http://www. ala. org/.

[3] Association for Library Service to Children. About ALSC[EB/OL]. [2018 – 07 – 21]. http://www. ala. org/alsc/aboutalsc.

[4] Young Adult Library Service Association. About YALSA[EB/OL]. [2018 – 07 – 21]. http://www. ala. org/yalsa/aboutyalsa.

[5] American Association of School Librarians. About AASL[EB/OL]. [2018 – 07 – 21]. http://www. ala. org/aasl/about.

[6] American Library Association. ALA Standards & Guidelines[EB/OL]. [2018 – 07 – 20]. http://www. ala. org/tools/guidelines/standardsguidelines.

[7] 张靖. IFLA、ALA 与知识自由[J]. 图书馆学研究,2009(12):84 – 88,46.

[8] American Library Association. Library Bill of Rights[EB/OL]. [2018 – 07 – 09]. http://www. ala. org/aboutala/governance/policymanual/updatedpolicymanual/section2/53intellfreedom # B. 2.1.

［9］ Massachusetts Library Association. Standards forPublic Library Serviceto Young Adultsin Massa-
chusetts［EB/OL］.［2018 – 09 – 01］. http：//www. masslib. org/Resources/Documents/ya_stand-
ards_2010. pdf.

［10］ American Library Association. Access for Children and Young Adults to Nonprint Materials, An
Interpretation of the Library Bill of Rights［EB/OL］.［2018 – 07 – 09］. http：//www. ala. org/
aboutala/sites/ala. org. aboutala/files/content/governance/policymanual/updatedpolicymanual/
ocrpdfofprm/53-1-13accessnonprint. pdf.

［11］ American Library Association. Minors and Internet Activity［EB/OL］.［2018 – 07 – 09］. http：//
www. ala. org/aboutala/sites/ala. org. aboutala/files/content/governance/policymanual/Links/
B. 2. 1. 22. pdf.

［12］ American Library Association. B. 2 Intellectual Freedom（Old Number 53）［EB/OL］.［2018 –
07 – 09］. http：//www. ala. org/aboutala/governance/policymanual/updatedpolicymanual/sec-
tion2/53intellfreedom.

［13］ American Library Association. Competencies for Librarians Serving Children in Public Libraries
［EB/OL］.［2018 – 07 – 20］. http：//www. ala. org/alsc/edcareeers/alsccorecomps.

［14］ Massachusetts Library Association. Standards for Public Library Service to Children in Massachu-
setts［S/OL］.［2018 – 07 – 09］. http：//mlayss. pbworks. com/w/file/fetch/53591709/MLA%
20YSS% 20Children% E2% 80% 99s% 20Standards% 202012% 20revision. pdf.

［15］ YALSA. Competencies for Librarians Serving Youth：Young Adults Deserve the Best［EB/OL］.
［2018 – 07 – 20］. http：//www. ala. org/yalsa/sites/ala. org. yalsa/files/content/guidelines/
yadeservethebest_201. pdf.

［16］ YALSA. Teen Services Competencies for Library Staff［EB/OL］.［2018 – 07 – 20］. http：//www.
ala. org/yalsa/sites/ala. org. yalsa/files/content/YALSA_TeenCompetencies_web_Final. pdf.

［17］ YALSA. Teen Services Competencies for Library Staff［EB/OL］.［2018 – 07 – 20］. http：//www.
ala. org/yalsa/guidelines/yacompetencies.

［18］ Fenwick S I. Library Service to Children and Young People［J］. Library Trends,1976（1）：350.

［19］ 马晓玲. 美国学校图书馆员能力标准（2010）解读［J］. 现代教育技术,2011（12）：33.

［20］ American Association of School Librarians. Standards for Initial Preparation of School Librarians
（2010）［S/OL］.［2018 – 07 – 17］. http：//www. ala. org/aasl/sites/ala. org. aasl/files/content/
aasleducation/schoollibrary/2010_standards_with_rubrics_and_statements_1-31-11. pdf.

[21] AASL. AASLCAEP School Librarianship Education Programs[EB/OL]. [2018 – 07 – 17]. http://www. ala. org/aasl/education/caep/programs.

[22] AASL. Historical List of AASL Recognized Programs[EB/OL]. [2018 – 08 – 29]. http://www. ala. org/aasl/about/ed/caep/history.

[23] Library Services and Technology Act[EB/OL]. [2018 – 04 – 20]. https://law. justia. com/codes/us/2015/title-20/chapter-72/subchapter-ii/part-2/sec. -9141/.

[24] Elementary and Secondary Education Act[EB/OL]. [2018 – 08 – 30]. https://www2. ed. gov/about/offices/list/oii/nonpublic/eseareauth. pdf.

[25] Federal Trade Commission. Children's Online Privacy Protection Rule:Final Rule[J]. Federal Register,1999(212):59888 – 59915.

[26] Federal Communications Commission. Children's Internet Protection Act (CIPA)[EB/OL]. [2018 – 08 – 30]. https://www. fcc. gov/consumers/guides/childrens-internet-protection-act.

[27] American Library Association. Library Services and Technology Act (LSTA)[EB/OL]. [2018 – 04 – 20]. http://www. ala. org/advocacy/advleg/federallegislation/lsta.

[28] Gregory,Gwen. The Library Services and Technology Act:How Changes from LSCA are Affecting Libraries[J]. Public Libraries,1999(6):378 – 82.

[29] Institute of Museum and Library Services. Purposes and Priorities of the Library Services and Technology Act[EB/OL]. [2018 – 04 – 20]. https://www. imls. gov/grants/grants-state/purposes-and-priorities-lsta.

[30] Institute of Museum and Library Services. Grants to States[EB/OL]. [2018 – 07 – 21]. https://www. imls. gov/grants/grants-states.

[31] Institute of Museum and Library Services. Search State Program Report (SPR) Projects[EB/OL]. [2018 – 07 – 21]. https://imls-spr. imls. gov/Public/projects.

[32] 杨明全. 美国基础教育改革走向[N]. 光明日报,2016 – 10 – 02(5).

[33] The 114th United States Congress. Every Student Succeeds Act[EB/OL]. [2018 – 07 – 21]. https://edworkforce. house. gov/uploadedfiles/every_student_succeeds_act_-_conference_report. pdf.

[34] ALA Washington Office. Opportunities for School Librarians[EB/OL]. [2018 – 07 – 21]. http://www. ala. org/aasl/sites/ala. org. aasl/files/content/aaslissues/esea/ALA-ESSA_Library_Opportunities. pdf.

[35] American Association of School Librarians. AASL Vision for Implementing ESSA[EB/OL].
[2018 – 07 – 21]. http://www. ala. org/aasl/sites/ala. org. aasl/files/content/aaslissues/esea/
AASL_ESSA_Vision. pdf.

[36] AASL. AASL Position Statements[EB/OL]. [2018 – 08 – 30]. https://essa. aasl. org/.

[37] AASL. ESSA and school librarians:home[EB/OL]. [2018 – 08 – 30]. https://essa. aasl. org/.

[38] Federal Student Aid. Public Service Loan Forgiveness[EB/OL]. [2018 – 08 – 31]. https://stu-
dentaid. ed. gov/sa/repay-loans/forgiveness-cancellation/public-service.

[39] IES. About IES:Connecting Research,Policy and Practice[EB/OL]. [2018 – 08 – 31]. https://
ies. ed. gov/aboutus/.

[40] Holly G Willett. Public library youth services:A public policy approach[M]. Norwood,NJ:Ablex
Publishing Corporation,1995:179 – 183.

原载《图书馆》2018 年 11 期

# 日本公共图书馆法规体系的构建历程(1899—1970) *

李易宁(北京语言大学图书馆)

## 1 引言

  日本公共图书馆经历了漫长的发展历程,从幕府末期到明治维新时期西方近代思想的引入开始,经历了"全盘西化""复古思潮",以及军国主义的崛起、第二次世界大战的结束,直到 1970 年左右,日本的公共图书馆才逐步具备了"public library"的应有之义。与此同时,日本近代公共图书馆的立法伴随着其漫长的发展过程,自 1899 年日本天皇政府颁布《图书馆令》开始,随后分别于 1906 年、1933 年颁布改正《图书馆令》。第二次世界大战后,日本颁布图书馆三法:1948 年公布的《国立图书馆法》;1950 年公布的《图书馆法》;1953 年公布的《学校图书馆法》[1]。从 1950 年到 1970 年,围绕公共图书馆事业,一些补充性行业规范逐渐出台,从而使日本本土化公共图书馆思想以法律和规范的形式确定下来,为 1970 年后日本公共图书馆事业 20 年的飞速发展奠定了基础。

  北京大学教授李国新提出,目前日本图书馆法律体系的基本架构中,"图书馆三法"及其配套规章,是法律体系的支柱;主要由行业协会制定颁布、具有"准法律"性质的行业标准、纲要、业务规范等,是法律体系的补充;一大批图书馆相关法,是法律体系的重要组成部分;以《图书馆自由宣言》和《图书馆员伦理纲领》为核心

---

 * 本成果受北京语言大学校级科研项目(中央高校基本科研业务费专项资金)资助,项目编号:17YBB06,项目名称"高校图书馆空间重构与利用研究"。

 本课题受北京语言大学校级项目(中央高校基本科研业务费专项资金)资助,项目编号:18PT06,项目名称"对外汉语教学学科发展与服务研究创新平台"。

的图书馆"誓约"与"自律规范",超越了图书馆业务层面而在政治权利、自由权利层面对图书馆和利用者加以保护;国际条约、协定等,则是法律体系的国际法基础[2]21。

日本《图书馆情报学用语辞典》中,认为"公共图书馆法是指明治 32 年(1899)的《图书馆令》、昭和 8 年(1933)的《改正图书馆令》、昭和 25 年(1950)的《图书馆法》",并指出这三者的性质各不相同[3]。从普遍意义来说,对日本公共图书馆法律法规的研究应以这三个法规为主线。在这一主线之上,日本公共图书馆法规体系逐步建立,并依据其他法规的制定横向趋于完善。

## 2　《图书馆令》开启日本公共图书馆法单独立法的进程

在《图书馆令》问世之前,一些关于公共图书馆的规定已经出现,有的专门规定了公共图书馆事业的部分内容,有的散见于教育法规之中。明治 30 年(1897)2月,外山正一在获得 60 票赞成的基础上,在贵族院提出了《国库补助公立图书馆费用法案》。其中规定,"为奖励公立图书馆事业",国库每年支出 10 万日元的费用,另外,开设有图书馆的地方公共团体同样承担提供补助金和图书馆经费的义务。该法案的目的在于促进公立图书馆的开办与发展,但是该法案交付委员会审议后,考虑到应以学校教育的筹备为重而被拒绝了[4]70。

1899 年文部省将当时存在于各学校通则与小学规定中的有关图书馆的规定加以汇编,从而形成了独立的《图书馆令》。就内容而言,《图书馆令》的内容与今日之法律相比非常简单,仅对图书馆的定义、设置等问题进行了简单的规定:

> 我国最初的这部《图书馆令》第一次确立了建立图书馆的法律基础。作为职员,在"图书馆中有馆长和书记"人员,对其待遇也做了明确的规定(第 6条)。第 7 条规定"公立图书馆能够征收图书馆阅览费",认可了收费制度。此外,可以在公立和私立学校中"作为附属机构"开设图书馆(第 4 条),从而认可了与学校的隶属关系。[5]172
> 图书馆令中定义图书馆是"收集图书提供给公众阅览"的机构,并在教育制度中确定了图书馆的明确地位。另外还规定了行政以及公立学校附属公立

图书馆的开设、停办需要经过文部大臣的许可等,一共 8 条规定。[6]94

《图书馆令》虽然只是"东拼西凑"而来的法律,但是在当时的日本依然起到了不可忽视的历史作用,并促进了日本图书馆事业的发展。《图书馆令》颁布时,日本全国公私立图书馆的总数仅为 32 所,1901 年为 50 所,1904 年为 100 所,1908 年为 200 所,直到明治末年的 1912 年达到了 541 所[5]172。在事业发展的同时,也出现了一些问题,比如公立图书馆对学校的依附性问题。《图书馆令》颁布之后,作为小学的附属机构建立了很多町村一级的公立图书馆,这对日后学校图书馆的独立发展以及公立图书馆自身的发展造成了阻碍[5]172。

## 3　改正《图书馆令》推动日本公共图书馆立法的发展

1906 年对《图书馆令》的修改主要针对第六条,即"地方长官对公立图书馆中设置的馆长与书记的任免"一项[7]77。改正后规定:"在公立图书馆中设立馆长、司书和书记。馆长和司书享受与奏任文官或判任文官相同待遇,书记享受与判任文官相同待遇",并详细规定了不同级别人员的聘任资格[7]78。这一修改体现了对图书馆职业资格规定的严格化与细化,是管理深化的体现。

1933 年改正《图书馆令》颁布于大正时代,这是一个思想政治运动和社会运动多样化的时代。这段时期,在所谓的大正民主主义运动高涨和社会主义复苏的同时,劳动运动白热化、抢米运动爆发、普选运动兴起。在这样的时局之下,统治阶级为了控制国民的思想,对反抗运动予以镇压。正因为如此,在这样的动荡时期,图书馆发展最主流的选择是权利依存型,即继续接受政府的政策,通过这种方式实现图书馆的发展[4]82。

在这样的时代背景下,对《图书馆令》的改正,本意必然不是推动日本近代公共图书馆的发展,而是持续加强政府的管理力度:

> 《图书馆令》改正的 1933 年,长野县教师的赤化事件导致从 2 月到 4 月共有 138 名小学教师被检举,4 月发生了文部大臣要求京都大学法学部的泷川幸辰教授辞职的泷川事件,影响了大学自治与研究自由。是年 1 月,在欧洲,希

特勒获得政权,开始纳粹的一党独裁时代。

前一年的 5 月 15 日,犬养毅首相在其府邸受到陆海军军人的袭击,制造了5·15事件,军部的监管不力造成鲁莽行事,最终引发了 1936 年 2 月的青年将校的 2·26 事件,最终导致了他们支持的天皇制日本帝国的解体……在这样黑暗的时代改正《图书馆令》,自然不可能使其演变成有助于发展符合民众需要的公共图书馆的法律依据。[5]212

从内容来看,改正《图书馆令》中改正的内容可以概括为 6 点[6]102:

(1)明确规定了图书馆的目的和开展附加业务

(2)为普及图书馆的建设扩大了其开设主体的范围,并引入奖励金的公布制度;

(3)实施中央图书馆制度;

(4)职员结构的调整;

(5)私立图书馆的认可制和加强监督;

(6)由中央图书馆建立图书馆职员的培养机构。

在诸项改革中,改革的核心是第 3 条——引进中央图书馆制度。通过这项规定的修改,建立起在文部大臣的许可之下在各都道府县建立中央图书馆、再由中央图书馆监督指导市町村图书馆的制度。另外,私立图书馆的建立制度虽然从之前的申请制改为认可制,但是计划由中央图书馆针对青年团一类开展独立活动的图书馆加强监管[6]102。

虽然改正《图书馆令》与《图书馆令》相比有着不可忽视的进步与优化,但是由于对公共图书馆的社会属性的认识不足,为日后的发展留下了隐患。一方面,在改正《图书馆令》的第一条第二项规定中加入了"图书馆应当作为社会教育的附属机构"的言辞,从而在日后引发了关于社会教育与图书馆的定位之争[6]102。另一方面,中央图书馆制度的确立确保了公共图书馆"思想善导"作用的发挥,无异于局限了公共图书馆发展的内驱力。

## 4 战后《图书馆法》初登历史舞台

1950 年颁布的《图书馆法》是在日本战败后美军占领的时代背景下出现的。

其立法过程体现了日美双方在社会形态、公共图书馆思想等方面的不同立场。可以说，最终颁布的 1950 年《图书馆法》是双方争议的衍生物，既没有体现日本本土化思想的发展，也没有完全体现历任民间情报教育局（Civil Information and Educational Section，简称 CIE）图书馆担当官的主张。在日本图书馆界、文部省与盟军司令部的多方博弈之下，最终得以立法的《图书馆法》可以理解为多方逐力与妥协的产物。

## 4.1 《图书馆法》的诞生过程

第二次世界大战后，联合国军最高司令官司令部（General Headquarters，简称 GHQ）成立民间情报教育局 CIE，CIE 的主要任务是履行《波茨坦公告》的基本方针，以普及民主主义思想与抵制军国主义为基础，与日本诸教育机构携手制定实施最高司令官麦克阿瑟的教育方针，并收集信息[8]2。为此，CIE 与日本的文部省合作，成立专门的教育使节团，对日本的科研、社会教育机构进行调查。根据《纽约时报》的报道，使节团的使命表述为："调查日本的图书馆、科学研究所、博物馆的使用情况、研究人员的自主性，并调查高等教育的情况。"[8]2-3 在这一过程中先后派驻日本的三任图书馆担当官，分别是菲利普·基尼（Philip O. Keeney）、保罗·J. 伯内特（Paul J. Burnette），以及简·费尔韦瑟（Jane Fairweather）。三人在任期间，分别强调了自己所关注的改革内容，其中影响最大的就是基尼。

基尼作为首任图书馆担当官，根据 GHQ 早期制定的重建方案制定了重建日本公共图书馆事业的《基尼计划》，并在其走访日本各地的过程中宣传了这一计划。《基尼计划》的核心是效仿美国加利福尼亚州公共图书馆的模式，"以最少的代价为最多数的人提供最全面的服务"的方式重建日本的公共图书馆[9]。

1947 年 4 月，基尼突然卸任，在他之后的继任者为保罗·J. 伯内特。在伯内特到任之前，这项工作曾经一度由当时的成人教育教育官（Adult Education Educationist）纳尔逊（John M. Nelson）代理。除了对基尼的观点的认同，纳尔逊还考虑到避免集权的必要性，因此成为坚定的单独立法观点的捍卫者[8]9-10。

CIE 的第二任图书馆担当官伯内特 1947 年 10 月到任，其在任时间直到 1949 年 3 月。伯内特在日本的主要活动包括四个方面：对美国的图书馆使节的协助、促进图书馆学教育、收集无法通过交换获得的图书和杂志、促进人的交流[10]。

　　伯内特卸任后,第三任图书馆担当官简·费尔韦瑟到任,此时,盟军司令部的专家逐渐改变了对日本公共图书馆的态度。其原因在于,第一,日本的公共图书馆在战争中受到的破坏比想象要严重,重建本身绝非易事;第二,1946 年后,文部省加强公民馆的建设,将其作为社会教育的核心机构(不在少数的小型图书馆转型为公民馆),占领军也意识到公民馆在民主主义思想的普及方面能够取得更好的成效,且投入的成本更低;第三,单就图书馆而言,与其重建日本的公共图书馆,不如在全国各地建立 CIE 图书馆,直接宣传美国的思想和文化,这种做法收效更显著[4]163-164。因此,盟军司令部最终选择以一种“省钱”的方式来完成日本图书馆法的立法工作。面对占领后期出现的财政危机,时任 CIE 图书馆负责人费尔韦瑟对中田邦造表示,因为图书馆的建设必须尊重民意,所以难以确立图书馆义务建立制度;并反对用国库经费为公共图书馆提供补助的提议,指出“任何与大量经费相关的法案都是不可能通过的”[4]163-164。

　　在日本图书馆界,纵观从日本战败到 1950 年《图书馆法》颁布的这段时期,文部省的主导与立法成为图书馆事业重建的两大核心要素。文部省与日本图书馆协会分别起草了多项图书馆法案,强调了自己的立场与对公共图书馆事业的设想。在诸多法案中,最初的“长岛案”[11]与“加藤·雨宫案”[12]引发了对公共图书馆立法必要性的讨论。伯内特在任期间,又出现了“文部省文化课案”[13]和日本图书馆协会的“有志案”和“协会案”[8]16-17,政府机构与行业协会在各自的法案中宣示着自己的立场。费尔韦瑟继任期间,文部省提出了“文部省案”[14]。在这一法案送出的过程中,GHQ 的原则与日本本土的主张相碰撞,两个立法机构在法案中暗自争夺着公共图书馆事业的管理权。1950 年 8 月 12 日,法案促进委员会向日本图书馆协会明确提出了自己的立场:“如果不能制定出”比现行的图书馆令“进步一步的法案的话,那么推动其实现的努力是毫无意义的”。最终,日本《图书馆法》以一种向多方妥协的姿态颁布于世。在当时的日本图书馆界看来,这一立法是对英美惯例的妥协,日本图书馆界被迫放弃了多年坚持的义务开设、国库补助、中央图书馆制度。虽然在多年之后,日本图书馆界逐渐认识到《图书馆法》的进步性,但是在当时看来,这是一部得不偿失的法律,被称为“舍弃了果实而摘了花”[4]164-165。

### 4.2 《图书馆法》的内容与历史评价

(1)《图书馆法》的基本内容

李国新在对日本《图书馆法》的研究中,援引西崎惠对《图书馆法》的观点,对日本《图书馆法》的标志意义进行了如下说明:

> 日本学者指出,和战前的《图书馆令》相比,这部新《图书馆法》"前进了一步",标志是:
>
> ● 明确了图书馆的"公共性"。与此相适应,规定图书馆的设置主体是地方政府或《民法》第 34 条规定的法人(公益法人);
>
> ● 关于图书馆的设置与撤销,废除了"认可制",实行"报告制"或"提出制";
>
> ● 明确了图书馆的本质功能是提供"图书馆服务",为日本战后图书馆的发展指明了方向;
>
> ● 废除了"中央图书馆制度";
>
> ● 规定了公立图书馆的"免费服务制";
>
> ● 完善了图书馆的"职员制度",确立了图书馆员的"研修体系";
>
> ● 对于私立图书馆,确立了尽量发挥其"自主性",实行"自由经营"的原则;
>
> ● 承认了"图书馆同类设施"的概念。[2]51

森耕一概括了1950年《图书馆法》的基本内容与意义,大致如下:

> 1950 年颁布的图书馆法,从颁布之初就是一部被业内人士诟病的法律。但是从明确规定了近代公共图书馆的理念的内容来看,的确是一部"计划性立法",其意义有以下 5 点:
>
> ● 规定了图书馆的目的和职能;
>
> ● 确立了免费原则;
>
> ● 在法律中倡导图书馆的相互合作;

- 制定了公立图书馆的建立和运营的标准,对于满足一定标准(第19条规定的最低标准)的图书馆提供国库补助;
- 对作为图书馆专职人员的司书和候补司书进行了规定。[4]207-209

概括来说,1950年《图书馆法》以立法的形式确保了日本公共图书馆以英美惯例为规范的发展方向。这与日本图书馆界多年的实践与期待大相径庭,因此日本图书馆界对这一立法的接受过程比较漫长,经历了从消极评价到积极肯定的变迁。

(2)颁布之初的消极评价

在当时的日本图书馆界看来,《图书馆法》并未坚持日本图书馆界的主张,甚至作出了原则性让步。一方面,《图书馆法》的立法迟于1949年的《社会教育法》,并被视为《社会教育法》的下位法;另一方面,纳尔逊否定了中央图书馆制度,将免费开放与自治体有开设图书馆的自主权写入了法条之中,这对最终立法起到了决定性作用[6]109。这在当时的日本图书馆界看来是无法接受的事情。盐见昇在《图书馆法50年》中也提到,1950年《图书馆法》被图书馆行业评价为"理念高远而果实了了","果实"是指"以法律支持图书馆发展的效力"。他认为,"高远的'理念'要如何运用于图书馆的发展之中、是否能够运用得当,这是图书馆行业日后需要解决的问题"[15]54。

1950年《图书馆法》确实未能如日本图书馆界所希望的那样以法律的手段为图书馆事业的重建和发展提供强有力的支持,而是留下了太多艰难的屏障,比如如何在多年的收费开放之后一步跨越到免费开放,又比如在日本近代出现的众多私立图书馆要如何在公立图书馆免费开放的时代生存,等等,这些问题只能留待日后去解决。

(3)《图书馆法》积极作用的呈现

在当时的日本图书馆界人士看来,《图书馆法》的出台未能实现日本图书馆界的期待。在《图书馆法》时代,为了进一步完善公共图书馆制度,日本公共图书馆界进行了很多新的调整与尝试。随着观念的变化,业界对于《图书馆法》的看法也发生了改变。日本图书馆界逐渐意识到,图书馆法制定之时,正值日本战后国家财政窘困之际,需要先确立制度,在日后增加预算。因此,图书馆法实质上规定了图书馆服务和运转所应有的状态。图书馆法的规定中最为重要的一点是将日本图书馆一直以来收取入馆费等名目费用的做法改为免费制度。在《图书馆法》制定之后的一段时间里，图书馆服务依然维持着立法之前的惯例。在那以后，图书馆工作人员开始关注图书馆法内容的先进性，以图书馆法为依据，努力追求更好的图书馆服务方式[16]。

## 5　后《图书馆法》时期行业规范的横向补充

1950 年日本《图书馆法》颁布后，日本图书馆界通过多年的努力逐渐接受了《图书馆法》的规定，并以行业规范的出台逐渐弥补了《图书馆法》中的遗憾，丰富了图书馆行业法规体系的构成。

从 20 世纪 80 年代至 2000 年前后的《图书馆法》改革中涉及图书馆馆长的资格、国家补助金制度以及虽然未提及改革议程但是备受关注的第 17 条①等问题，体现了图书馆事业的发展、图书馆的调整对图书馆法改革提出的新要求[15]55。这种细节的调整与完善需要建立在制度整体框架完备的基础之上，60 年代末，《中小都市公共图书馆的运营》与《市民的图书馆》的颁布，以行业规范的形式确定了中小图书馆是行业的发展的重心，以为市民服务作为行业发展的方向，这些行业规范一直沿用到 2000 年前后才引发了新的讨论，也就是说，它们确保了日本公共图书馆事业在至少 30 年间的良性发展。

### 5.1　《图书馆自由宣言》和《图书馆员伦理纲领》

1950 年日本《图书馆法》颁布后，日本近代公共图书馆制度不断发展，通过行业规范等加以细化和规范，标志着日本近代公共图书馆发展到了一个新的、更加成熟的阶段。

在李国新的研究中提到，《图书馆自由宣言》是日本图书馆界依据战后《宪法》保障国民"表现自由"的基本精神，对图书馆自身权利、责任的确认和公示。图书馆作为一个整体所承担的社会责任与义务，所拥有的自由权利，仅靠图书馆员的

---

①　日本《图书馆法》第 17 条规定：公立图书馆不得收取入馆费及针对其他利用图书馆资料的行为收取相应的费用。

"个人行为"是无法实现的,但是,它的完全实现又离不开每一个图书馆员在日常工作中的艰苦努力与卓有成效的工作。因此,组成职业集团的每一个图书馆员,就应该具有与《图书馆自由宣言》相一致的价值取向和行为准则。《图书馆员伦理纲领》就是图书馆员这个职业集团为明确自身职责而向社会公示的"自律规范",它规定了图书馆员为完成图书馆所承担的任务、履行图书馆所承担的责任而应有的职业道德、专业素养,以及其他责任、义务与权利,目的在于通过职业集团所有成员的"自律",使图书馆对社会的"誓约"真正变为行动,变为现实[2]19-20。

## 5.2 《中小城市公共图书馆的运营》

日本公共图书馆界在新的探索中,通过 CIE 图书馆所展示的美国公共图书馆服务获得了很多启发。但是由于在日本公共图书馆事业的发展中始终面临着经费、人员不足与政府管理者对公共图书馆的偏见等问题,依然需要以日本自己的方式寻找出路。作为图书馆行业组织的日本图书馆协会,为了寻求让公共图书馆有效服务于民众的方法,专门对日本公共图书馆的活动进行了调查,并将调查结果汇总为《中小都市公共图书馆的运营》(1963 年,一般称为"中小报告")。它成为这一时期的公共图书馆发展指导方针[17]208-209。

"中小报告"的目的在于,"进一步提高中小公共图书馆的配给、为解决图书馆中各种各样的问题、并为这些图书馆提供合理的经营标准,决定制作中小公共图书馆运营基准"[1]14。报告"中小公共图书馆才是公共图书馆的全部"的论断,表达了3 个基本的含义。首先,日本国民是中小公共图书馆的利用者,而市町村的中小图书馆是日本国民与公共图书馆最直接的接触点:

> 即根据日本新宪法的精神与图书馆法的理念,日本国民拥有自由、平等、免费接受公共图书馆服务的权利。……而日本的国民是都道府县民的集合体,而都道府县民众首先是作为市区町村民而生活着的。因此,日本国民被包含在他们实际生活的小区域(市町村)的公共图书馆的服务范围中,从而享受着上述图书馆服务。从这个意义而言,应该说,图书馆法的服务理念规定了中小图书馆的服务内容。[18]23

其次,报告书进而强调了对利用者而言,使用的便利比图书馆的规模更重要的观点:

> 分散于四个岛的日本国民如果想接受公共图书馆的服务,如何能够使用位于东京的国立国会图书馆呢。……对利用者而言,更切实际的是在生活区域附近或者在上班通勤路径附近开设多家图书馆(不限于建筑物)。[18]23-24

最后,报告中提到,大图书馆有必要作为中小图书馆的后盾,都道府县立与国立图书馆只有通过中小公共图书馆才能够真正为民众提供公共图书馆的服务[18]24。

总体来说,《中小报告》强调了中小公共图书馆在公共图书馆事业中的重要性。石井敦与前川恒雄认为,《中小报告》旨在为民众提供便于使用的公共图书馆。这一方针一方面向政府管理者证明了民众对图书馆的需求,另一方面为改善公共图书馆在财政方面的被动地位创造了机会[17]210-211。从这个意义上来说,《中小报告》不但为日本公共图书馆事业的发展指明了方向,也为公共图书馆创造了生存的空间。"在《中小报告》的指导下,日本公共图书馆的实践活动终于步入建立真正意义上的为日本国民服务的阶段,从而成为真正的'现代图书馆'。"[17]210-211

### 5.3 《市民的图书馆》

《市民的图书馆》是继《中小报告》之后出现的、能够代表这一时期日本公共图书馆思想进展的另一份行业规范性文件,有1970与1976年两个版本。《市民的图书馆》与《中小报告》都是以《图书馆自由宣言》为根据、从知识自由的层面上探讨与规范公共图书馆功能与服务等方面问题的,但是两者之间依然存在着一些差异。山口源治郎指出,两者之间的关系"不是单纯地延续性"关系[19]35,简单来说,《市民的图书馆》是对《中小报告》的细致化、具体化。其内容的差异体现在如下几个方面:

> (1)《中小报告》中以提供资料为中心罗列了各种服务方式,但是没有提及各项服务之间的关系;《市民的图书馆》中提出以外借与参考咨询为基础,

其他文化活动与各种服务在日后会逐步发展起来,从而使图书馆的服务发展方向明朗化。

(2)关于儿童服务的问题,在《中小报告》提出阶段,日本各界对儿童服务尚存在争议,在《市民的图书馆》完成阶段,随着日本都市近郊地区的发展,社会对儿童服务的理解得以达成共识,从而将其列为图书馆三大功能之一。

(3)关于图书馆职员的问题,虽然在早期的文件中曾经作为项目报告书的四大项目之一,但是这一问题在《中小报告》中被视为理所应当的事项而未得到足够的重视,因此在《市民的图书馆》1970年版本中被忽视,直到1976年增补版中才重新补充回来。

(4)关于图书馆教育功能或者图书馆员的指导作用,《中小报告》中提出重视读书会,但是在《市民的图书馆》中淡化了对于读者的指导工作,其本意在于否定公共图书馆等同于公民馆的指导与教育的功能。[19]37-38

山口源治郎提到,如《市民的图书馆》题目所示,这份文件明确强调了今后为"自立的市民"提供服务的意思[19]38。福井祐介认为,《市民的图书馆》的开创性意义在于,以"知识自由"的保障为基础,以重视资料的提供为起点,将实践活动全部包括在其中,从而将"知识自由"权利与实践紧密结合起来[20]。应该说,《市民的图书馆》是对《中小报告》的继承与发展,一些在《中小报告》时期有争议或者悬而未决的提法,在《市民的图书馆》中得到了推进,从而进一步完善了公共图书馆法规体系的结构和内容。

日本公共图书馆法规体系自1899年《图书馆令》颁布后,经历了改正《图书馆令》《图书馆法》的发展过程。1950年日本《图书馆法》颁布,为日本公共图书馆事业的发展规划了以欧美惯例为模板的前行道路。在立法之外,日本图书馆协会尝试以行业规范的方式探寻符合业界希望的发展方向,逐渐将着眼于中央图书馆制度的大视野聚焦到中小图书馆、市民图书馆的小目标,规范出了符合日本公共图书馆发展的规范。这些行业规范以横向的形式对《图书馆法》进行补充,共同促进了日本公共图书馆事业的发展。

## 参考文献

［1］吕建明.浅谈日本图书馆的立法［J］.法律文献信息与研究,1997(4):19-20.

［2］李国新.日本图书馆法律体系研究［M］.北京:北京图书馆出版社,2000.

［3］文部科学省.図書館法［EB/OL］.［2017-03-01］.http://www.mext.go.jp/a_menu/sports/dokusyo/hourei/cont_001/005.htm.

［4］森耕一.公共図書館:日本図書館講座第4巻［M］.東京:雄山閣出版,1976.

［5］岩猿敏生.日本図書館史概説［M］.東京:日外アソシエーツ,2007.

［6］小黒浩司.図書·図書館史:JLA図書館情報学テキストシリーズ3-11［M］.東京:日本図書館協会,2013.

［7］小川徹,山口源治郎.図書館史:補訂版［M］.東京:教育史料出版会,2003.

［8］三浦太郎.図書館法制定過程におけるCIE図書館担当官の関与について［J］.図書館文化史研究,2000(9):1-30.

［9］Philip O. Keeney. Reorganization of The Japanese Public Library System［G］//裏田武夫,小川剛.図書館法成立史資料.東京:日本図書館協会,1968:419-433.

［10］三浦太郎.占領下日本におけるCIE第2代図書館担当官バーネットの活動［J］.東京大学大学院教育学研究科紀要,2006(3):267-277.

［11］公共図書館法案　文部省案［G］//裏田武夫,小川剛.図書館法成立史資料.東京:日本図書館協会,1968:148-151.

［12］加藤宗厚,雨宮祐政.公共図書館法案(修正仮案)［G］//裏田武夫,小川剛.図書館法成立史資料［M］.東京:日本図書館協会,1968:174-185.

［13］文部省社会教育局文化課.公共図書館法案［G］//裏田武夫,小川剛.図書館法成立史資料［M］.東京:日本図書館協会,1968:211-218.

［14］日本図書館協会.公共図書館法案［G］//裏田武夫,小川剛.図書館法成立史資料［M］.東京:日本図書館協会,1968:251-271.

［15］塩見昇.図書館法50年の歩みとその果たしてきた役割［J］.図書館界,2000,52(2):51-56.

［16］薬袋秀樹.図書館法60周年と新しい図書館の発展［J］.文部科学時報,2013(1619):29-30.

［17］石井敦,前川恒雄.図書館の発見　市民の新しい権利［M］.東京:日本放送出版協会,1973.

［18］日本図書館協会.中小都市における公共図書館の運営——中小公共図書館運営基準委員会報告［M］.東京:日本図書館協会,1963.

［19］山口源治郎.《市民の図書館》と公共図書館の戦後体制［J］.図書館文化史研究,2011(28):31-47.

［20］福井佑介.図書館の倫理的価値「知る自由」の歴史的展開［M］.京都:松籟社,2015:101.

原載《图书馆》2018 年 3 期,收入本书时有修改

# 后　记

2017 年 11 月 4 日《中华人民共和国公共图书馆法》由第十二届全国人民代表大会常务委员会第三十次会议通过,并于 2018 年 1 月 1 日正式实施。这是中国图书馆界的一件大事,也是中国公共文化服务体系建设过程中的一件大事。

《公共图书馆法》的出台耗时漫长,历经曲折,不过正因为如此,也更为广大图书馆人所期待。《公共图书馆法》为我国公共图书馆事业的发展提供了正式的法律保障,以法律条文的形式明确了政府的责任,明确了图书馆应当提供的服务和社会责任,为新时代公共图书馆的发展指明了方向。可以说,《公共图书馆法》的颁布与实施,不仅与图书馆人息息相关,也与广大公众息息相关。

《图书馆》杂志于 1973 年创刊,1983 年正式向全国公开发行,由湖南图书馆、湖南省图书馆学会主办。《图书馆》在中国图书馆学会举办的评奖活动中次次被评为优秀期刊,在全国核心期刊评选中连续被评为核心期刊,连续入选 CSSCI 来源期刊。作为图书馆学、情报学、文献学领域的核心期刊,数十年来,《图书馆》一直致力于为学科发展和思想交流提供平台,致力于为图书馆事业发展提供智力支持和理论指导。

在《公共图书馆法》颁布与实施之际,《图书馆》编辑部策划举办"新机遇、新征程——面向法治的公共图书馆发展"主题征文活动。我们聚焦当前公共图书馆发展的热点问题,广泛听取专家学者与图书馆从业者的意见,推出"公共图书馆立法经验与总结""法治环境下各层级公共图书馆的定位及功能实现研究""法治环境下公共图书馆的治理模式研究""公共图书馆均衡化发展研究""中外公共图书馆立法比较研究"等十多个分主题。我们特别邀约李国新教授共同参与,并向学界、业界广泛征稿,在 2018 年连续推出多期《公共图书馆法》解读、《公共图书馆法》研究专题,从不同侧面对《公共图书馆法》进行多角度研读,为《公共图书馆法》的普及与践行贡献绵薄之力。该系列专题推出后,受到学界、业界广泛关注和好评,为使其得到更好的传播,我们特精选其中的优秀文章汇编成本书。

该系列选题的策划得到了李国新、吴建中、张勇、金武刚、梁灿兴、文庭孝等专家、学者的大力支持与指导,该书的编辑出版得到了国家图书馆出版社图书馆学编辑室主任邓咏秋女士的鼎力支持。同时,在本书的编排中,我们还选编了李国新教授发表于《中国图书馆学报》和金武刚教授发表于《图书与情报》的文章各一篇,在此一并向各位老师以及兄弟刊物表示诚挚的谢意。

《公共图书馆法》开启了中国图书馆事业发展的全新篇章,《图书馆》编辑部愿与各位一道,共同为图书馆学术的创新繁荣而努力,共同为图书馆事业的美好未来而努力。

《图书馆》编辑部

2018 年 8 月